Niko Dohmen

outdoor know-how

Das kompakte HANDBUCH

Expertenwissen zu Ausrüstung, Planung und Praxis

pietsch

Abbildungsnachweis:
Cover/Backcover:
Shutterstock/cddesign.co/Kornelia Erlewein
Alamy Stock Photos:
66: Dorling Kindersley Ltd.
Getty Images:
9 (l.): Westend61; 9 (r.): PixelCatchers; 10: Frau aus UA; 15: Marko Stavric Photography; 20: swissmedia-vision; 25 (l.): Cavan Images; 25 (M.): Cavan Images; 27: Jordan Siemens; 33 (o.r.): Anton Petrus; 40: Cody Duncan; 41: Peter Mulligan; 47: Alex Ratson; 59: Westend61; 60/61: Jordan Siemens; 68: Jordan Siemens; 69 (o.): deimagine; 69 (u.): Westend61; 72. Thomas Barwick; 76: vreemous; 77: Gary Ombler; 87: Paul Biris; 88: Halfpoint Images; 89: Simon McGill; 90 (o.r.): Dario Lo Presti; 92: nikpal; 96: mixetto; 98: Ekaterina79; 104/105: Jordan Siemens; 110: Mystockimages; 113 (o.): Manuel Sulzer; 113 (u.): AscentPKS Media Inc.; 117 (o.): Fursov Aleksey; 117 (u.): Westend61; 119: lucentius; 122: Tonywestphoto;125 (r.): Alex Ratson; 126: Seth K. Hughes; 126/127: Tonywestphoto; 127: Hagephoto; 128: HAGENS WORLD PHOTOGRAPHY; 129: Christian Steinboeck; 131 (l.): SimpleImages; 131 (r.): Cavan Image; 133: FluxFactory; 134: vedrana2701;
outdoor-Magazin-Archiv:
2/3: Bastian Morell; 4/5: Jens Klatt; 6 (l.): Hanwag; 6 (M.): La Sportiva; 6 (r.): Vaude; 7 (l.): Lowa; 7 (M. u. r.): Meindl; 8: Lowa; 11: Benjamin Hahn; 16/17: Boris Gnielka; 20: Benjamin Hahn; 24: Fabian Weiss; 29: Benjamin Hahn; 30/31: Maren Krings Photography; 32 (l.): Black Diamond; 32 (M.): Bergans; 32 (r.) Deuter; 34/35: Gregory; 37: BAG; 39: Exped; 42: Vaude; 44 (M.): Mountain Equipment; 44 (r.): Vaude; 43 (2): Niko Dohmen; 45 (4): Benjamin Hahn; 46: Boris Gnielka; 48: Björn Hänssler; 49: Christopher Pfromm; 50 (l.): Primus; 50 (r.): Optimus; 51 (o.): Trangia; 51 (u.): bushcraft essentials; 52: Christopher Pfromm; 53, 56 (o.): Jens Klatt; 56 (u.), 57 (o.), 63: Fabian Weiss; 63, 64: Boris Gnielka; 67: Benjamin Hahn; 70/71: Bastian Morell; 74 (2): Benjamin Hahn; 75 (2): Franz Scholz; 81 (3): Benjamin Hahn; 97: Boris Gnielka; 103 (5): Daniel Geiger; 106: Hannes Tell; 107: Jens Klatt; 109: Hannes Kutza; 115 (4): Benjamin Zöller; 123 (o.): Christoph Jorda; 140 (3): Franz Scholz

Shutterstock:
12/13: Volodymyr_Dyrbavka; 14: lzf; 17: breakermaximus; 18: africa_pink; 25 (r.): PhotoLife_Style; 26 (o.): Xseon; 26 (u.): Africa Studio; 55: Bernat C; 57 (u.): PintoArt; 58: Alan Kraft; 78: Rainer Lesniewski; 79: wawritto; 84: Sander van der Werf; 90 (o.l.): Dario Lo Presti; 90 (u.l.): Menno van der Haven; 93: Vitalii Matokha; 94/95: Photographer_of_nature; 99: everst; 120/121: Aleksey Matrenin; 123 (u.): Serhii Ivashchuk; 125 (l.): Smit; 138: Paolo Sgarbanti

ISBN 978-3-613-50950-4

Ein Unternehmen der
Paul Pietsch Verlage GmbH & Co. KG
1. Auflage 2023

Sie finden uns im Internet unter
www.pietsch-verlag.de

Lektorat: Niko Schmidt
Cover, Layout und Satz:
grafik+design Kornelia Erlewein
Druck und Bindung: PBtisk a.s.
Pribram,
Printed in Czech Republic

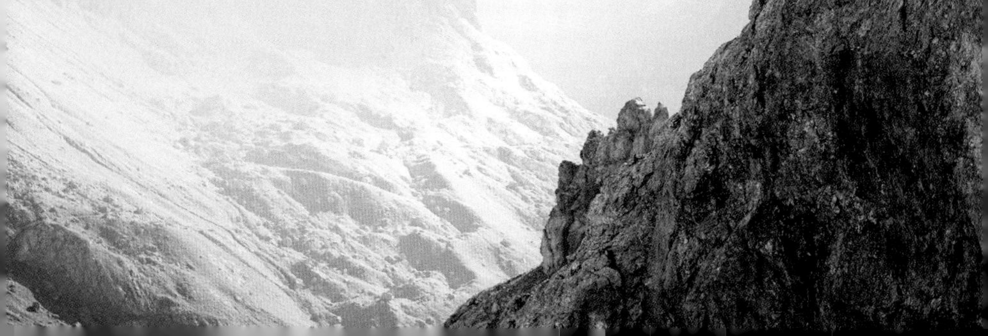

INHALT

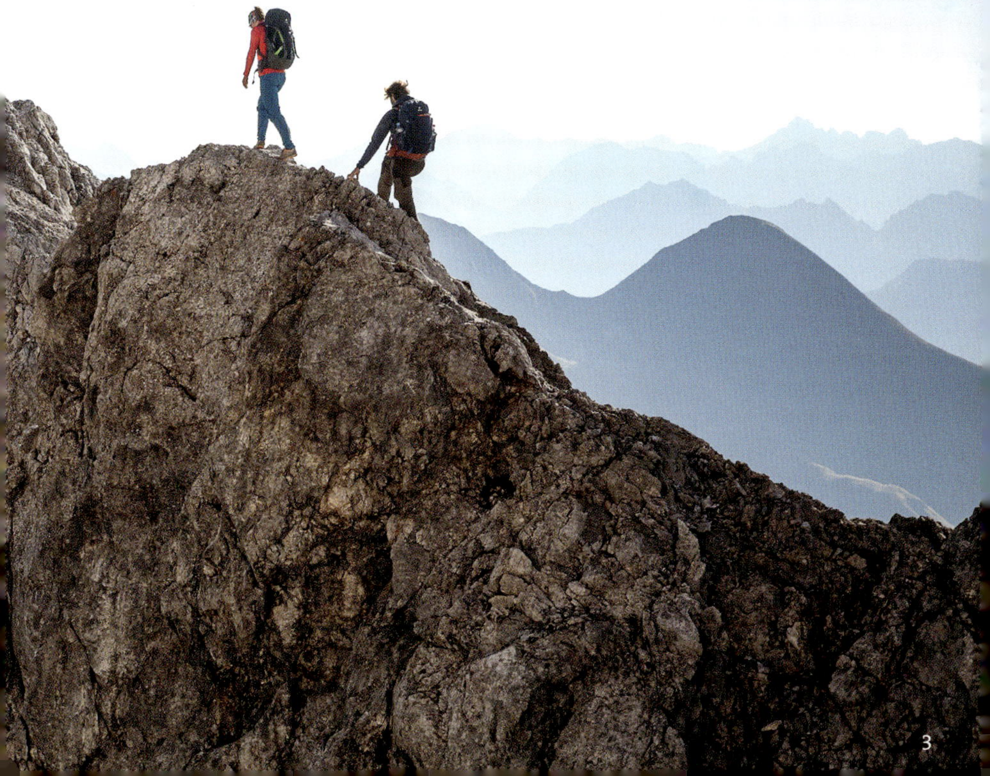

Kapitel 1

Von Kopf bis Fuß: die Grundausstattung

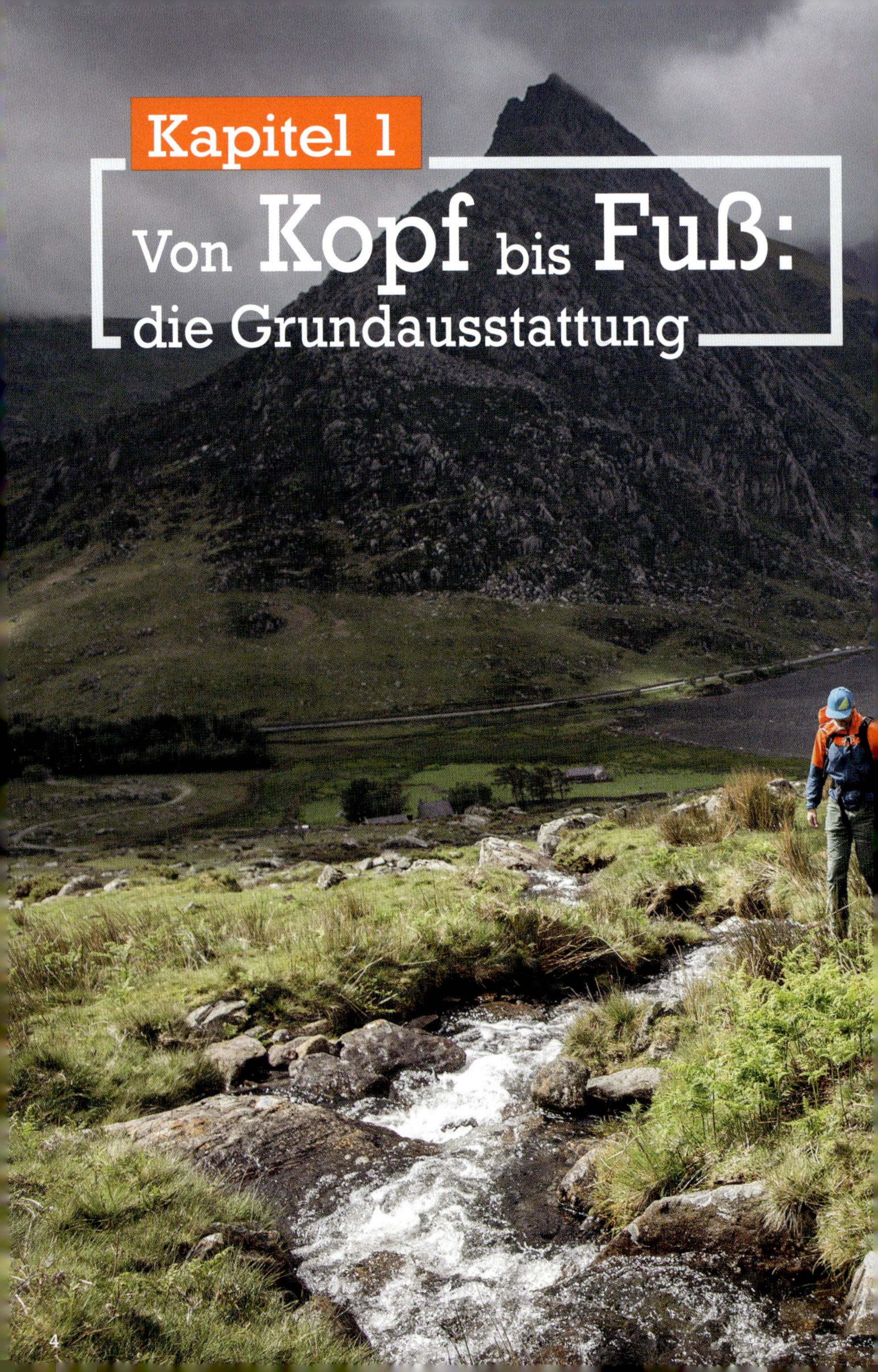

Teil 1: VOR DER TOUR

Minimale Ausrüstung, maximales Erlebnis: Viel braucht man nicht, um auf Tagestouren durch die Natur zu ziehen. Doch die wenigen Dinge, die nötig sind – gutes Schuhwerk, funktionale Bekleidung sowie ein paar nützliche Helfer –, sollte man mit Bedacht auswählen. Aber welche Produkte eignen sich für die verschiedenen Einsatzbereiche am besten? Worin unterscheiden sich die Materialien? Wie schützt man sich effektiv vor den Elementen? Und was sollte man sonst noch beim Kauf beachten? Im ersten Kapitel findest du die Antworten zu allen Fragen rund um die Grundausstattung.

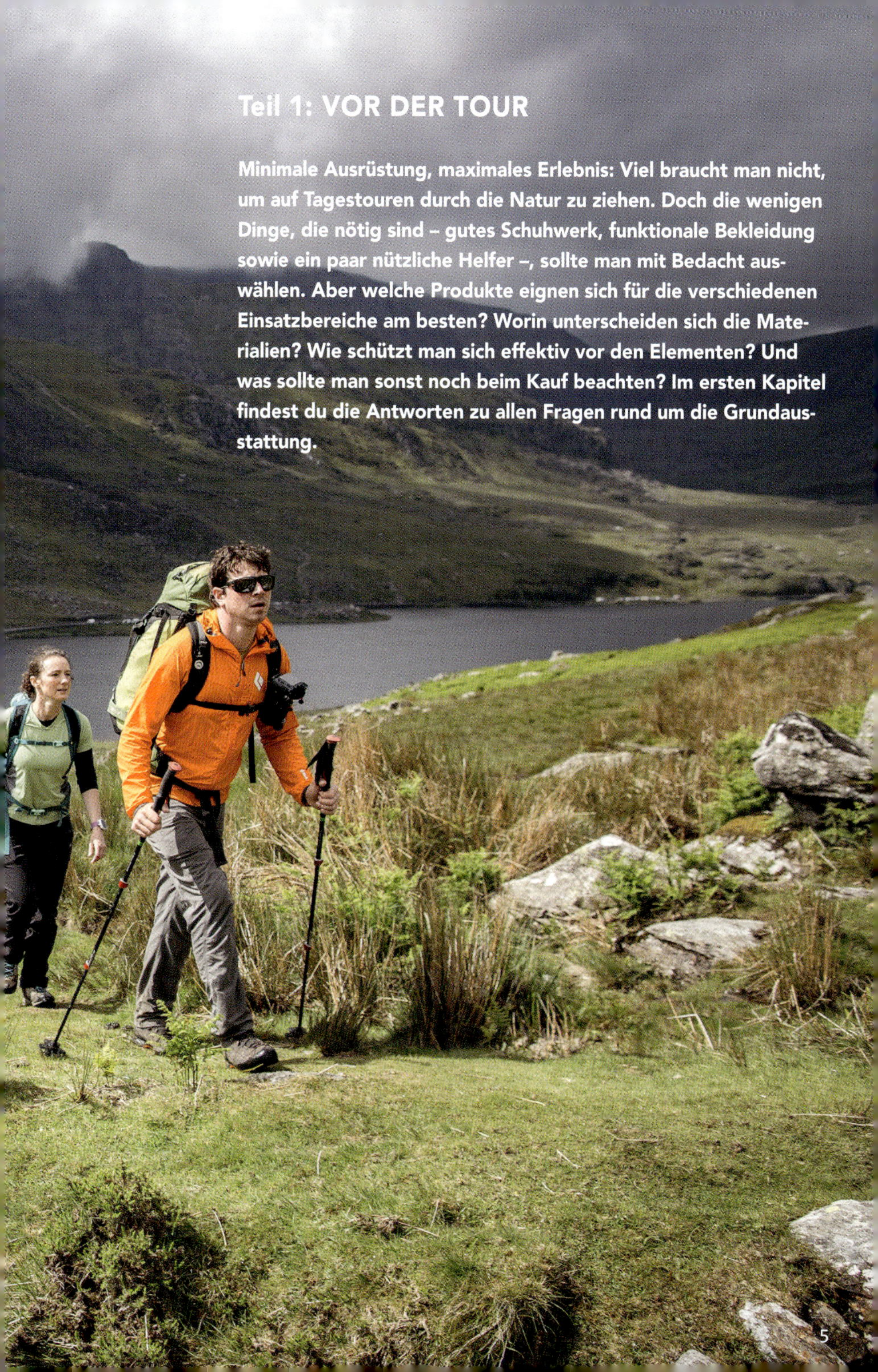

No. 1

FINDE DEN PASSENDEN SCHUHTYP FÜR JEDE TOUR

Füße sind wahre Meisterwerke der Anatomie: Als komplexe Gebilde aus jeweils 27 Gelenken, 26 Knochen, 32 Muskeln und Sehnen sowie über hundert Bändern sorgen sie für einen festen Stand, halten das Gleichgewicht und tragen uns durch das Leben. Wie viel sie schon bei normaler Beanspruchung leisten müssen, veranschaulicht eine Studie des orthopädischen Chirurgen Nicola Maffulli: Tag für Tag (er)tragen sie demnach durchschnittlich 2520 Tonnen Gewicht – so viel, wie ungefähr vier ICE-Züge auf die Waage bringen.

Beim Wandern müssen die Füße noch mehr leisten: Der Durchschnittsgeher legt pro Stunde auf einfachem Terrain rund 5000 Schritte zurück, jeder einzelne muss etwa das Anderthalbfache des Körpergewichts und der Last auf dem Rücken abfangen.

Es liegt also auf der Hand, dass der Fuß bei seinem Job des Auftretens, Abrollens und Abdrückens die bestmögliche Unterstützung braucht. Daher bildet die Wahl des richtigen Schuhwerks die wichtigste Basis, um genussvoll und sicher durch die Natur zu streifen. Wie bei vielen anderen Teilen der Ausrüstung stellt sich vor der Anschaffung zuerst die Frage nach dem Einsatzbereich. Bei Wander- und Trekkingschuhwerk richtet sich die Branche nach einem **Kategoriensystem von A bis D**, das der Hersteller Meindl in den 1970er-Jahren einführte und das bis heute als Orientierungshilfe seine Gültigkeit hat – auch wenn die Grenzen teils fließend und die Typenbezeichnungen nicht immer einheitlich sind.

Kategorie A

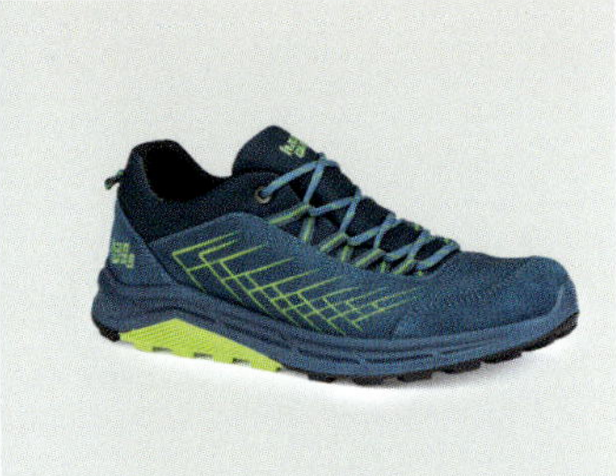

Multifunktionsschuhe: für den Alltag und leichte Touren.

Kategorie A/B

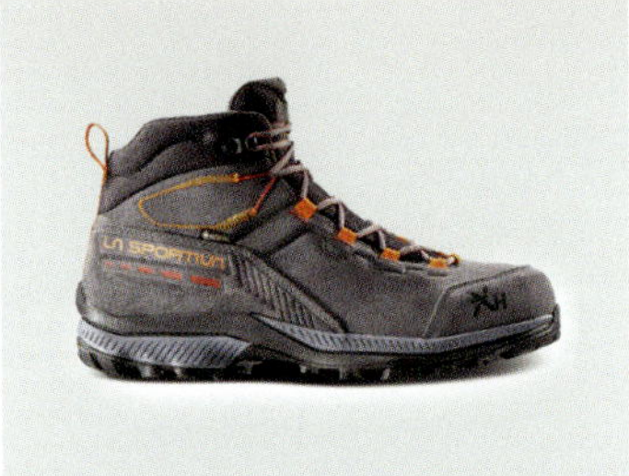

Mittelhohe Wanderstiefel: moderate Wanderungen ohne viel Gepäck.

Kategorie B

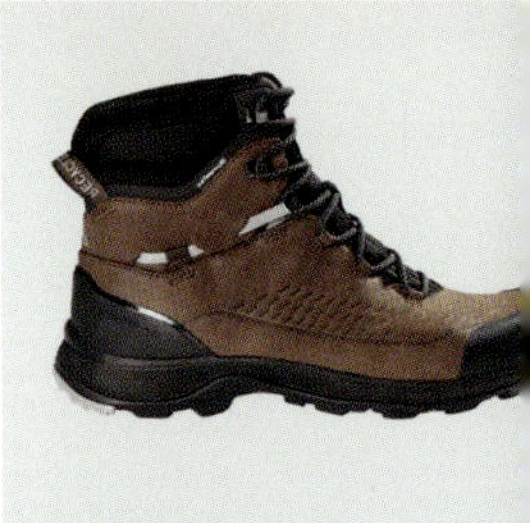

Trekkingstiefel: gemäßigte Bergt
und Hüttentrekking.

In die **Kategorie A** fallen Multifunktionsschuhe mit niedrigem Schaft (teils auch als Hikingschuhe bezeichnet), die sich im Alltag, auf Reisen sowie bei einfachen Wanderungen mit maximal leichtem Rucksack bewähren – echte Allrounder, die einerseits sehr leicht und gut belüftet sind, andererseits aber auch eine bessere Dämpfung und Stabilität sowie mehr Grip als herkömmliche Freizeitschuhe bieten.

Robuster, aber daher auch schwerer sind mittelhohe Wanderstiefel der **Kategorie A/B**, die sich wegen ihrer steiferen Sohlen auch für etwas anspruchsvollere Wege im Mittel- und Vorgebirge sowie für Hüttentouren ohne viel Gepäck eignen.

Geht es in schwierigeres Gelände oder auf eine Trekkingtour mit bis zu 20 Kilogramm schwerem Rucksack, ist insbesondere eine höhere Stabilität gefragt, die ein Umknicken des Fußes verhindert. Trekkingstiefel der **Kategorie B** schaffen bei der Sohle den Spagat aus Flexibilität und Steifigkeit, der hohe Schaft meistert den Kompromiss aus Beweglichkeit und gutem Halt. Erst bei Bergtouren abseits der Wege oder bei wochenlangen Wildnistreks mit kompletter Ausrüstung lohnen noch schwere Trekkingstiefel der **Kategorie B/C**.

Die Bergstiefel der **Kategorie C** sind speziell für den alpinen Einsatz im Hochgebirge gemacht. Sie sind mit einer fast vollständig versteiften Sohle sowie meist mit einer hinteren Steigeisenauflage ausgestattet – bei Alpintouren in Schnee und Eis unerlässlich, doch für normale Wanderungen ungeeignet. Im obersten Spektrum des Einsatzbereichs, also etwa beim Höhenbergsteigen und Eisklettern, liegen schließlich voll steigeisenfähige, kälteisolierte Expeditionsstiefel der **Kategorie D**, die aber wirklich nur Spezialisten brauchen.

Zusammenfassen lässt sich die Auswahl des richtigen Schuhtyps mit einer goldenen Regel: So stabil und robust wie nötig, so leicht und bequem wie möglich. Da Wohl und Sicherheit der Füße und Knöchel bei Wanderern an oberster Stelle stehen, gilt die klare Empfehlung: Im Zweifelsfall mehr Gewicht in Kauf nehmen und sich für das stabilere Modell entscheiden.

Kategorie B/C

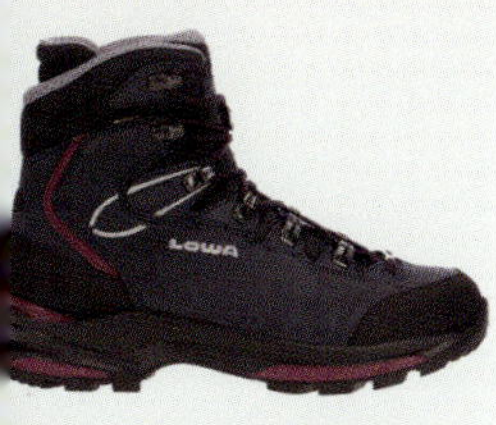

ere Trekkingstiefel: für an-
nsvolleres Terrain und Zelttrekking.

Kategorie C

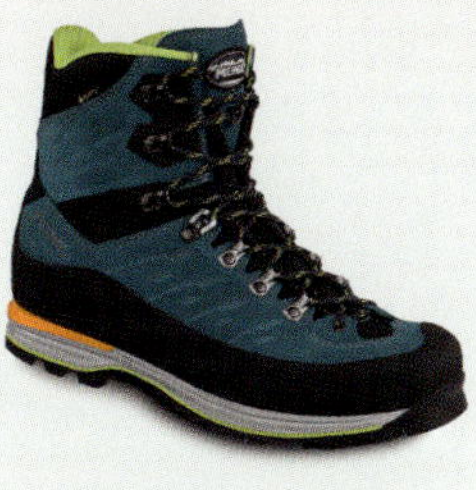

Alpine Bergstiefel: geeignet für Touren im Hochgebirge.

Kategorie D

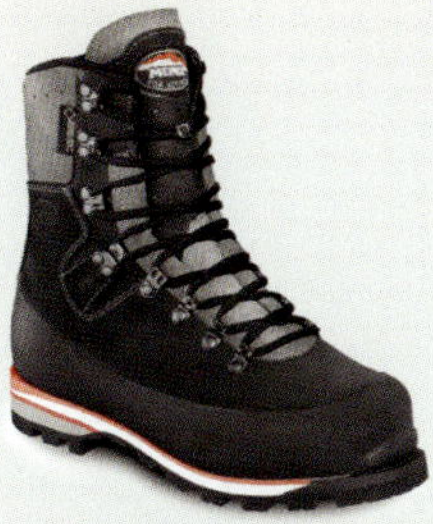

Expeditionsstiefel: kommen beim Höhenbergsteigen zum Einsatz.

No. 2

LERNE das SCHUH-ABC

Outdoorschuhe sind weitaus komplizierter aufgebaut, als es auf den ersten Blick erscheint: Je nach Modell bestehen sie aus bis zu 200 Einzelteilen, die zusammen die beiden Hauptkomponenten Schuhboden und Schaft sowie deren Verbindung bilden.

Die unterste Schicht des Schuhbodens bezeichnet man als **Laufsohle** ❶ (auch Profilsohle). Ihre zentrale Aufgabe besteht darin, auf rutschigen Oberflächen oder in steilem Gelände für sicheren Halt zu sorgen. Je nach Einsatzgebiet kommen weichere oder härtere Gummimischungen sowie verschiedene Stollenprofile zum Einsatz.

Über der Laufsohle liegt die **Zwischensohle** ❷, die in der Regel aus Polyurethanen (PU) gefertigt ist und einerseits für Stabilisierung, andererseits durch einen **Dämpfkeil** für Federung sorgt.

Den Schuhboden komplettiert die innen liegende **Brandsohle**, die als Verbindung von Sohle und Schaft das Herzstück des Schuhs bildet. Sie besteht meist aus Leder oder Nylon und sorgt für Stabilität, Passformerhalt und Tragekomfort.

Gewissermaßen die »Stoßstange« des Schuhs ist der **Wetterschutzrand** ❸, der bei manchen Modellen nur im Zehen- und Fersenbereich, bei anderen komplett herum verläuft. Er hält nicht nur Nässe ab, sondern schützt auch vor spitzen Steinen.

Der **Schaft** ❹, dessen Außenmaterial entweder aus zähem Leder oder synthetischen Materialien wie Cordura oder Gore-Tex besteht, übernimmt die wichtige Aufgabe, den Fuß und Knöchel möglichst gut zu stabilisieren. Unterstützung erhält er dabei von einem durchdachten Schnürsystem, dass in seiner unteren Zone durch Ösen den Vor- und Mittelfuß fixiert, in seiner oberen Zone durch Klemmhaken das Sprunggelenk.

Der **Tiefzughaken** ❺ garantiert dabei den rutschfesten Sitz der Ferse – ganz wichtig, um Blasen vorzubeugen.

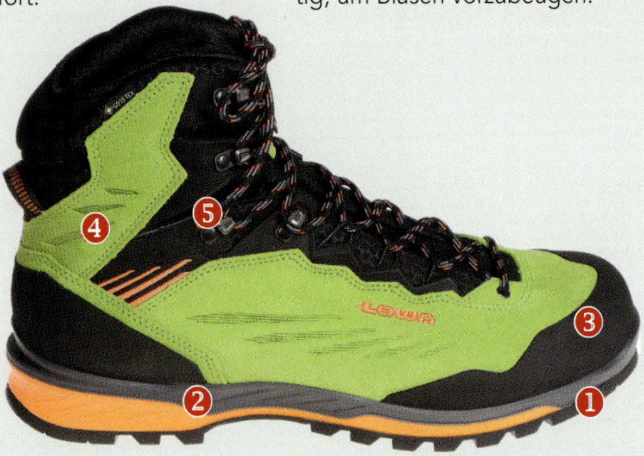

No. 3

LEDER ODER SYNTHETIK?

Nicht nur die Konstruktion der Bergschuhe muss zum geplanten Einsatzbereich passen, sondern auch das (Ober-)Material. »Leder oder Synthetik?« lautet die Kardinalfrage, und beide Varianten haben ihre Vor- und Nachteile.

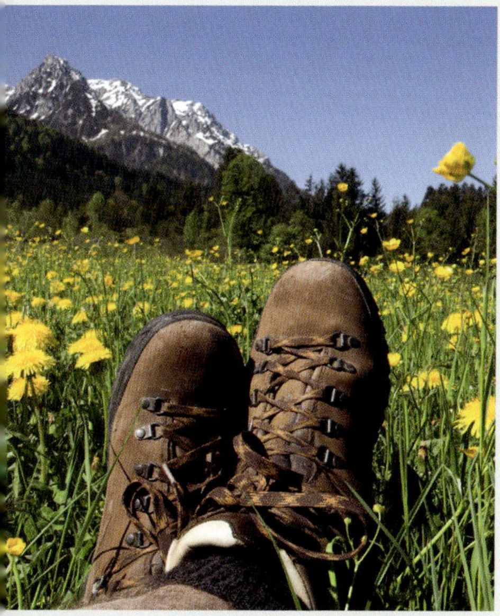

Bis Anfang der 1980er-Jahre waren die klassischen **Lederschuhe** konkurrenzlos. Auch heute noch zeichnen sie sich durch besondere Robustheit, Stabilität und damit auch Nachhaltigkeit aus, passen sich der individuellen Fußform am besten an (müssen allerdings zuerst eingelaufen werden) und punkten dank des guten Feuchtigkeitsmanagements mit einem besonders angenehmen Fußklima – ein wichtiger Punkt für Wanderer, die viel an den Füßen schwitzen.

Mit Wasserkontakt von außen kommen die Lederschuhe hingegen nicht so gut klar: Erst durch regelmäßige Imprägnierung und Pflege bleiben sie wasserabweisend, einmal durchnässt brauchen sie sehr lange, um zu trocknen. Ihre Stärken spielen Lederschuhe also tendenziell eher bei wärmeren Temperaturen und in trockeneren Gebieten aus.

Kunstfaserschuhe aus Membranen wie Gore Tex eignen sich durch ihre Wasserdichtigkeit, schnelle Trockenzeit und einem besseren Fußklima bei niedrigen Temperaturen besonders auch für mehrtägige Touren in kühlnassem Terrain. Weitere Pluspunkte sind das niedrigere Gewicht, die leichtere Pflege sowie die größere Flexibilität. Allerdings sind sie auch weniger langlebig – geht die Membran kaputt, ist der Nässeschutz dahin.

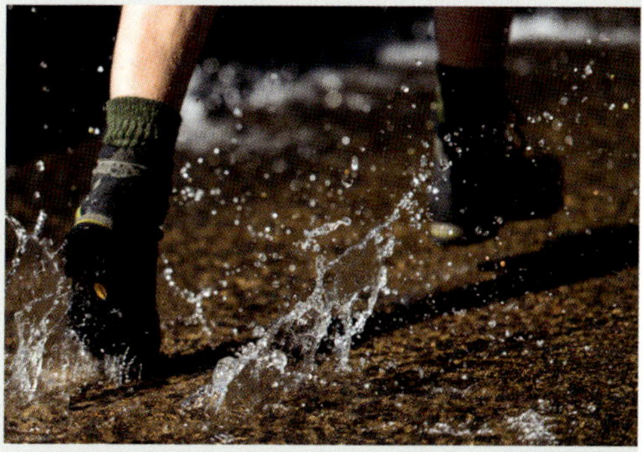

No. 4

EINKAUFSTIPPS für die PERFEKTE PASSFORM

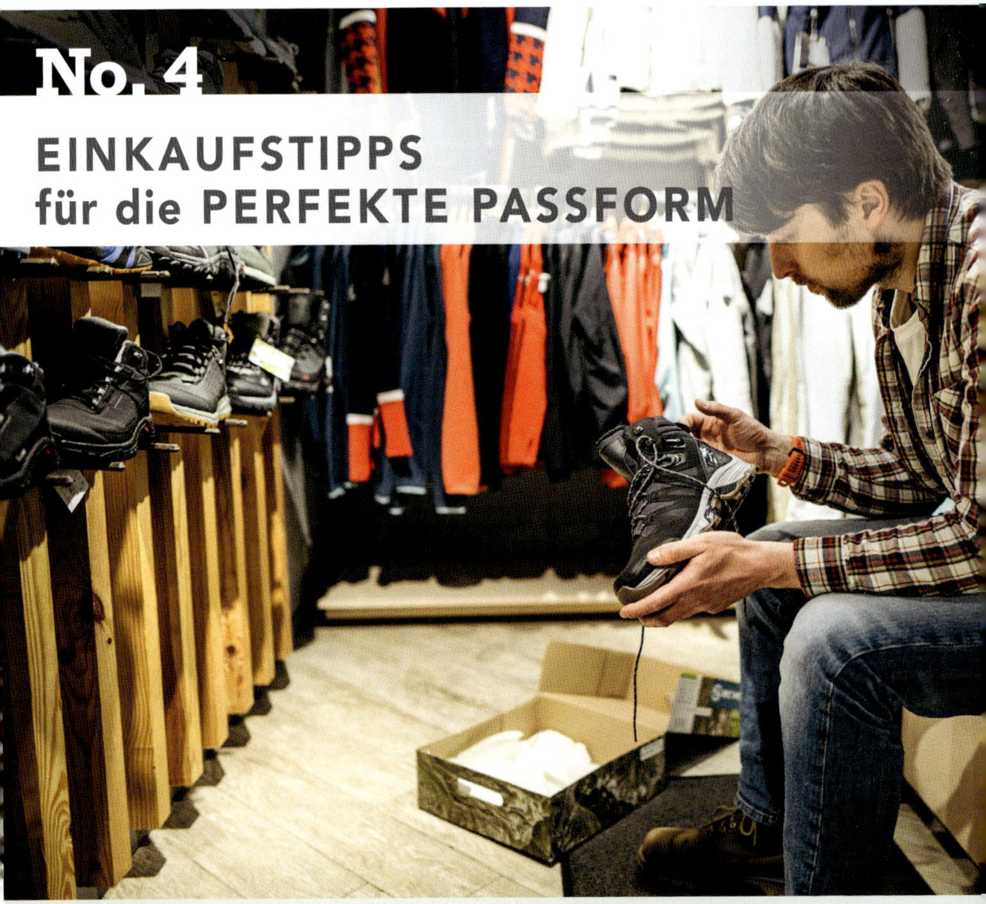

Sobald du weißt, welcher Schuhtyp und welches Material zu deinen Vorhaben am besten passen, gilt es, ein Modell zu finden, mit dem die Füße unterwegs auch glücklich bleiben. Da sie im Laufe des Tages anschwellen, sollte man Schuhe grundsätzlich erst nachmittags kaufen und genügend Zeit zum ausgiebigen Testen mitbringen.

Um die richtige **Größe** zu finden, müssen die Bedingungen möglichst realistisch sein, sprich: Das Anprobieren mit dickeren Wander- oder Trekkingsocken sowie eventuell einer benötigten Einlegesohle ist Pflicht. Damit die Zehen beim Bergabgehen nicht schmerzhaft anstoßen, brauchen sie einen Fingerbreit Platz nach vorn. Auch zur Seite und nach oben sollte die Zehenbox noch etwas Luft bieten.

Der Schaft hingegen muss den Fuß und den Knöchel eng umschließen, ohne aber Druckstellen zu verursachen. Hat die Ferse schon im nicht zugeschnürten Schuh kein seitliches Spiel und bleibt sie nach dem Schnüren auch beim Treppengehen oder auf dem Testparcours im Sitz, minimiert dies die Gefahr des gefürchteten Fersenschlupfs, der die häufigste Ursache für Blasenbildung ist.

No. 5

So PUTZT und PFLEGST du DEINE WANDERSCHUHE

Gut sitzendende und eingelaufene Wanderschuhe oder Bergstiefel sind draußen dein bester Freund – und Freundschaften wollen gepflegt werden. Damit eure möglichst lange hält und ihre viele gemeinsame Tourentage zusammen erleben könnt, brauchen die Schuhe Aufmerksamkeit und Pflege – und zwar jedes Mal, wenn es ihnen dreckig geht.

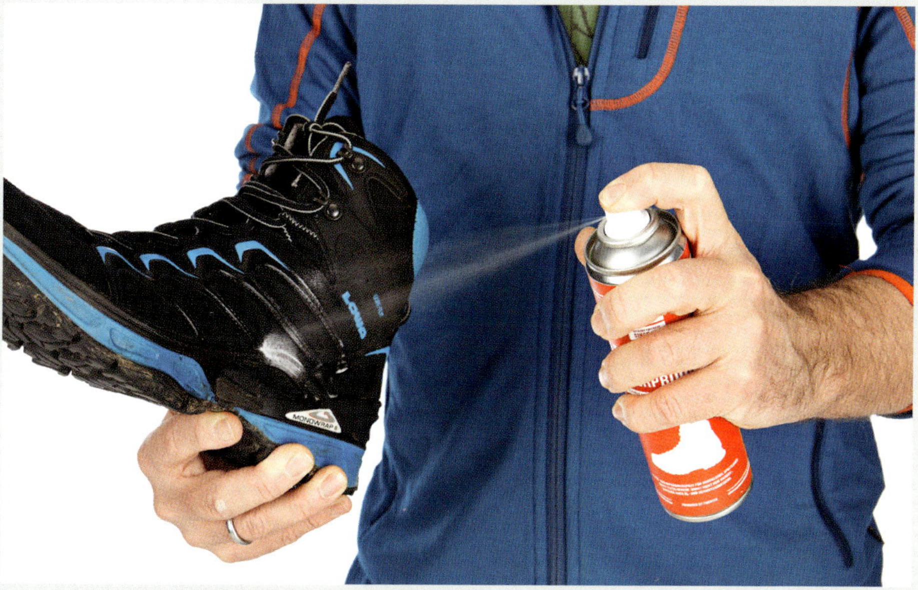

Das Pflegeprogramm direkt nach der Tour beginnt mit dem Entfernen der Schnürsenkel und dem Herausnehmen der Innensohle. Dann geht es dem Schmutz an der **Außenseite** an den Kragen. Groben Dreck beseitigst du zuerst mit einer festen Bürste, auch in der Profilsohle festklemmende Steinchen müssen entfernt werden – sie können sonst das Sohlengummi beschädigen. Hartnäckige Schmutzreste am Außenschuh bürstet du anschließend mit lauwarmem Wasser ab. Reicht ein Ausschütteln der Schuhe nicht, um den **Innenbereich** sauber zu kriegen, tauscht man die Bürste gegen einen Schwamm – so nimmt das Innenfutter keinen Schaden. Auch hier nimmst du maximal lauwarmes Wasser zur Hilfe, bei Bedarf spricht nichts gegen eine mildes (!) Waschmittel.

Die gleiche Technik kommt bei der Wäsche der Innensohlen zum Einsatz, poröse oder abgenutzte Exemplare sollten unbedingt ausgetauscht werden.

Strahlen die Schuhe dann in neuem Glanz, müssen sie vor den weiteren Pflegemaßnahmen erst **trocknen**. Dazu stellst du sie weit geöffnet an einen trockenen, gut belüfteten Platz. Starke Sonneneinstrahlung oder andere Hitzequellen musst du dabei vermeiden, ansonsten können sich Verklebungen lösen und Lederschuhe spröde werden. Der schonende Trocknungsvorgang dauert ein bis zwei Tage, schneller geht es mit hineingestopftem Küchenpapier, das dann aber mehrmals am Tag ausgewechselt werden muss.

Sind die Schuhe schließlich sauber und trocken, steht die **Imprägnierung** an, die verhindert, dass Nässe ins Obermaterial eindringt und die Atmungsaktivität beeinträchtigt. Das Aufsprühen des Imprägniersprays erledigst du am besten draußen und mit 20–30 Zentimeter Abstand vom Schuh, bei der gleichmäßigen Verteilung auch an schwer zugänglichen Stellen (wie der Schuhzunge) hilft ein sauberer Lappen. Die Imprägnierung sollte nach jeder Wäsche bzw. vor jeder Tour erfolgen, spätestens 24 Stunden vor dem Start.

Gelten die bisherigen Schritte sowohl für Synthetik- als auch für Lederschuhe, kommt letzteren noch weitere **Pflege** zu. Um die Elastizität und Geschmeidigkeit des Naturmaterials möglichst lange zu erhalten, wird es nach spätestens fünf bis acht Touren mit Schuhwachs behandelt. Beim Einreiben hilft ein fusselfreies Baumwoll- oder Kunstfasertuch, dabei solltest du das Wachs mit leichtem Druck gleichmäßig und keinesfalls zu dick auftragen – ein leicht glänzender Look ist gut, ein speckiger bedeutet, dass du es übertrieben hast und die Atmungsaktivität leiden wird.

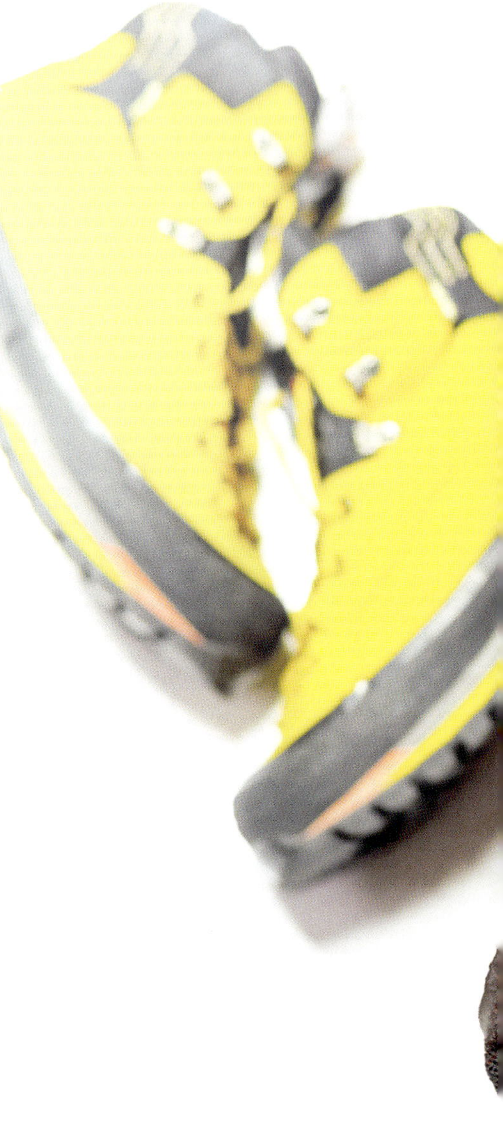

No. 6

UNTERSCHÄTZE die SOCKEN nicht!

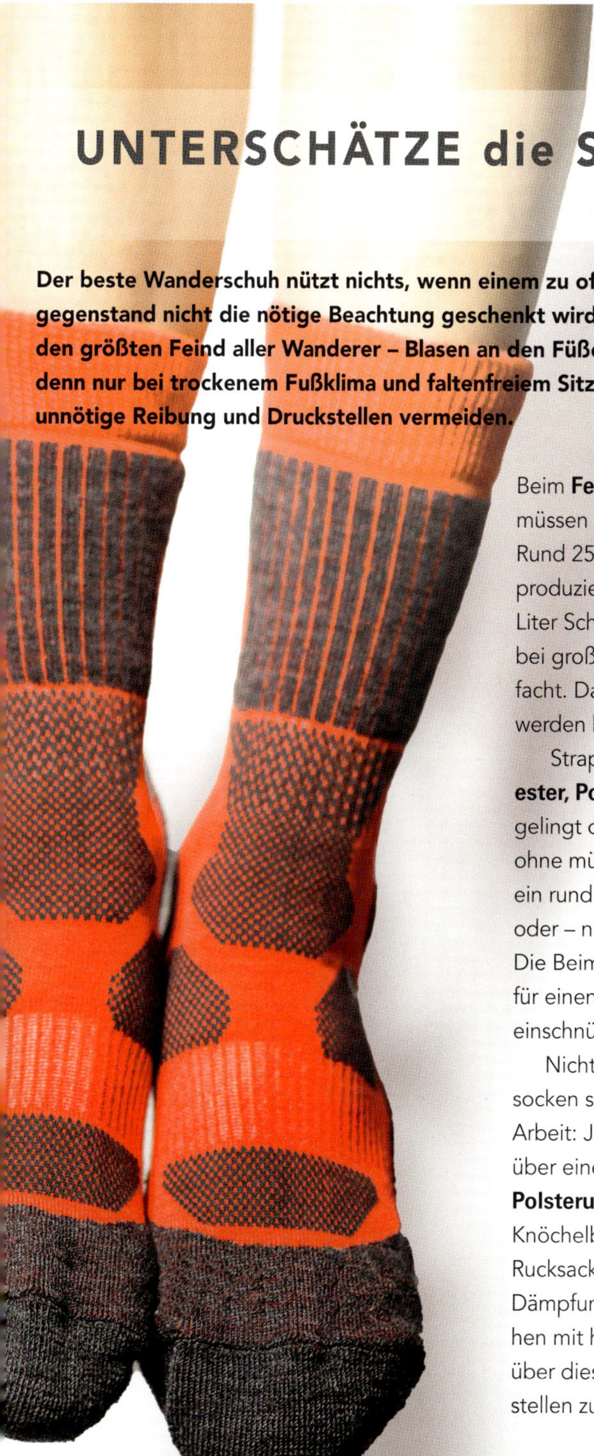

Der beste Wanderschuh nützt nichts, wenn einem zu oft vernachlässigten Ausrüstungsgegenstand nicht die nötige Beachtung geschenkt wird: den Socken. Im Kampf gegen den größten Feind aller Wanderer – Blasen an den Füßen – spielen sie eine Hauptrolle, denn nur bei trockenem Fußklima und faltenfreiem Sitz lassen sich aufgeweichte Haut, unnötige Reibung und Druckstellen vermeiden.

Beim **Feuchtigkeitstransport** nach außen müssen Socken Schwerstarbeit leisten: Rund 250.000 Drüsen an den Fußsohlen produzieren im Schnitt bis zu einem viertel Liter Schweiß am Tag – ein Wert, der sich bei großer Anstrengung auch mal verdreifacht. Damit die Nässe vom Fuß weggeleitet werden kann, muss das Material stimmen.

Strapazierfähigen Kunstfasern aus **Polyester, Polyamid (Nylon) oder Polypropylen** gelingt das zwar am effizientesten, doch nicht ohne müffelnde Rückstände. Daher hat sich ein rund 30-prozentiger Anteil aus Baum- oder – noch besser – **Merinowolle** bewährt. Die Beimischung von **Elasthan** sorgt zudem für einen zwar enganliegenden, aber nicht einschnürenden Sitz.

Nicht nur beim Materialmix der Funktionssocken setzen die Hersteller auf Patchwork-Arbeit: Je nach Einsatzzweck verfügen sie über eine mehr oder weniger ausgeprägte **Polsterung** im Zehen-, Ballen-, Fersen- und Knöchelbereich. Dabei gilt: Je schwerer der Rucksack, desto stärker sollte die zusätzliche Dämpfung sein. Ebenfalls wichtig: Bei Schuhen mit hohem Schaft müssen die Socken über diesen hinausreichen, um dort Scheuerstellen zu vermeiden.

No. 7

In ZWEITSCHUHEN machen deine Füße FEIERABEND

Ultra-Light-Fetischisten mögen beim Thema Zweitschuhe die Nase rümpfen, doch manchmal gehören sie unbedingt ins Gepäck – etwa bei Touren zu Berghütten, an denen die matschigen Stiefel im Vorraum bleiben. Doch auch beim Zelttrekking oder anderen Gelegenheiten bedeutet das – oft nur geringe – Extragewicht ein deutliches Mehr an Komfort unterwegs.

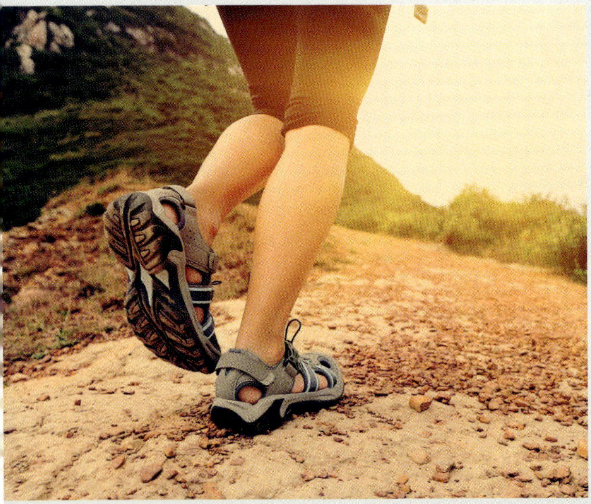

Geht es nur darum, nicht auf Socken durch die Hütte oder ums Zelt zu schleichen, machen etwa klassische **Wollfilz-Pantoffeln** einen guten Job: Sie wiegen wenig, beanspruchen kaum Platz im Rucksack und sorgen dank des fein verästelten Gewebes für wohlige Wärmeisolation und natürliche Atmungsaktivität. Als Variante für kältere Gefilde bieten sich **knöchelumschließende Hüttenschuhe** aus gestrickter oder gehäkelter (Merino-)Wolle an – im Prinzip warme Socken mit einer dünnen, rutschfesten Sohle. Für verfrorene Naturen gibt es ähnliche Modelle auch mit Daunen- oder Kunstfaserfüllung.

Andere Zweitschuhe kommen nicht erst am Abend, sondern auch schon während der Tour zum Einsatz. In warmen Gebieten, aber auch dort, wo Flussquerungen auf dem Programm stehen, machen etwa **Trekkingsandalen** Sinn. Gute Modelle verfügen über eine griffige, rutschfeste und torsionssteife Sohle, die oft aus drei Lagen gefertigt ist. Für einen festen Sitz sorgen Klett-, Schnallen-, Riemen- oder Schnellschnürsysteme, die unbedingt zur individuellen Fußform passen müssen – durch das Tragen auf der nackten Haut sind vor allem die Knöchel besonders anfällig für Scheuerstellen. Beim Material stehen Leder oder Synthetik (auch gemischt) zur Wahl, Letzteres trocknet deutlich schneller und spielt daher seine Trümpfe bei Touren aus, bei den Wasserläufe durchquert werden müssen. Auch **Crocs** erfreuen sich als Zweitschuhe großer Beliebtheit: Sie sind zwar etwas sperrig, dafür aber leicht, bequem und wasserfest. Als besonders outdoor-taugliche Variante gibt es auch All-Terrain-Modelle mit topografischer Sohle, verstellbaren Riemen und geschlossener Fersenpartie.

No. 8

GAMASCHEN schließen eine kritische LÜCKE

Wer bei Gamaschen nur an altmodische Modeaccessoires aus der Biedermeier-Zeit denkt, liegt falsch: Im Outdoor-Bereich decken sie als wasserdichtes Bindeglied zwischen Schuh und Hose eine Schwachstelle ab.

So verhindern sie nicht nur das Eindringen von Nässe und Schlamm, kleinem Geäst und spitzen Steinchen, sondern schirmen das darunterliegende Material (oder die nackten Beine) auch vor Beschädigungen durch scharfe Felskanten, dorniges Gestrüpp und den Kontakt mit Steigeisen. Zudem empfiehlt sich ihr Einsatz auch als **Zeckenschutz** in FSME-Risikogebieten. Die Palette der Modelle auf dem Markt reicht von einfachen, wadenhohen Gamaschen aus wasserdicht beschichtetem **Nylon- oder Polyestergewebe** für Touren der gemäßigten Art bis zu kniehohen, verstärkten und teils auch isolierten **Expeditionsgamaschen**, die auch Tiefschnee trotzen. Welche Variante man auch nimmt: Wichtig sind eine **sichere Fixierung** durch Neopreneinsätze, Unterfußbänder oder Haken für die Schnürung sowie ein enganliegender Schnitt.

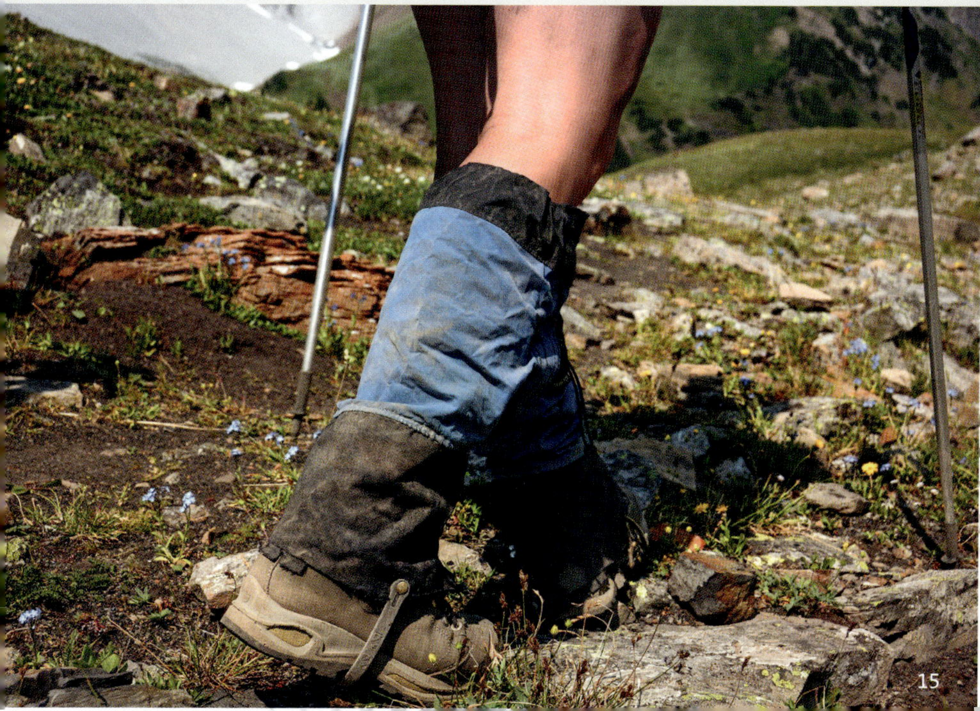

No. 9

DAS 3-LAGEN-SYSTEM: Mach die ZWIEBEL!

Die zentrale Aufgabe der Outdoor-Bekleidung lässt sich einfach zusammenfassen: Sie muss den Körper davor schützen, auszukühlen oder zu überhitzen – sprich: dafür sorgen, dass die Kerntemperatur von rund 37° Celsius auf annähernd konstantem Niveau bleibt.

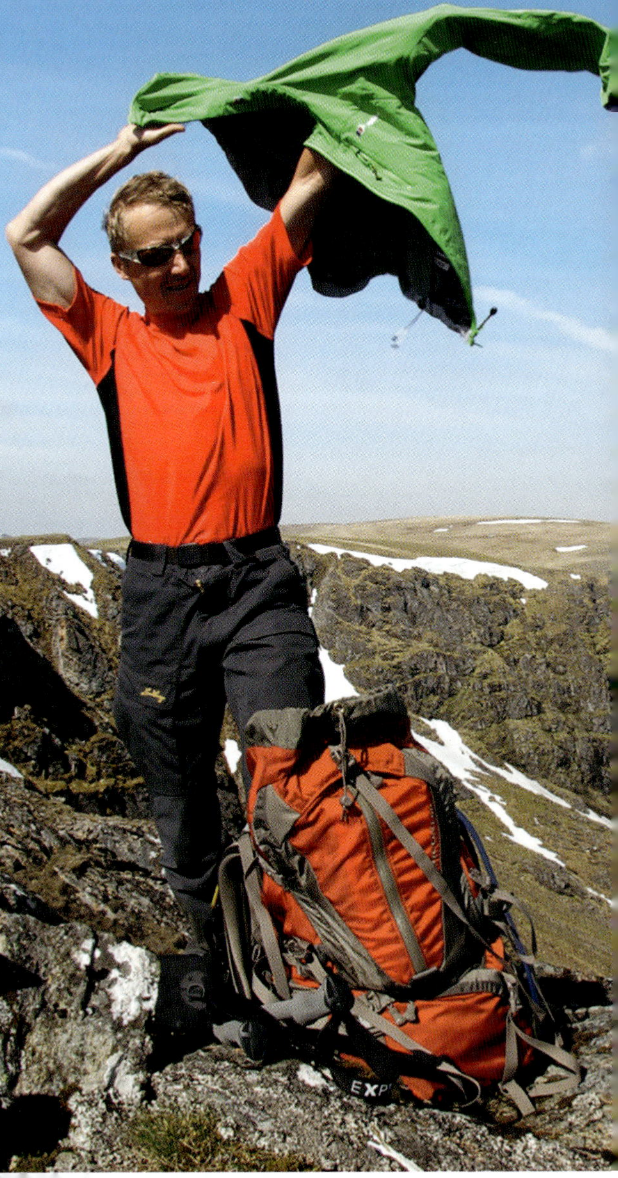

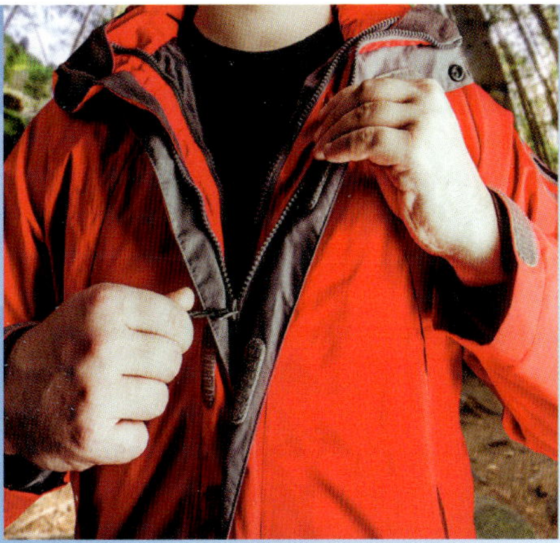

Beim Outdoor-Sport treffen zwei gegensätzliche Herausforderungen aufeinander: Zum einen müssen vom Körper produzierte überschüssige Wärme und Feuchtigkeit nach außen gelangen, zum anderen sollen Kälte und Nässe von außen abgewehrt werden. Um unterwegs für verschiedene Wetterlagen gewappnet zu sein, bei anstrengenden Passagen nicht übermäßig zu schwitzen und bei Pausen nicht zu frieren, hat sich das sogenannte **Zwiebelprinzip** bewährt, das – wie die namensgebende Lauchpflanze – aus mehreren Schichten aufgebaut ist. In der Regel besteht es aus drei Lagen, die je nach Bedarf kombiniert werden: Die **erste Lage** (Baselayer) bildet jene Bekleidung, die direkt auf der Haut getragen wird – also neben den Socken die Funktionsunterwäsche sowie meist ein Funktions-Shirt. Die **zweite Lage** (Midlayer) wird auch als Isolations- oder Wärmeschicht bezeichnet und besteht aus der Wander- bzw. Trekkinghose sowie – je nach Bedarf – etwa aus Longsleeve oder Wanderhemd, Fleece- oder leichter Daunenjacke. Die **dritte Lage** (Outer Shell) bildet die Wetterschutzschicht. Zum Einsatz kommen – je nach zu erwartetem Klima – vor allem wind- und wasserabweisende Softshell-Jacken oder komplett wind- und wasserdichte Hardshells sowie gegebenenfalls eine Regenhose. Doch was müssen die drei Lagen jeweils können, wie kombiniert man sie und auf welche Details sollte man beim Kauf achten? Sehen wir sie uns einmal genauer an.

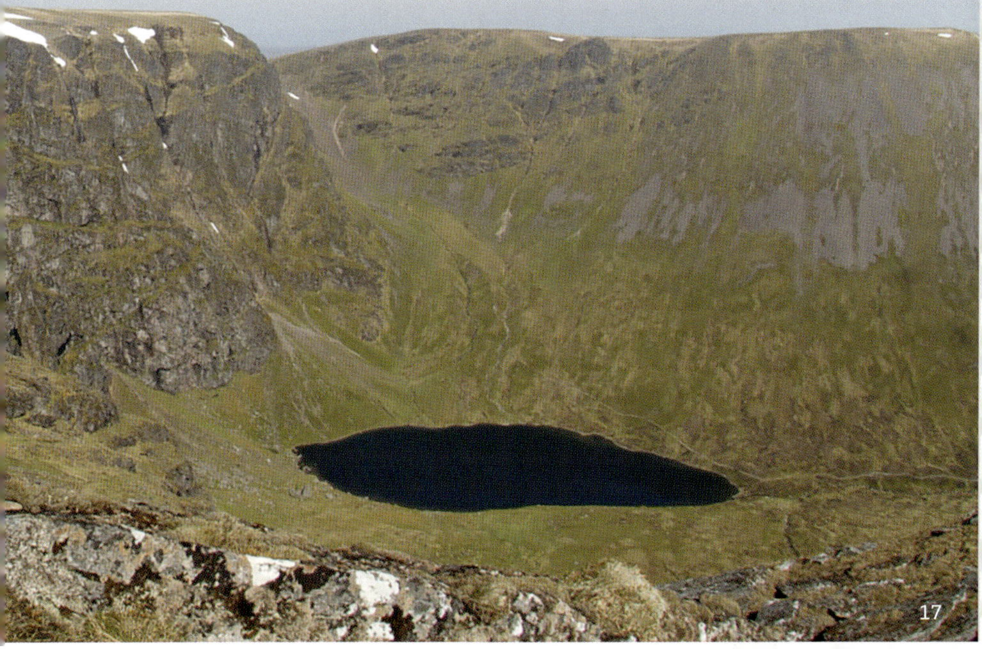

No. 10

Die ERSTE LAGE ist die KLIMAANLAGE

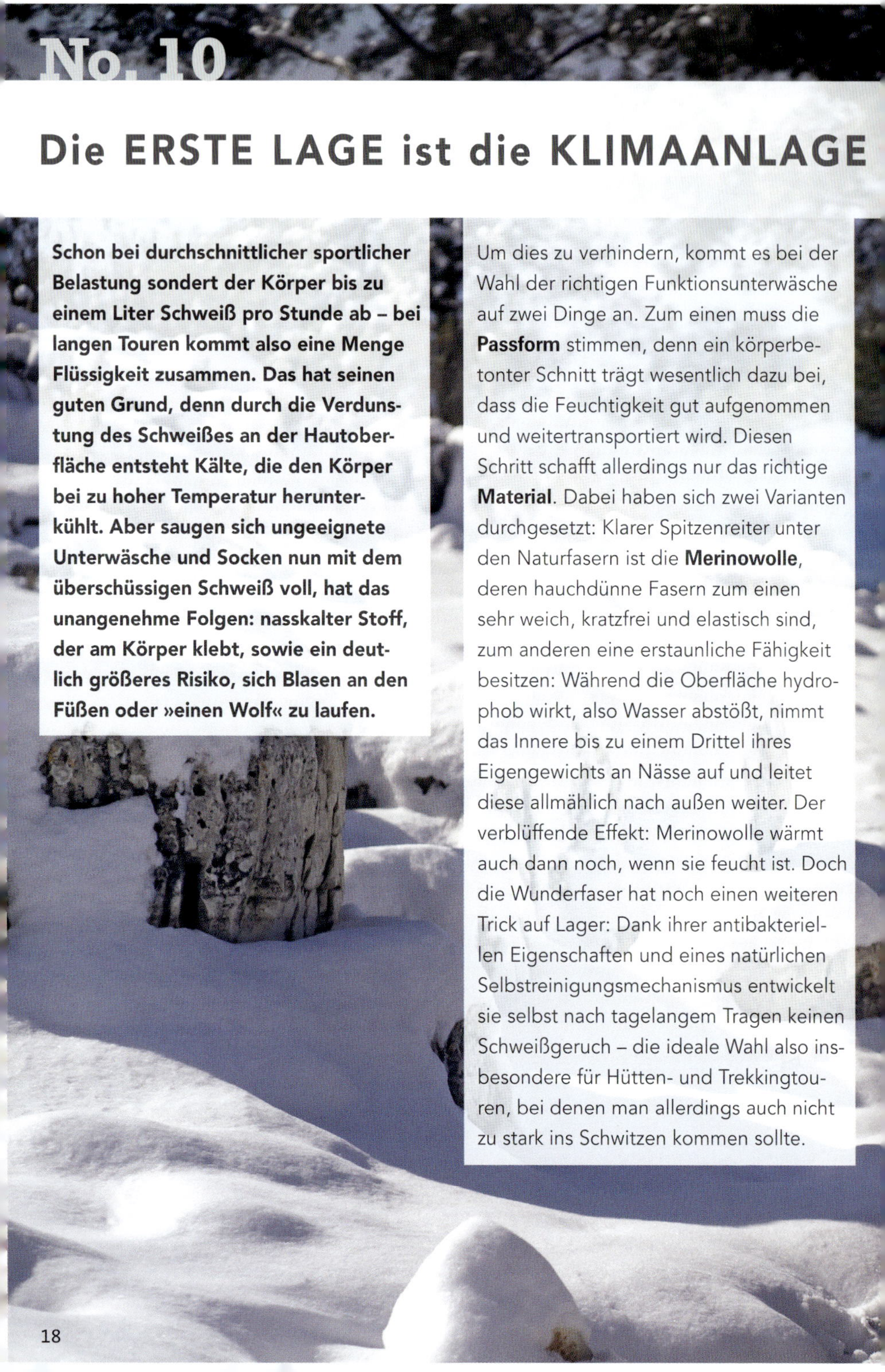

Schon bei durchschnittlicher sportlicher Belastung sondert der Körper bis zu einem Liter Schweiß pro Stunde ab – bei langen Touren kommt also eine Menge Flüssigkeit zusammen. Das hat seinen guten Grund, denn durch die Verdunstung des Schweißes an der Hautoberfläche entsteht Kälte, die den Körper bei zu hoher Temperatur herunterkühlt. Aber saugen sich ungeeignete Unterwäsche und Socken nun mit dem überschüssigen Schweiß voll, hat das unangenehme Folgen: nasskalter Stoff, der am Körper klebt, sowie ein deutlich größeres Risiko, sich Blasen an den Füßen oder »einen Wolf« zu laufen.

Um dies zu verhindern, kommt es bei der Wahl der richtigen Funktionsunterwäsche auf zwei Dinge an. Zum einen muss die **Passform** stimmen, denn ein körperbetonter Schnitt trägt wesentlich dazu bei, dass die Feuchtigkeit gut aufgenommen und weitertransportiert wird. Diesen Schritt schafft allerdings nur das richtige **Material**. Dabei haben sich zwei Varianten durchgesetzt: Klarer Spitzenreiter unter den Naturfasern ist die **Merinowolle**, deren hauchdünne Fasern zum einen sehr weich, kratzfrei und elastisch sind, zum anderen eine erstaunliche Fähigkeit besitzen: Während die Oberfläche hydrophob wirkt, also Wasser abstößt, nimmt das Innere bis zu einem Drittel ihres Eigengewichts an Nässe auf und leitet diese allmählich nach außen weiter. Der verblüffende Effekt: Merinowolle wärmt auch dann noch, wenn sie feucht ist. Doch die Wunderfaser hat noch einen weiteren Trick auf Lager: Dank ihrer antibakteriellen Eigenschaften und eines natürlichen Selbstreinigungsmechanismus entwickelt sie selbst nach tagelangem Tragen keinen Schweißgeruch – die ideale Wahl also insbesondere für Hütten- und Trekkingtouren, bei denen man allerdings auch nicht zu stark ins Schwitzen kommen sollte.

FÜR DEINEN KÖRPER

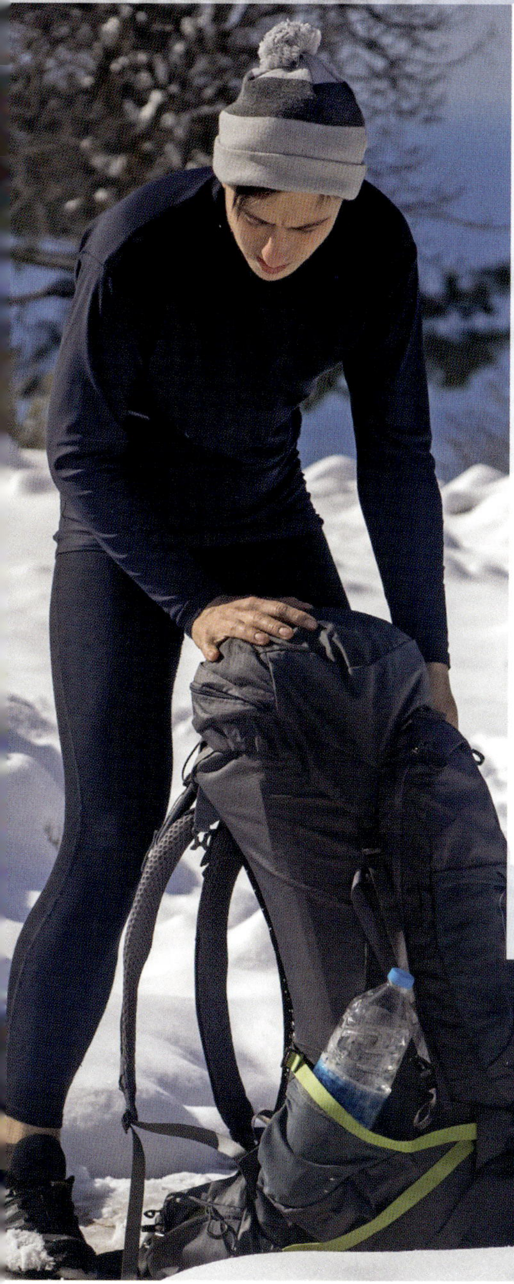

Denn bei höheren Temperaturen und stark schweißtreibenden Aktivitäten spielen **Kunstfasern** ihre Stärken aus: Sie glänzen durch einen besonders effektiven Feuchtigkeitstransport nach außen und trocknen sehr schnell. Auch hinsichtlich des geringeren Gewichts und der größeren Reißfestigkeit sind synthetische Stoffe der Merinowolle überlegen. Als Material für Funktionsunterwäsche kommt meist **Polyester** zum Einsatz, doch durch Beimischungen weiterer Kunstfasern lassen sich die Eigenschaften des Stoffes fast beliebig beeinflussen. So verringert etwa das hydrophobe **Polypropylen** die Feuchtigkeitsaufnahme, hat aber den Nachteil, ohne antibakterielle Behandlung schnell zu müffeln. Für besondere Robustheit – ein Punkt, den man bei der Funktionsunterwäsche aber eher vernachlässigen kann – sorgt hingegen **Polyamid**, das landläufig unter dem Produktnamen **Nylon** bekannt ist. Den wichtigen körpernahen Sitz unterstützt wiederum **Elasthan** – der Name verrät schon, dass es sich durch seine besonders hohe Elastizität auszeichnet.

No. 11

PERFEKT ISOLIERT mit der ZWEITEN LAGE

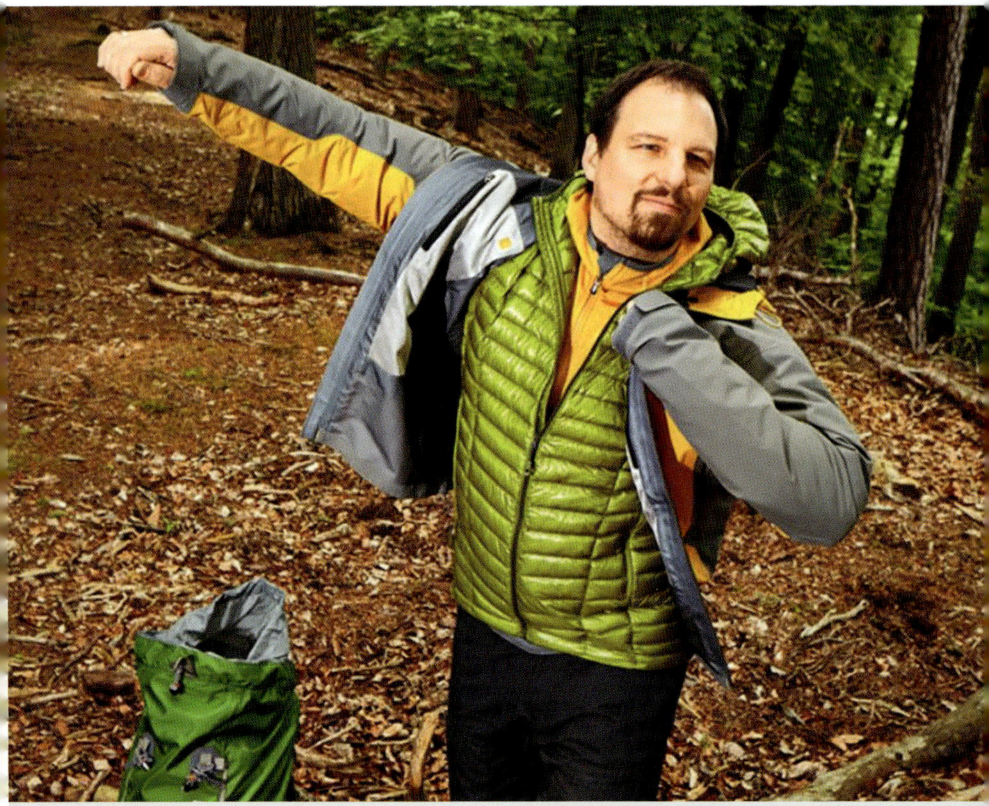

Die zweite Lage hat zwei Jobs zu erledigen: Einerseits leitet sie Feuchtigkeit von der ersten Lage weiter nach außen (oder gegebenenfalls zur dritten Lage), andererseits speichert sie bei Kälte die abgestrahlte Körperwärme.

Insbesondere die Wahl der passenden **Oberbekleidung** hängt von der Frage ab, ob und wieviel Isolierung nötig ist. Wenn ein (zweites) Funktionsshirt aus Merinowolle oder ein Kunstfaser-Wanderhemd für die Wohlfühltemperatur nicht mehr reichen, greifen die meisten zum **Fleece**, einer meist aus Polyester gefertigten Maschenware, die hohe Atmungsaktivität, hervorragende Kälteisolation und Langlebigkeit vereint und zudem mit großem Tragekomfort, kleinem Gewicht und schneller Trocknungszeit glänzt. Da aber nur die wenigsten Fleecejacken windabweisend oder sogar winddicht sind, machen sie bei Schmuddelwetter vor allem in Kombination mit der dritten Schicht Sinn. Auf dem Markt gibt es die Allrounder in zahlreichen Varianten, für die meisten Einsatzbereiche empfiehlt sich eine Jacke mit einer Stoffdicke um die 200 g/m².

Geht es in sehr kalte, aber voraussichtlich trockene Regionen, haben **Daunen** die Nase vorn – kein anderes Material schafft eine so gute Wärmeleistung bei gleichzeitig federleichtem Gewicht. Ihr hervorragendes Isolationsvermögen verdanken Daunen ihrer großen **Bauschkraft** (auch: Füllkraft), ein Wert, der angibt, wie gut sich das Isolationsmaterial nach dem Zusammendrücken wieder ausdehnt und so eine wärmeisolierende Luftschicht bildet. Gemessen wird dieses Verhalten in cuin (englische Kurzform für cubic inches). Gute Modelle für den Normalgebrauch starten ab 550 cuin, High-End-Jacken für extremere Bedingungen kommen auf Werte von 800 und mehr. Das Problem: Wird die Daune unterwegs nass, geht diese Bauschkraft verloren. Bis sie getrocknet und wieder einsatzbereit ist, vergehen leicht ein bis zwei Tage – eine Situation, die man gerade bei Mehrtagestouren nicht erleben möchte.

Klar, dass die Tüftler der Outdoor-Industrie seit Jahrzehnten versuchen, die besten Eigenschaften der Daune mit einer niedrigeren Anfälligkeit für Nässe zu vereinen. Führende **Kunstfasertextile** wie Primaloft, Polartec Power Fill & Co. kommen zwar nicht ganz an das geringe Gewicht, die Wärmeleistung und die Komprimierbarkeit der Daune heran, erhalten einen Großteil ihrer Bauschkraft jedoch auch noch im nassen Zustand. Somit eignen sie sich bestens als treue Begleiter bei längeren Einsätzen in kalten und niederschlagsreichen Gebieten. Auch bei der Wahl der **Wander- oder Trekkinghose** (die beiden Begriffe werden meist synonym verwendet) kommt es darauf an, wann und wo du überwiegend unterwegs sein wirst. In jedem Fall muss die **Passform** stimmen: eng genug, um nicht zu rutschen oder herumzuschlackern, weit genug, um ausreichend Bewegungsfreiheit auch für große Schritte und hohes Antreten zu bieten. Die Länge stimmt, wenn die Hose etwa in Höhe des Knöchels oder kurz unterhalb endet. Denn ist sie zu kurz, bleibt sie oft unangenehm über dem Schaft hängen, ist sie zu lang, besteht das Risiko, im Fersenbereich draufzutreten – eine gefährliche Stolperfalle.

Über Robustheit, Elastizität, Atmungsaktivität und Wetterschutz entscheidet das **Material** bzw. die Materialmischung. Kommt das Beinkleid vor allem bei milden oder warmen Temperaturen von Frühling bis Herbst zum Einsatz, eignen sich etwa dünne, leichte **Kunstfasermaterialien** wie Polyamid- oder Polyestergewebe. Bei kühleren Graden und im alpinen Bereich schwören viele auf reine **Softshellhosen**, die es in verschiedenen Materialstärken sowie mit zusätzlicher Membran für verbesserten Wetterschutz gibt.

Perfekt auf die Anforderungen beim Trekking in nördlichen (und vergleichbaren) Gefilden zugeschnitten sind **Mischgewebehosen**, etwa aus dem sehr strapazierfähigen G-1000, das zu 65 Prozent aus Polyester und zu 35 Prozent aus Baumwolle besteht. Die dichte Webart bietet Schutz vor Sonnenbrand und Mückenstichen, Modelle mit zusätzlicher Wachsbeschichtung halten effizient Wind und Regen ab.

No. 12

Die meiste WÄRME geht über den KOPF verloren?

MYTH Buster

Der weit verbreitete Irrglaube, dass der Mensch 40 bis 45 Prozent seiner Körperwärme über die Kopfhaut verliert, fußt auf einem Militärexperiment aus den 1950er-Jahren. Dabei wurden die Probanden in Spezialanzügen arktischer Kälte ausgesetzt. Allerdings mit bloßem Haupt – kein Wunder also, dass dort der größte Wärmeverlust zu beklagen war. Tatsächlich ist dieser aber über alle Körperteile gleichmäßig verteilt, was im Umkehrschluss bedeutet: Auch der Kopf und die Hände möchten bei kalten Temperaturen geschützt sein, ohne Mütze und Handschuhe wird es ungemütlich.

No. 13

WETTERSCHUTZ dank DRITTER LAGE

Der Schutz vor den Elementen ist die primäre Aufgabe der dritten Lage. Doch auch die Atmungsaktivität muss stimmen, damit Feuchtigkeit und überschüssige Wärme entweichen können. Von außen dicht und von innen durchlässig also – ein Spagat, bei dem man zwangsläufig Kompromisse eingehen muss.

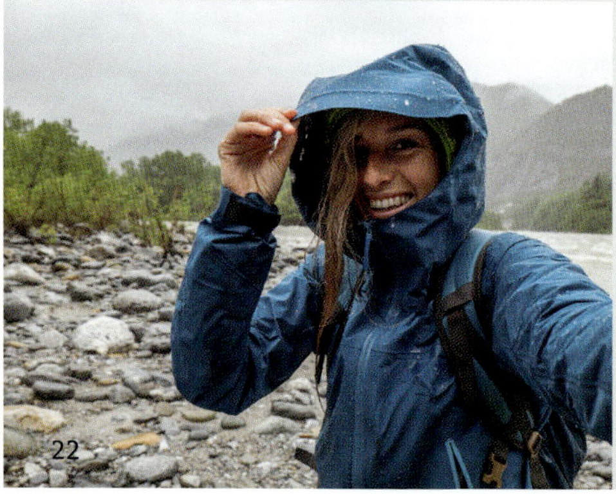

Sind auf Tour nur leichte, kurze Schauer und gemäßigter Wind zu erwarten, reicht eine **Softshell-Jacke**. Durch die sehr gute Atmungsaktivität spielt sie ihre Stärken besonders bei schweißtreibenden Aktivitäten aus, dabei erlaubt das weiche, elastische Material ein Maximum an Bewegungsfreiheit und Tragekomfort. Klassische Softshells sind zwar wasser- und windabweisend, bieten jedoch keinen hundertprozentigen Wetterschutz, Modelle mit einer zusätzlichen Membran erhöhen ihn signifikant, leiten allerdings die Feuchtigkeit weniger effektiv nach außen. Da Softshells auch eine angenehme Wärmeisolation bieten, kommen sie auch als zweite Lage zum Einsatz.

Ob Gewitter, Sturm oder Hochtouren in Schnee und Eis – **Hardshell-Jacken** sind dann unverzichtbar, wenn das Material absolut wind- und wasserdicht sein muss. Auch hier bietet der Markt eine Fülle an Optionen für die unterschiedlichsten Ansprüche. Für den Alltag und Tagestouren genügt meist eine einfache **2-Lagen-Jacke**, die aus einem lose eingenähten Innenfutter sowie einer verbundenen Außenhaut aus Membran und Oberstoff besteht. Am oberen Einsatzspektrum stehen die sehr robusten, etwas schwereren und auch teureren 3-Lagen-Jacken, bei denen das Innenfutter, die Membran und der Oberstoff zu einer Schicht laminiert sind. Als besonders leichter Hybrid mit geringem Packmaß gibt es zudem noch die **2,5-Lagen-Jacke**. Auf das Innenfutter wird hierbei verzichtet, die Außenmembran jedoch noch durch eine hauchdünne Schutzschicht versiegelt – die halbe Lage im Namen.

No. 14

So WÄSCHST du FUNKTIONSKLEIDUNG RICHTIG

So unübersichtlich die Materialvielfalt im Bereich der Funktionskleidung auch ist: Die Pflege der edlen Textilien gestaltet sich weniger kompliziert als viele denken. Doch einige Dinge solltest du wissen, um die feinen Teile möglichst lange in Topform zu halten.

Prinzipiell gilt: Alle Teile der Bekleidung können problemlos in der **Waschmaschine** gesäubert werden. Welches Programm und welche Temperatur (in der Regel reichen 30–40° Celsius) sich am besten eignen, verrät der Blick auf das Etikett. Bei Woll- und Daunenprodukten empfiehlt sich ein entsprechendes Waschmittel, bei Kunstfaserfüllungen ist ein die Bauschkraft erhaltendes Produkt optimal, auch für Funktionsmaterialien wie Gore-Tex gibt es spezielle Waschmittel.
Doch in den meisten Fällen erledigt auch ein faserschonendes Feinwaschmittel den Job, das allerdings flüssig sein sollte, denn dann setzen sich weniger Rückstände fest.
Ganz wichtig: Hände weg von Weichspülern, die empfindliche Membrane verstopfen oder beschädigen können – ein Killer für die Temperaturregulierung und Schweißableitung.

Beim **Waschvorgang** stopfst du die Maschine nicht zu voll, damit alle Kleidungsstücke ausreichend zirkulieren können. Hosen und Jacken dreht man vorher mit geschlossenen Reiß- und Klettverschlüssen auf links, um

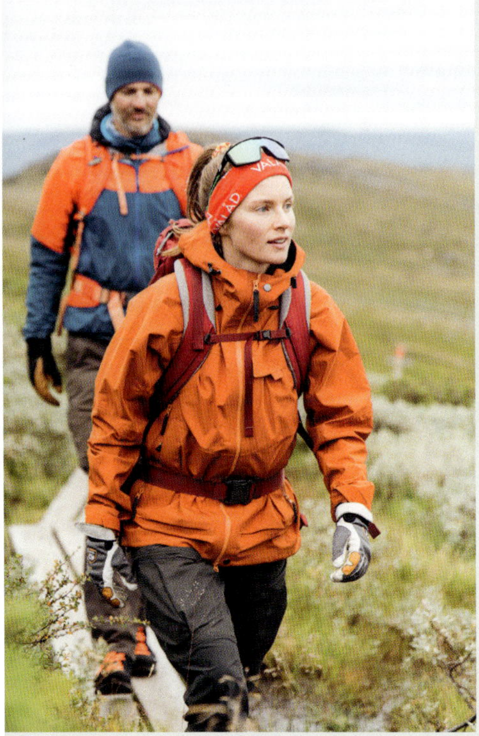

Beschädigungen der anderen Bekleidung durch Scheuern zu vermeiden. Daunenjacken mögen es bei der Wäsche einsam, so wird ihre Füllung nicht zusammengedrückt. Ob nach dem Waschen eine Rundfahrt im **Trockner** nötig ist, hängt vom Material ab. Socken, Funktionswäsche, Hemden, Shirts und Fleecejacken können problemlos an der Luft trocknen. Daunenjacken sollten aber auf jeden Fall in den Trockner, damit ihre Füllung durch Aufwirbelung gleichmäßig trocknet. Um das Aufschütteln zu verbessern, packst du noch zwei, drei Tennisbälle in die Trommel.

Auch Hardshells und andere Ausrüstung, die vom Hersteller mittels DRW (Durable Water Reppellency) vorimprägniert worden ist, kommt am besten in den **Trockner**, denn die Hitze reaktiviert den Imprägnierungsschutz.

No. 15
Die FUNKTIONSKLEIDUNG möglichst wenig waschen?

MYTH

Viele glauben, dass sie ihrer geliebten Outdoor-Bekleidung durch die mechanische Belastung beim Waschen Schaden zufügen. Was sie dabei nicht beachten: Gerade Verunreinigungen durch Dreck, Schweiß, Sonnencreme oder Rußpartikel setzen den Membranen zu, die ihre Dampfleitungsfähigkeit verlieren und sich sogar ablösen können. Also gilt: Sobald die guten Sachen anfangen zu müffeln oder Verschmutzungen aufweisen, solltest du ihnen einen sanften Waschgang gönnen – spätestens nach jeder größeren Tour und auch bei seltener Benutzung mindestens zweimal im Jahr.

No. 16

Deine nützlichen Helfer unterwegs: TECHNIK, GADGETS & CO.

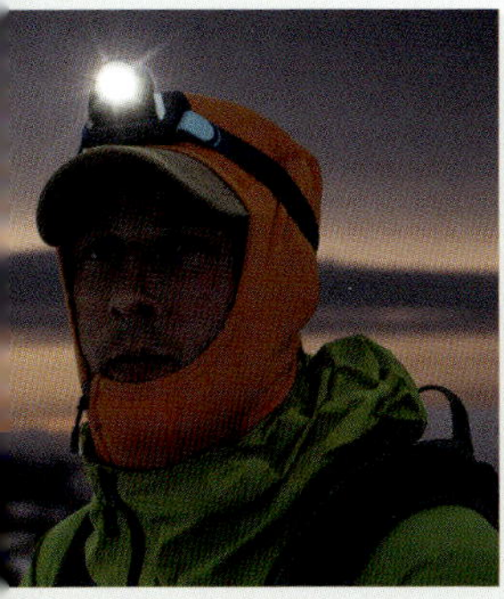

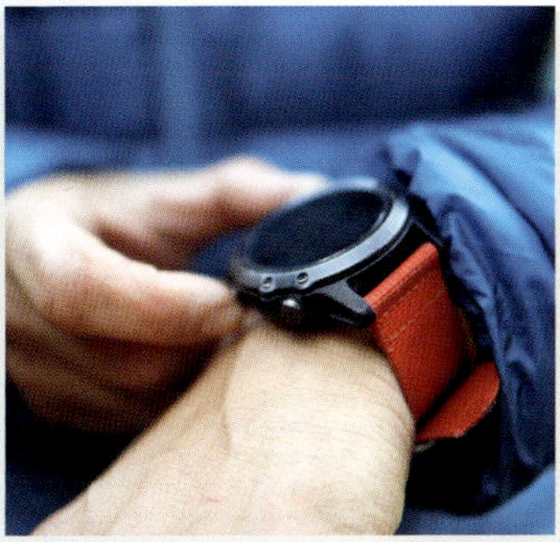

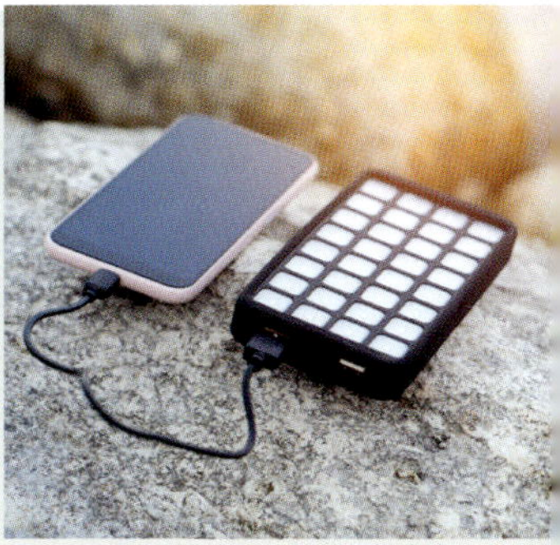

Neben der absoluten Grundausrüstung für Touren durch die Natur – also dem passenden Schuhwerk und funktioneller Kleidung – wirst du für die meisten Unternehmungen noch andere Sachen einpacken. Je nach Vorhaben sind einige weitere Ausrüstungsteile Pflicht, andere fallen in die Kategorie Kür: Man muss sie nicht unbedingt dabeihaben, aber sie machen die Zeit da draußen einfacher und angenehmer.

Die eierlegende Wollmilchsau im technischen Bereich ist eindeutig das **Smartphone** – es bietet Navigation, Wetterdienst und andere relevante Informationen, Unterhaltung sowie die Möglichkeit zur Kommunikation direkt aus der Hosentasche. Auch Puristen, die bewusst eine Extraportion Abstand von der Außenwelt nehmen möchten, sollten zumindest auf ernsthaften Touren immer eins dabeihaben. Zwar kommt man mit entsprechender Vorbereitung und dem nötigen Know-how fast immer ohne digitale Hilfe in der Natur klar – es sei denn, es kommt zu einem Notfall. Und wer dann ohne Smartphone dasteht, bringt sich oder andere in unnötige Gefahr.

Schon 1999 schafften die ersten Mobiltelefone, was zuvor nur mit speziellen **GPS-Geräten** möglich war: die Standortbestimmung durch Satellitenhilfe aus dem All. Auch wenn heutzutage die app-gestützte Navigation per Smartphone für viele Touren ausreicht, haben **GPS-Geräte** längst nicht ausgedient: Die Stromversorgung erfolgt durch Batterien statt durch notorisch kurzlebige Akkupower, zudem sind sie sind wesentlich robuster und wetterunempfindlicher – also die deutlich bessere Wahl, wenn es tagelang durch Gebiete mit anspruchsvoller Navigation geht.

Wie gerade schon angesprochen: Die Akkulaufzeit bei Smartphones beträgt bei intensiver Nutzung nur wenige Stunden – für eine Tagestour mag das vielleicht reichen, doch bei längeren Strecken abseits der Hütten kommt man um eine Energiequelle zum Aufladen nicht herum – auch für andere technische Hilfsmittel mit passendem Anschluss. In den meisten Fällen genügt eine **Powerbank**, die auf die Kraft eines Lithium-Ionen- oder eines

Lithium-Polymer-Akkus zurückgreift. Dabei gilt es, die richtige Balance aus Packmaß, Gewicht und Kapazität zu finden: Kannst du täglich aufladen, reicht ein sehr kleines und leichtes Modell mit 5000 mAh (Milliamperestunden). Brauchen zwischendurch mehr Geräte Energie oder steht länger kein Strom aus der Steckdose zur Verfügung, sollten es schon 10000 oder sogar 20000 mAh sein – was einem Zusatzgewicht von zirka 200 bis 400 Gramm entspricht. Brauchbare **Solarladegeräte** sind sperrig und bringen noch mehr auf die Waage, machen also nur Sinn, wenn man in tiefer Wildnis zwingend auf sie angewiesen ist.

Auch viele **Stirnlampen** lassen sich per Akku aufladen – gut, wenn sie auf Fernstrecken häufig zum Einsatz kommen und man keine Extrabatterien mitschleppen möchte. Dass sie immer dann ins Gepäck gehören, wenn unterwegs übernachtet wird, versteht sich von selbst, doch auch bei ernsthafteren Tagestouren sind sie Teil der Notausrüstung – wird es etwa im Gebirge ungeplant spät, möchte man dort oben nicht im Dunkeln stehen. Welcher Typ sich am besten eignet, hängt ganz vom Einsatzgebiet ab, die wichtigsten Kriterien beim Kauf sind Helligkeit, Reichweite und Leuchtdauer.

Armbanduhren sind im Handyzeitalter überflüssig? Nicht unbedingt, denn **Multifunktionsuhren** für den Outdoor-Bereich können viel mehr, als die Zeit anzugeben. Zu den üblichen Funktionen einer Instrument-Uhr gehören ein Barometer, Höhenmesser und Kompass, **GPS-Uhren** haben Ortung, Navigation, Routenverfolgung und vieles mehr drauf. Auch wenn all diese Funktionen bereits durch andere mitgebrachte Ausrüstung

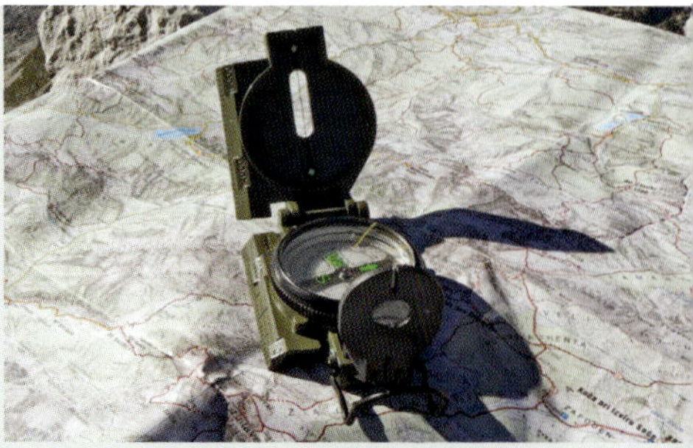

Orientierung geht auch analog: klassisch mit Karte und Peilkompass.

gedeckt werden sollten – die entsprechenden Infos jederzeit wortwörtlich im Handumdrehen ablesen zu können, ist ungemein praktisch.

Eine ganze Armada an Funktionen haben auch **Multitools** an Bord. Den kleinen, großen Klassiker in diesem Segment kennt wohl jeder: das legendäre **Schweizer Taschenmesser.** Mit der klassischen Ausstattung – großes und kleines Messer, Schere, Dosenöffner, Korkenzieher, Pinzette, Schraubendreher, Nagelfeile und kleine Säge – hat man schon einen beachtlichen Werkzeugkoffer für kürzere Touren dabei, umfangreichere Modelle erweitern das Einsatzspektrum um zahlreiche weitere Funktionen. Doch beim Trekking lohnt die Mitnahme eines **größeren Multitools** mit Kombizange, einer größeren Säge sowie eventuell auch einer Eisenfeile und einem Schrauberset.

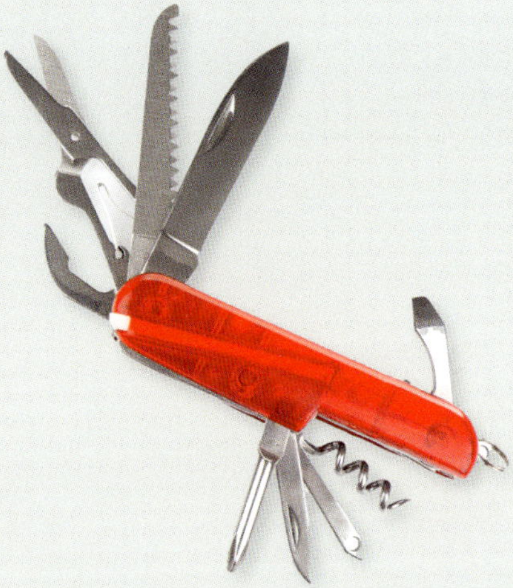

No. 17

TREKKINGSTÖCKE: wann sie lohnen und was du wissen solltest

Wohl kaum ein anderer Ausrüstungsgegenstand hat einen solchen Imagewandel hinter sich wie Wander- und Trekkingstöcke: Wurden sie vor 30 Jahren oft noch belächelt, gehören sie heute für viele zum festen Bestandteil im Tourenalltag. Doch immer noch sind die Lager gespalten: Minimalisten und Gewichtssparer empfinden sie als unnötig, wenn nicht sogar unsportlich. Freunde der spitzen Helfer schätzen die deutliche Entlastung der Muskulatur und Gelenke in steilen Abschnitten, die erhöhte Stabilität in rutschigem, schottrigem oder verblocktem Terrain sowie den Antrieb bei Aufstiegen.

Wer sich für die Mitnahme von Trekkingstöcken entscheidet, hat bei der **Materialfrage** die Wahl zwischen **Aluminium** und **Carbon**. Während Aluminium mit größerer Unempfindlichkeit und günstigerem Preis punktet, schwören Carbon-Fans auf das noch geringere Gewicht und die höhere Steifigkeit – nehmen dafür aber in Kauf, dass bei Kollisionen, etwa mit einem scharfkantigen Fels, leicht Mikrorisse entstehen, die unweigerlich zu einem Stockbruch führen. Um diesen Nachteil auszumerzen, gibt es daher auch Carbon-Modelle, deren unterstes Stockelement aus Aluminium gefertigt ist.

Ein weiterer wesentlicher Unterschied bei den Trekkingstöcken liegt darin, mit welchem **System** sie sich zusammenlegen bzw. -stecken lassen. So liegt der Vorteil der klassischen **Teleskopstöcken**, dessen Segmente beim Transport ineinandergeschoben werden, darin, dass sie wesentlich flexibler in der Höhenverstellung

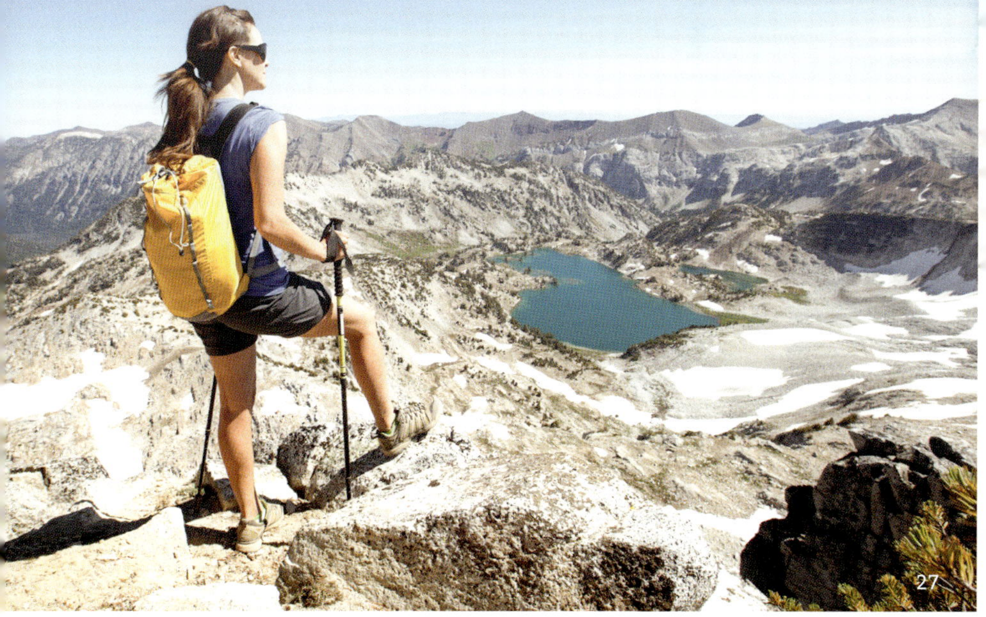

sind. Somit lassen sich die Stöcke ganz nach Belieben bei Abwärtspassagen verlängern und bei Anstiegen verkürzen – in beiden Fällen gilt eine Justierung von zirka 15 Zentimetern als ideal. Bei **Faltstöcken**, deren Rohrsegmente – ähnlich wie die Gestängebögen von Zelten – mit einer innenliegenden Schnur verbunden sind, beträgt die Höhenverstellbarkeit meist nur plus/minus zehn Zentimeter, doch ihren Vorteil spielen sie beim teils deutlich kleineren Packmaß aus.

Bei den weiteren Ausstattungsmerkmalen gilt das Augenmerk besonders den Schlaufen, Griffen und Tellern.

Die wichtigste Funktion der **Schlaufen** wird häufig falsch verstanden: Sie sollen nicht das Verlieren der Stöcke vermeiden, sondern die Belastung von den Fingern auf den Handballen übertragen. Für den richtigen Griff führt man die Hand von unten durch die Schlaufe und legt den Daumen über die Schlaufenfixierung um den Griff herum. Bei der richtigen Längeneinstellung liegt dann die Hand genau in der Mitte des Griffs auf den Schlaufen auf.

Die **Griffe** hochwertiger Stöcke sind ergonomisch geformt und bestehen entweder aus Kork oder aus Ethylenvinylacetat (EVA), einem Schaumstoff. Beide liegen angenehm in der Hand, wobei Kork den Schweiß etwas besser absorbiert, EVA hingegen noch griffiger und rutschfester ist.

Die **Teller** verhindern, dass die Stöcke auf weichen Böden nicht einsinken. Meist reichen die fünf bis acht Zentimeter durchmessenden Sommerteller, mit denen die meisten Modelle ausgerüstet sind. Nur wenn es durch Sand oder Schnee geht, machen Teller mit einer größeren Auflagefläche von bis zu elf Zentimetern Durchmesser Sinn.

So hilfreich und entlastend Trekkingstöcke insbesondere bei langen Touren mit knackigem Höhenprofil auch sein können: Man sollte sie nur dann einsetzen, wenn es wirklich Sinn macht, denn ständige Benutzung verringert auf Dauer die Trittsicherheit und das Gleichgewichtsgefühl. Auch bei sehr steilen, ausgesetzten Passagen behält man besser die Hände frei, um im Fall eines Falles reagieren zu können.

No. 18

WICKLUNGS-HELFER

Ihre Reißfestigkeit und Klebkraft bei gleichzeitiger Wasserdichtigkeit und Hitzetauglichkeit machen Panzertape oder Duck Tape zu Universalgenies für kleinere Reparaturen an der Kleidung, dem Rucksack oder dem Zelt. Doch eine sperrige und schwere 50-Meter-Rolle braucht auf Tour kein Mensch. Es reicht, sich einige Lagen um die Trekkingstöcke, die Trinkflasche oder einen Stift zu wickeln.

No. 19

Für alle Fälle: DAS ERSTE-HILFE-SET

Eine goldene Packregel besagt, dass man alles, was man unterwegs mitschleppt, am Ende der Tour auch benutzt haben sollte.

Die Ausnahme: das Erste-Hilfe-Set. Doch ein falscher Schritt, ein Moment der Unachtsamkeit oder einfach nur etwas Pech reichen – und schon ist ein Malheur passiert. Ob kleine Schürfwunde oder schmerzhafte Knöchelverletzung, Zeckenbiss oder Insektenstich: Mit der mobilen Apotheke im Gepäck lassen sich die häufigsten Blessuren schnell lindern oder zumindest erstbehandeln, bevor professionelle Hilfe erreicht ist.

Was alles ins Erste-Hilfe-Set gehört, hängt natürlich von der Länge und Ernsthaftigkeit der Unternehmung ab, doch auch bei Tagestouren in einfachem Terrain darf die Basis-Ausstattung in keinem Rucksack fehlen.

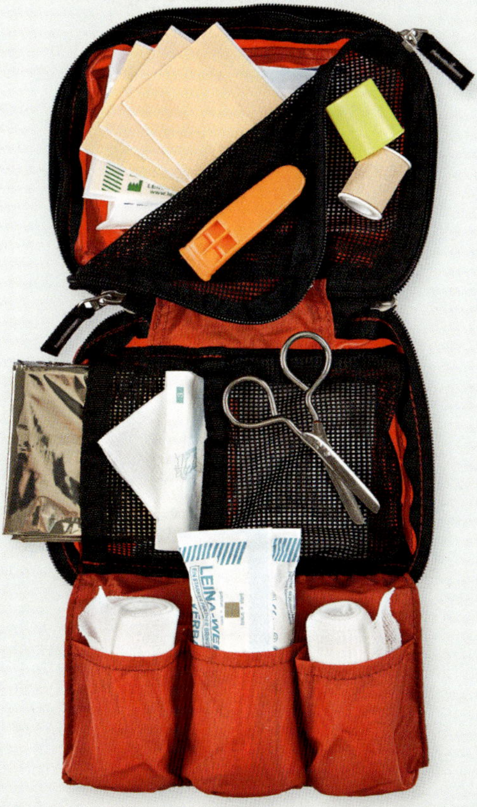

- Desinfektionsmittel
- 5 Alkoholtupfer
- 50 cm Wundschnellverband (6 cm)
- 1 Paket Klammerpflaster
- Blasenpflaster (Compeed)
- 2 Verbandpäckchen (1 x elastisch)

- 5 Wundkompressen (5 x 5 cm)
- Fixierbinde (6 cm, 4 m)
- sterile Handschuhe
- Rettungsdecke
- Dreiecktuch aus Viskose
- Verbandschere
- Pinzette
- Zeckenzange/-karte

- Schmerzmittel: Paracetamol (bei Höhentrips Ibuprofen, wirkt auch gegen Höhenkopfschmerz. Paracetamol und Ibuprofen aber nicht miteinander kombinieren!)
- Brand – und Wundheilsalbe
- Antihistaminika (bei Allergien)

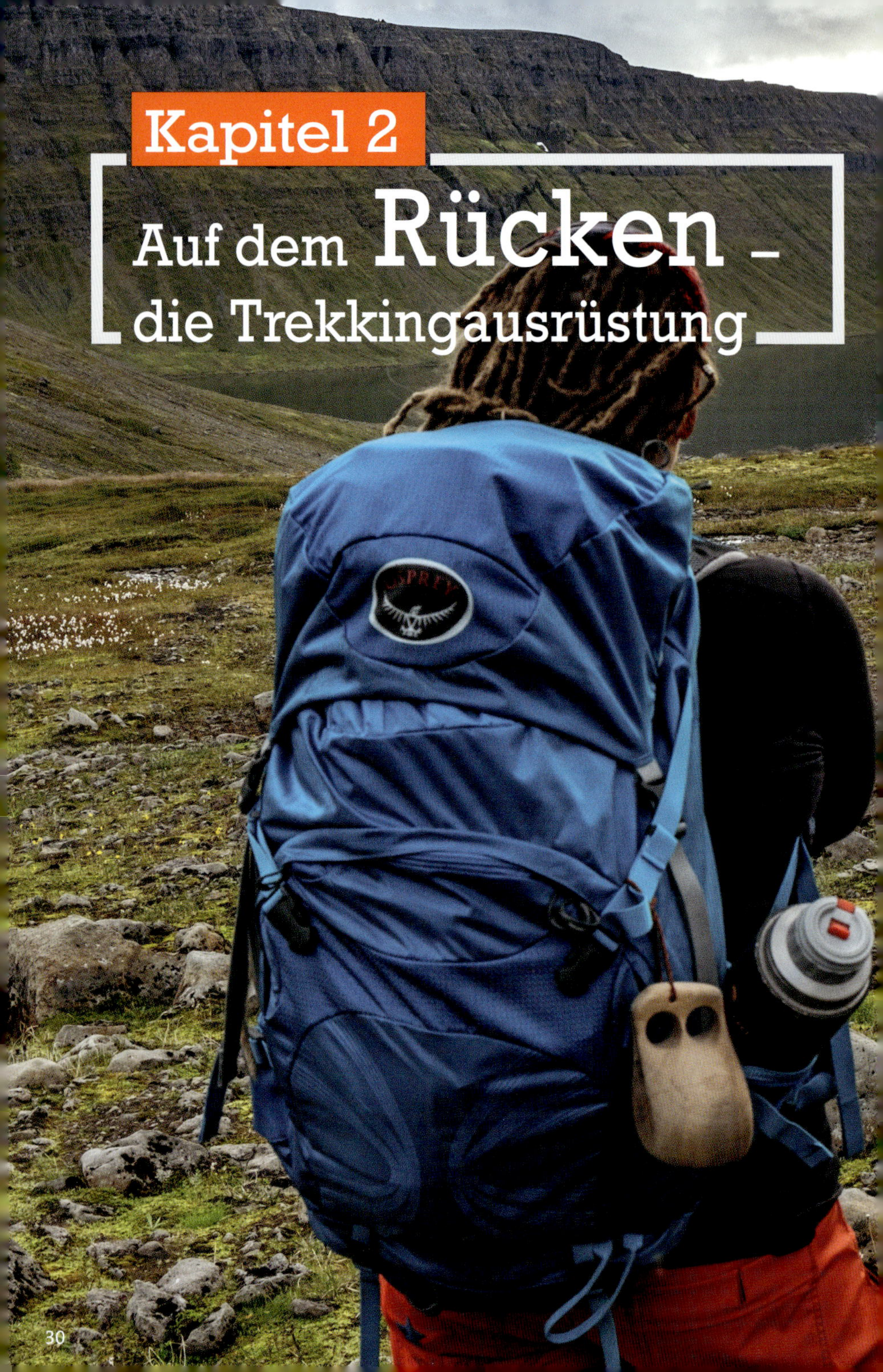

Kapitel 2

Auf dem Rücken – die Trekkingausrüstung

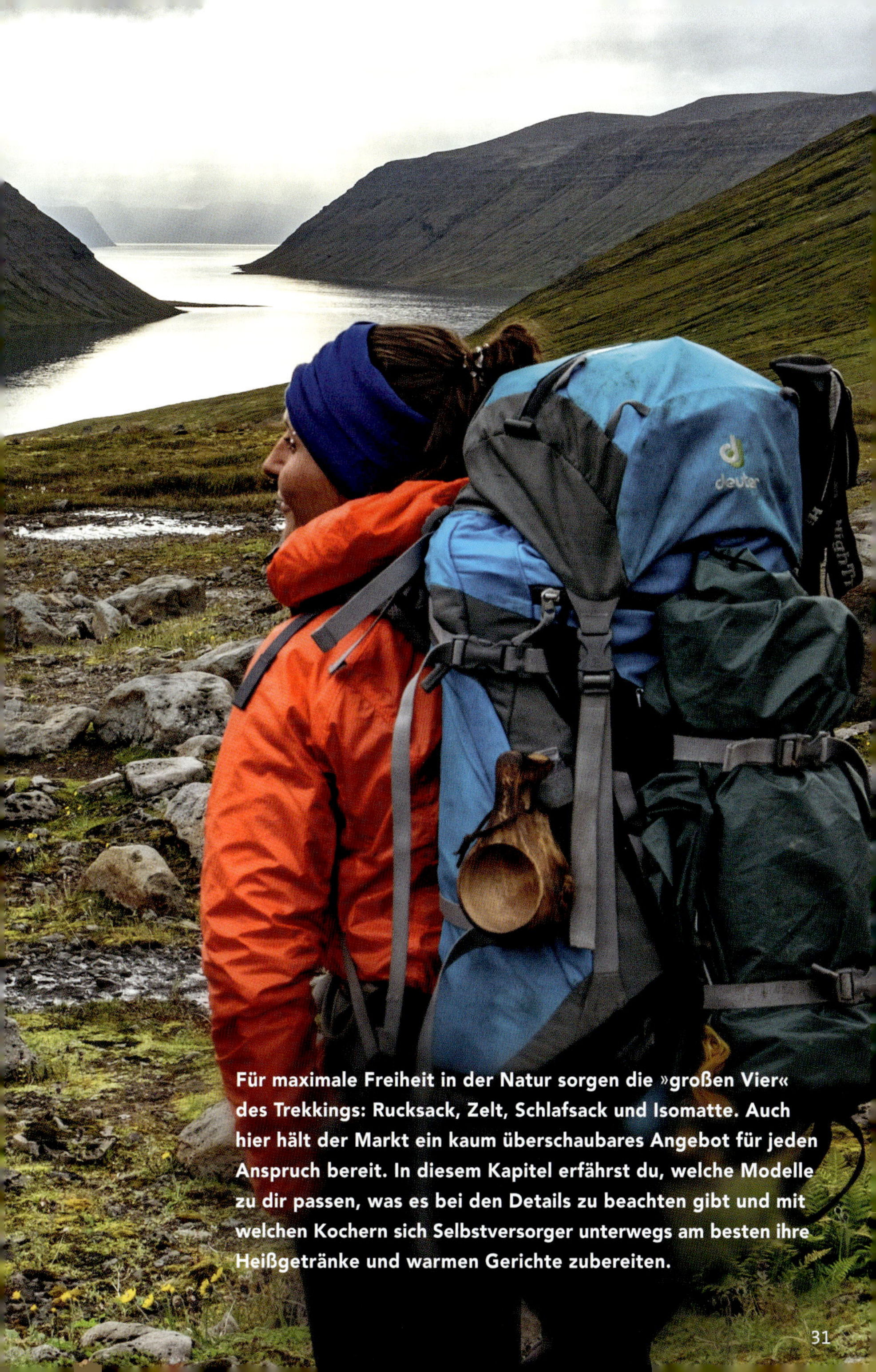

Für maximale Freiheit in der Natur sorgen die »großen Vier« des Trekkings: Rucksack, Zelt, Schlafsack und Isomatte. Auch hier hält der Markt ein kaum überschaubares Angebot für jeden Anspruch bereit. In diesem Kapitel erfährst du, welche Modelle zu dir passen, was es bei den Details zu beachten gibt und mit welchen Kochern sich Selbstversorger unterwegs am besten ihre Heißgetränke und warmen Gerichte zubereiten.

No. 20

Der richtige RUCKSACK für jedes Abenteuer

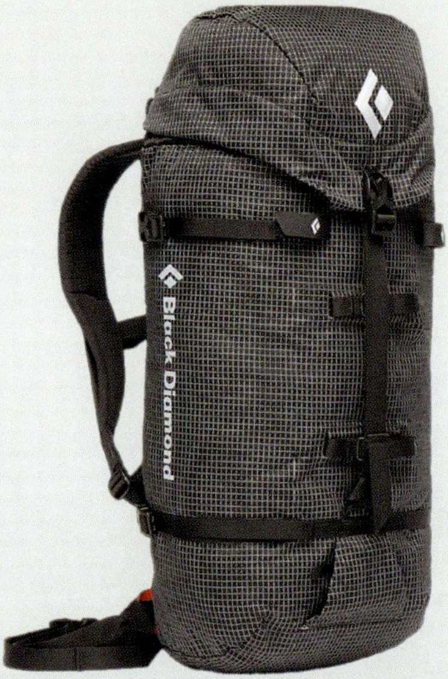

Tagesrucksack: 10–30 Liter, ca. 8 Kilo Traglast.

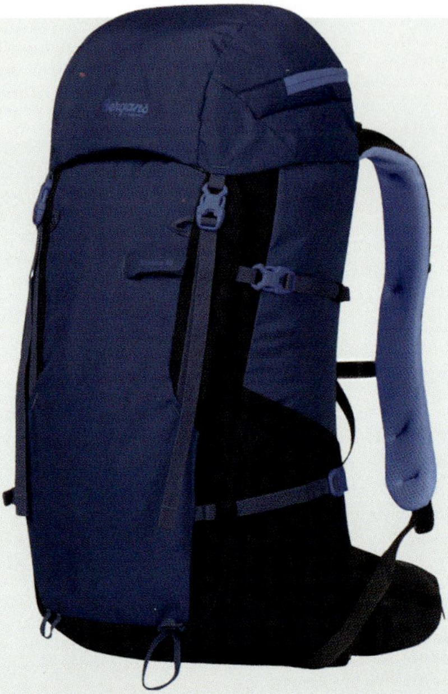

Tourenrucksack: 30–45 Liter, max. 15 Kilo Traglast.

Schon der Steinzeitmensch Ötzi trug vor über 5000 Jahren alles, was er in der Wildnis der Ötztaler Alpen zum Überleben brauchte, auf dem Rücken – in einem einfachen Gestell aus Haselholz und Bastseilen, einer der ersten dokumentierten Urformen des heutigen Rucksacks.

Auch wenn es heutzutage ein riesiges Angebot für die verschiedensten Einsatzzwecke gibt, sind die Aufgaben dieselben geblieben: Ein guter Rucksack verteilt das Gewicht gleichmäßig, bietet Platz und schnellen Zugriff für alles Benötigte und schränkt die Bewegungsfreiheit des Trägers möglichst wenig ein. Doch bevor wir den Blick auf die Feinheiten der verschiedenen Konstruktionen und Ausstattungsdetails richten, stellt sich die stets grundlegende Frage nach dem Einsatzbereich. Punkt eins, den es zu klären gibt: Was muss mit auf Tour, und wieviel Stauraum wird dafür benötigt? Generell lassen sich Rucksäcke in drei Kategorien einteilen:
Tagesrucksäcke (auch Daypacks) bieten, der Name verrät es bereits, Platz für alles, was man für einen Tag im Freien in gemäßigtem Terrain braucht. Ihr Volumen umfasst meist zwischen zehn und 30 Liter, die größeren Modelle eignen sich für eine Traglast von bis zu acht, teils auch zehn Kilo. Um eine gute Last-

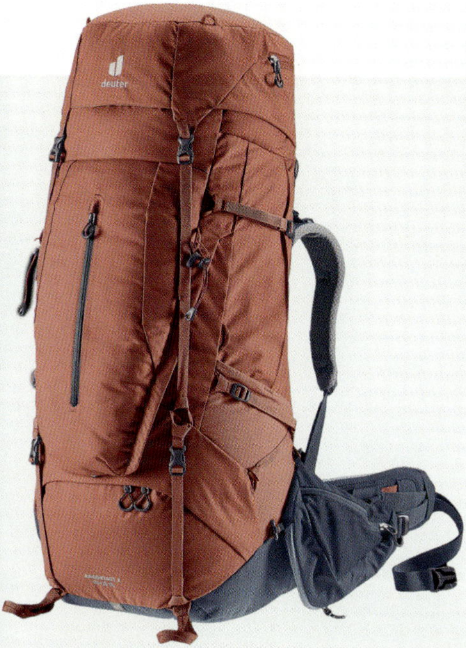

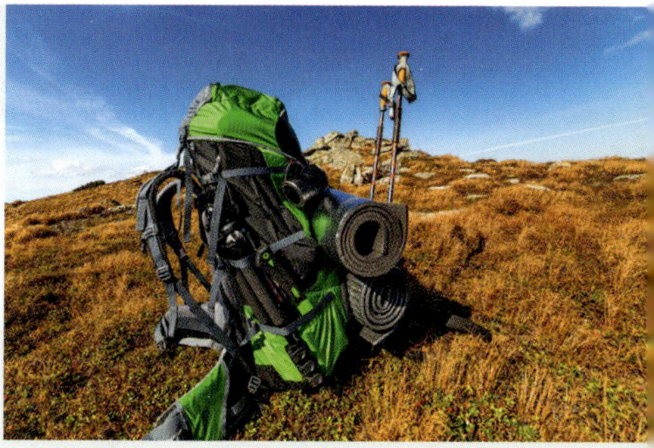

Trekkingrucksack: 40–70+ Liter, bis 35 Kilo Traglast.

verteilung zu gewähren, reichen ihnen schmale Hüft- und Brustgurte. Auch **Multisport-Rucksäcke**, die etwa auf die Erfordernisse bei Mountainbike- oder Trekkingradtouren angelegt sind, fallen in diese Kategorie.

Tourenrucksäcke eignen sich für anspruchsvoller Tageswanderungen mit mehr Gepäck (etwa im Gebirge) bis hin zu mehrtägigen Hüttentouren. Dafür reicht ein Volumen von 30 bis 45 Liter gut aus, die geräumigsten Exemplare machen auch kürzere Zelttrekkings mit einem Gewicht von bis zu 15 Kilo möglich. Um dieses gut meistern zu können, kommen in dieser Kategorie Tragegestelle sowie breitere Hüftgurte zum Einsatz. Dem gleichen Größenbereich sind Spezialisten wie **Ski-, Kletter- und Hochtourenrucksäcke** zuzuordnen.

Trekkingrucksäcke sind wahre Großtransporter: Mit einem Fassungsvolumen von meist 50 bis 90 Litern bieten sie Platz für alles, was man auch auf mehrwöchigen Touren abseits der Zivilisation braucht. Traglasten von bis zu 35 Kilo erfordern entsprechend stabile, ergonomisch geformte Tragesysteme, die Ausstattung mit abgetrennten Fächern, meist oben und unten sowie mit Balgtaschen an der Seite, erleichtert die Organisation und den schnellen Zugriff aufs Benötigte. Die komplexe Konstruktion macht natürlich Sinn, hat aber ihren Preis: Viele Modelle bringen ein Eigengewicht von zwei oder mehr Kilo auf die Waage, sollten also wirklich nur dann zum Einsatz kommen, wenn kleinere Lastenträger nicht mehr ausreichen.

Generell gilt: Viele neigen dazu, das Volumen des Rucksacks möglichst auszunutzen, sprich: mehr einzupacken, als wirklich notwendig ist. Daher sollte man im Zweifel eher ein kleineres Modell nehmen und an der Optimierung des Gepäcks feilen. Bei Unternehmungen zu zweit oder in der Gruppe lohnt es, sich im Vorfeld abzusprechen, um etwa ein doppeltes Erste-Hilfe-Set, GPS-Gerät oder Fernglas zu vermeiden.

No. 21

Das RUCKSACK-ABC

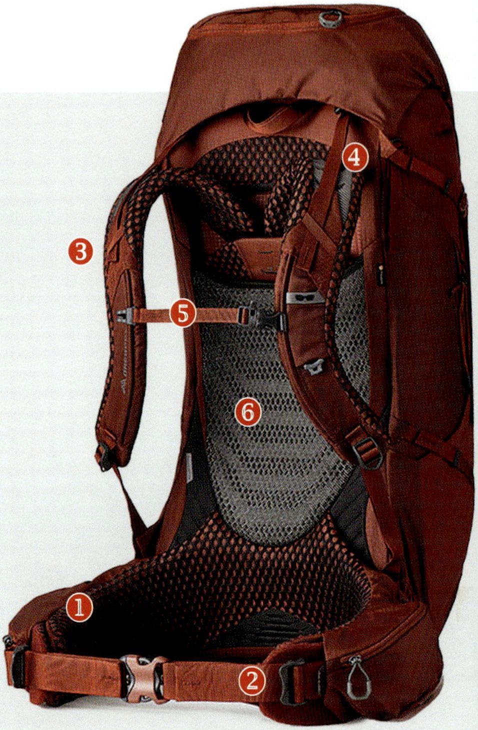

Beim Anblick moderner, komplex konstruierter Touren- und Trekkingrucksäcke sind viele Laien überfordert: Fächer hier, Taschen dort, dazu eine Vielzahl an Gurten, Strippen und Schlaufen, deren Sinn sich nicht immer auf den ersten Blick erschließt. Doch sie alle haben ihre Funktion, die man kennen und nutzen sollte, um das meiste aus seinem Packesel herauszuholen.

Das Herzstück jedes Rucksacks bildet das **Tragesystem**, das – richtig eingestellt – nicht nur für einen komfortablen Sitz sorgt, sondern auch Kräfte spart sowie den Rücken, die Hüften und den Nacken schont. Die im wörtlichen Sinne tragende Rolle kommt dabei dem **Hüftgurt** ❶ zu: Er fängt über ein **Gestell**, das meist aus leichten Aluminiumstangen besteht, etwa zwei Drittel der Gesamtlast auf. Im Idealfall schafft er den Spagat aus weicher Polsterung und festem Sitz, letzterer lässt sich durch das frontale **Zurrsystem** ❷ regulieren.

Die gepolsterten **Schultergurte** ❸ dienen primär dazu, den Schwerpunkt des Gewichts nah am Rücken zu halten, wobei sie von den **Riemen der Lastkontrolle** ❹ unterstützt werden. Diese sollten so eingestellt werden, dass sie in einem 30–60°-Winkel von der Schulterkrone zum oberen Gepäckteil ansteigen.

Um Druckstellen durch seitliche Gewichtsverlagerungen entgegenzuwirken, hält der **Brustgurt** ❺ die Schultergurte zusammen. Er sollte nicht nur in der Weite, sondern auch in der Höhe verstellbar sein und über das obere Drittel der Brust verlaufen.

Die vierte Komponente des Tragesystems muss nichts tragen, sondern sorgt dafür, dass das Gepäck nicht am durchgeschwitzten Rücken klebt. Am besten schaffen das Modelle mit einem **Netzrücken** ❻, der sich mit etwas Abstand über die gebogene **Rückenplatte** spannt und so für maximale Belüftung sorgt. Zwar wird dadurch der Gewichtsschwerpunkt etwas nach hinten verlagert, doch bei gemäßigten Touren lässt sich dieser kleine Nachteil vernachlässigen.

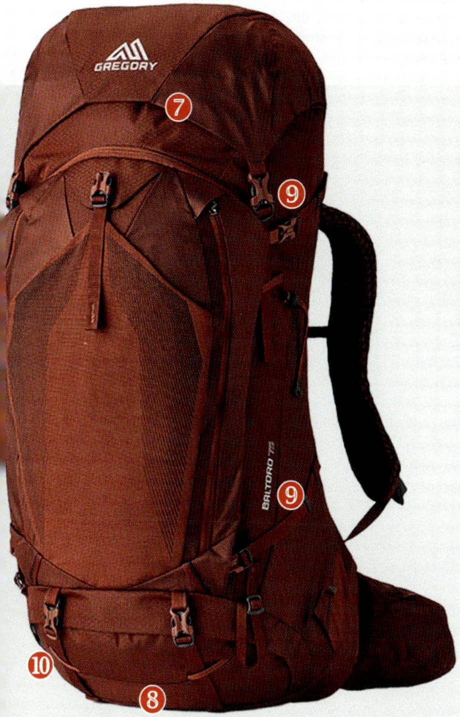

Anders sieht es bei anspruchsvollen Bergpfaden oder auch Klettersteigen aus: Hier gelingt den Varianten mit sogenannten **Kontaktrücken** die deutlich bessere Lastenkontrolle, dabei halten atmungsaktive Mesh-Bezüge oder eingearbeitete Ventilationskanäle den Rücken möglichst trocken.

Der zweite Teil des Rücksacks heißt schlicht **Packsack**, besteht aber trotz dieser pragmatischen Bezeichnung oft aus einer ganzen Reihe an Fächern, Taschen und zusätzlichen Komponenten. Innerhalb der zahlreichen Varianten besonders bei den größeren Touren- und Trekkingrucksäcken liegt ein wesentlicher Unterschied bei der Art der Öffnungsmöglichkeit.

Die klassische Form ist der sogenannte **Toploader**, der von oben beladen wird. Über der mit Kordelzug oder Wickelverschluss versehenen Öffnung befindet sich meist eine – anpassbar an den Grad der Befüllung – höhenverstellbare **Deckeltasche** ❼. Die praktischere Variante dazu ist der **Frontloader**: Er verfügt über eine (zusätzliche) Öffnung auf der Vorderseite, was es deutlich erleichtert, die Bekleidung und weitere Ausrüstung systematisch einzupacken und im Bedarfsfall schnell herauszuholen. Die meisten größeren Touren- sowie Trekkingrucksäcke verfügen zudem über ein separates **Bodenfach** ❽, das vor allem, aber nicht ausschließlich, zur Verstauung des Schlafsacks dient. Meist lässt sich die Trennwand zum Hauptfach öffnen, um einen zusätzlichen Zugriff auf den gesamten Inhalt zu ermöglichen.

Was die weitere Ausstattung angeht, bietet der Markt alle erdenklichen Kombinationen an. Zum Standard gehören etwa **Kompressionsriemen** ❾, die man bei nicht komplett gefülltem Rucksack zusammenzurrt, um das Gewicht möglichst eng am Rücken zu halten. Auch z. B. die Isomatte lässt sich damit gut transportieren – eine Alternative zu den am Boden angebrachten hinteren **Gepäckgurten** ❿.

No. 22

Sitzt der RUCKSACK PERFEKT, bleibt dein RÜCKEN glücklich

Bei der Wahl des Rucksacks verhält es sich genauso wie bei den Schuhen: Das beste Modell kann einem die Tour ruinieren, wenn es nicht zur Anatomie des Trägers passt.

Das entscheidende Kriterium ist die **Rückenlänge**: Wenn sie nicht mit dem Tragesystem harmoniert, können auch noch so viele Einstellungsgurte die falsche Lastenverteilung nicht ausgleichen. Die Folge: Statt auf der Hüfte »aufzusitzen« zieht das Gewicht äußerst unangenehm an den Schultern. Zwar lässt sich die Aufhängungshöhe der Schultergurte und/oder die des Hüftgurts bei vielen – vor allem größeren – Rucksäcken an die Rückenlänge anpassen, doch dient dies eher zur Feinjustierung. Eine einheitliche Größenbezeichnung gibt es seitens der Hersteller zwar nicht, doch anhand der Zentimeter-Richtwerte lässt sich die passende Kategorie einfach ermitteln. Gemessen wird die Rückenlänge zwischen dem siebten Nackenwirbel, der beim Hinabstrecken des Kinns zur Brust hervortritt, und der Oberkante des Beckenknochens.

No. 23

EINE FRAGE DER FORM: So findest du den richtigen ZELTTYP

Neigt sich der Tag in der Natur dem Ende zu, entscheidet das richtige Zelt über Lust oder Frust: Hat man ein geeignetes Exemplar dabei, erlebt man die Nacht ganz nah an, aber sicher geschützt vor den Elementen, doch dringt Regen ein oder klappt das mobile Heim bei der ersten Windbö wie ein Kartenhaus zusammen, wird aus dem Traum schnell ein Albtraum.

Die Auswahl an Typen auf dem Markt deckt die verschiedensten Einsatzmöglichkeiten ab. Mit welchem Zelt man die richtige Wahl trifft, hängt also in erster Linie davon ab, wo, wann und wie lange man auf Tour gehen möchte. Im Outdoor-Bereich haben sich drei Konstruktionstypen bewährt: Kuppel-, Tunnel- und Geodät-Zelte.

Das klassische **Kuppelzelt** ❶ (auch Igluzelt genannt) gilt als Allrounder unter den Trekkingzelten. Seine Konstruktion ist denkbar einfach: Über einem in der Regel rechteckigen Boden kreuzen sich am höchsten Punkt in der Mitte zwei bis drei Gestängebögen und bilden so eine Halbkugel. Durch die dadurch erzeugte Spannung der Gestängebögen steht

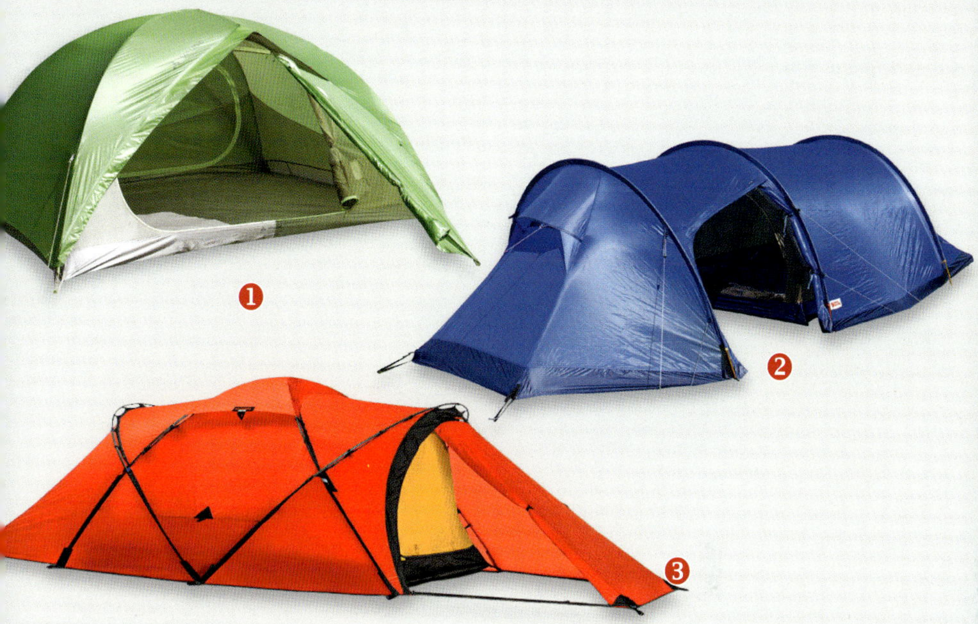

ein Kuppelzelt ganz von selbst, für noch mehr Stabilität sorgen zusätzliche Abspannleinen und Heringe. Neben dem kinderleichten Aufbau aus wenigen Einzelteilen gehört die kleine Stellfläche zu den Stärken der Kuppelzelte – ein Vorteil etwa in Gebieten mit dichter Vegetation und in steilen Bergregionen.

Zu den Nachteilen zählen vor allem das durch die schrägabfallenden Innenwände beeinträchtigte Raumangebot, die kleinen Apsiden (Vorzelte) sowie die niedrige Höhe.

Mit einem besseren Raum-Gewichts-Verhältnis punkten **Tunnelzelte** ❷, die ihre Stärken daher besonders bei längeren Trekkingtouren sowie als Basislager ausspielen. Sie verdanken ihre Form zwei oder mehr parallel zueinander aufgespannten Gestängebögen und bieten durch die steil stehenden Seitenwände besonders viel Platz im Innenzelt.

Auch die Apsiden fallen bei diesem Typ deutlich geräumiger aus – ideal um das Gepäck zu verstauen oder bei Regen im Innern zu kochen. Auch der Aufbau geht sehr schnell von der Hand, doch im Gegensatz zu Kuppelzelten müssen Tunnelzelte aufwendig mit fest verankerten Heringen abgespannt werden. In Windrichtung aufgebaut bieten Tunnelzelte dank ihrer aerodynamischen Form und kleinen Angriffsfläche eine sehr gute Stabilität, bei Seitenwind ist allerdings das Gegenteil der Fall. Da die Zeltöffnungen weit auseinanderliegen, leidet dann auch die Belüftung, was wiederum eine erhöhte Kondenswasserbildung mit sich bringt.

Ein **Geodät-Zelt** ❸ trotz selbst extremem Wind, Regen und Schnee wie eine Festung. Seine unschlagbare Stabilität erreicht es durch meist vier bis sechs sich mehrfach kreuzende Gestängebögen, die das Außenzelt in kleinere Flächen unterteilen. Aufgrund des zeitaufwendigen Auf- und Abbaus, des zusätzlichen Gewichts und des hohen Anschaffungspreises lohnt sich ein Geodät nur, wenn Touren mit Expeditionscharakter auf dem Plan stehen.

No. 24

Das macht ein gutes TREKKINGZELT aus

Weiß man, welcher Zelttyp zu den eigenen Ansprüchen am besten passt, sollte das Augenmerk beim Kauf auf den Details liegen.

Die wörtliche Grundlage bildet die **Bodenwanne** ❶, die seitlich mindestens zehn Zentimeter hochgezogen sein sollte, um sich am Boden bildendes Regenwasser abzuhalten. Als Material kommen teils verstärkte Polyester- oder Nylonstoffe (Polyamid) zum Einsatz, die mit Polyurethan (PU) beschichtet sein sollten. So werden sie widerstandsfähiger gegenüber mechanischen Einwirkungen, etwa durch spitze Steine, und halten Feuchtigkeit von unten zuverlässig ab. Ein wichtiges Kaufkriterium ist die sogenannte **Wassersäule**, ein in Millimetern angegebener Kennwert, der angibt, wie lange ein Stoff dichthält, bevor das nasse Element eindringt. Zwar gelten nach deutscher DIN-Norm schon 1500 mm als wasserdicht, als Untergrenze für Outdoorzelte gelten jedoch 3000 mm. Da die Bodenwanne etwa beim Sitzen oder Knien einem höheren Druck ausgesetzt ist, sollten Trekkingzelte mindestens 5000 mm aushalten.

Das **Außenzelt** ❷ kommt mit einer weniger hohen Wassersäule aus – 1300 mm sind das Mindestmaß, mit 3000 mm ist man auf der sicheren Seite. Auch beim Material besteht die Wahl zwischen dem günstigeren und weniger UV-empfindlichen Polyester und dem noch robusteren, aber etwas schwereren Polyamid. Letzterer Stoff hat den Nachteil, dass er sich bei Nässe ausdehnt und dann nachgespannt werden muss – ein Umstand, der bei Verwendung als Material für die Bodenwanne keine Rolle spielt. Auch bei der Beschichtung wird bei Mittelklassezelten meist das wasserdichte PU verwendet, noch hochwertigere Außenzelte sind ein- oder beidseitig mit Silikon beschichtet, was Gewicht und Packmaß einspart und vor UV-Strahlung schützt.

Übernimmt das Außenzelt die Rolle des Wetterschutzes, sorgt ein gutes **Innenzelt** ❸ für ein angenehmes Raumklima. Es muss also Wasserdampf nach außen ablassen und gleichzeitig vor Kondenswasser schützen. Als Material hat sich dabei unbeschichtetes Nylon/Polyamid durchgesetzt, das in seiner verstärkten Variante Ripstop-Nylon heißt. Ergänzt wird dies durch Einsätze aus feinmaschigem, moskitosicherem Netzsstoff (Mesh), ein hoher Anteil davon erhöht nicht nur die Leichtigkeit, sondern bietet in wärmeren Gebieten auch eine bessere Luftigkeit. Apropos: Wer überwiegend in niederschlagsarmen Regionen mit angenehmen Temperaturen unterwegs ist, sollte darauf achten, dass sich das Innenzelt auch separat vom (in dem Fall unnötigen) Außenzelt aufspannen lässt. In regnerischen Gebieten ist es von Vorteil, wenn beim Aufbau ein gekoppeltes Doppelwandzelt benutzt wird, das Innenzelt also in einem Rutsch mit dem Außenzelt errichtet wird.

Das **Gestänge** ❹ bildet das Rückgrat des Zeltes und muss entsprechend stabil sein – leicht zerbrechliches Fiberglas hat bei einem vernünftigen Tourenzelt nichts zu suchen.

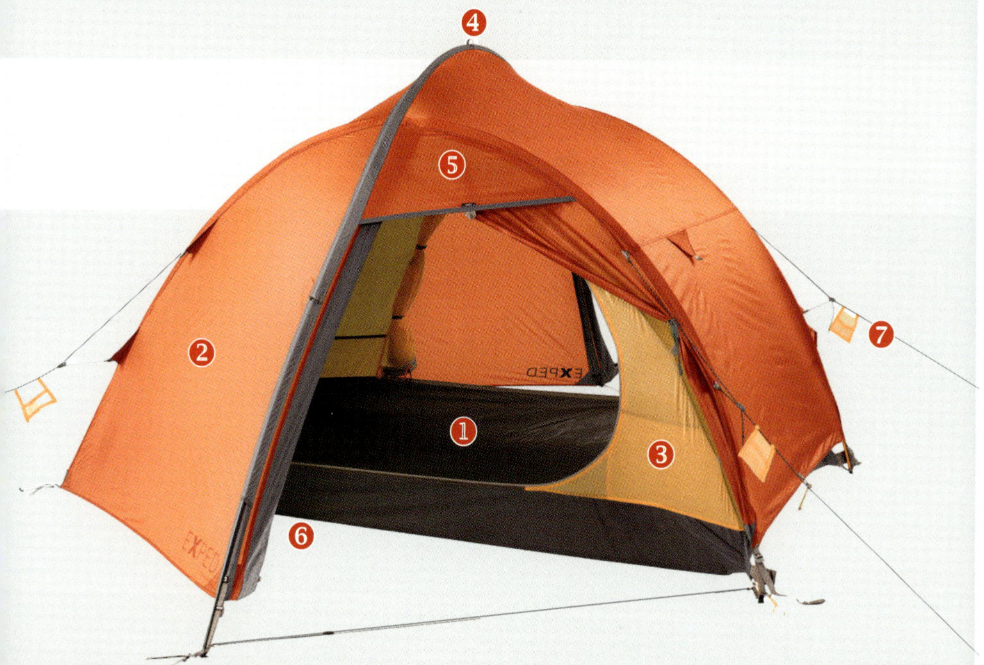

Material der Wahl ist Aluminium, das im besten Fall durch die sogenannte Eloxierung sehr widerstandsfähig gegen Korrosion gemacht worden ist. Die einzelnen Segmente sollten durch flexible Gummizüge verbunden sein, was einerseits den Aufbau erleichtert, andererseits gewährleistet, dass keine Teile verloren gehen. Beim Durchmesser der Gestängebögen geht man zwangsläufig einen Kompromiss aus Stabilität und Gewicht ein, als optimaler Bereich gelten neun bis zehn Millimeter. Mit passenden Reparaturhülsen im Gepäck lassen sich geknickte oder gebrochene Aluminiumstangen übrigens im Handumdrehen wieder reparieren.

Eine ausreichende **Belüftung** 5 trägt maßgeblich zu einem guten Wohnklima bei. Um den nötigen Durchzug zur Reduzierung von Kondenswasser, Wärmeüberschuss und Mief zu erreichen, braucht das Zelt mindestens zwei Belüftungsklappen, die bei Wintertouren jedoch voll verschließbar sein müssen.

Bei Doppel- oder Mehrfachbelegung machen zwei Eingänge Sinn, am besten mit jeweils eigener **Apsis** 6 – so lässt sich das Gepäck entweder separat verstauen oder eines der Vorzelte etwa als Kochnische nutzen.

Insbesondere bei Tunnelzelten und Kuppelzelten mit großen Apsiden garantiert eine vernünftige **Abspannung** 7, dass das Wohnzimmer aus Stoff auch bei starkem Wind eine gute Form behält. Drei Komponenten erledigen den Job: Reißfeste, auch bei Feuchtigkeit nicht dehnbare **Sturmleinen**, die direkt am Gestänge ansitzen und mittels wirksam blockierender **Leinenspanner** über die im Boden verankerten **Heringe** auf Zug gebracht werden. Damit man auf die Geländesituation entsprechend reagieren kann (etwa, wenn die Heringe nur mit größerem Abstand zum Zelt festen Sitz finden), sollten die Sturmleinen durchaus vier Meter lang sein, Reflektoreinsätze verhindern, dass sie nachts nicht zu Stolperfallen werden.

No. 25

SIZE MATTERS: die richtige ZELTGRÖSSE

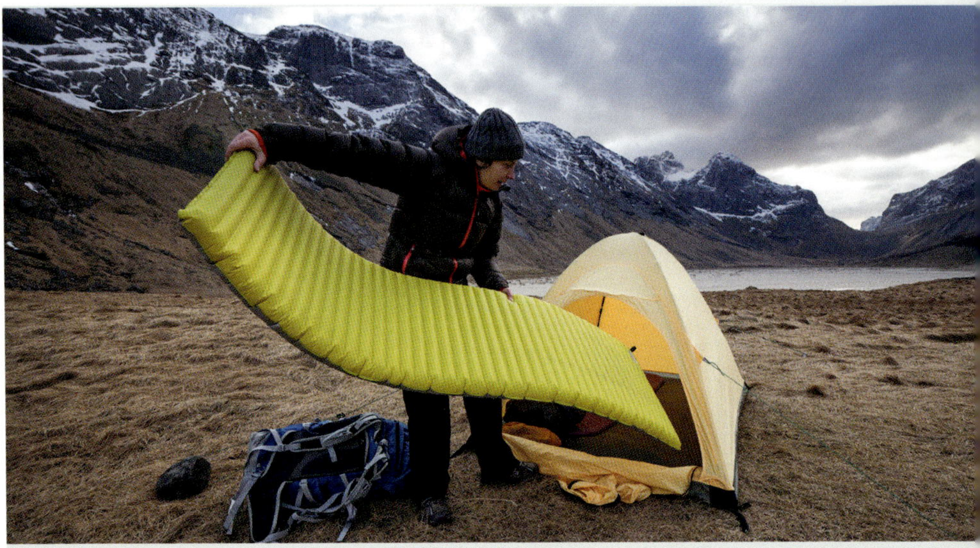

Auf Solotour reicht ein 1-Personen-Zelt? Zu zweit kommt man mit einem 2-Personen-Zelt klar?

So einfach ist die Sache nicht, denn ziehst du mit viel Ausrüstung los oder sind längere Phasen des Ausharrens bei Schlechtwetter abzusehen, wirst du mit den Herstellerangaben zum Platzangebot oft nicht glücklich. Ein Blick auf die Richtwerte der Zeltdesigner zeigt deutlich die Grenzen des Komforts auf, denn als reine **Liegebreite** werden in der Regel 50–60 Zentimeter eingerechnet. Bei einem 2-Personen-Zelt mit 120 Zentimeter Breite braucht man also schon entsprechende Apsiden, um das Gepäck verstauen zu können – im Zweifelsfall sollte man sich also immer für eine größere Nummer entscheiden. Auch bei der **Liegelänge** ist zusätzliche Luft am Kopf- und Fußende gefragt, um nicht an die Zeltwände zu stoßen – **mindestens 30 Zentimeter zusätzlich** zur eigenen Körpergröße sollten es sein. Dient das Zelt nicht nur als reiner Schlafplatz, sondern auch als Aufenthaltsraum, wird zudem die Innenzelthöhe zum Faktor, der über Freud und Leid entscheidet. Um aufrecht sitzen und sich umziehen zu können, reicht den meisten Menschen eine **Höhe von 100–110 Zentimetern**.

Welche Größe man auch wählt, das Verhältnis von Platz zu Gewicht sollte natürlich in einem angemessenen Rahmen bleiben. So gelten **1 bis 1,5 Kilo pro Schlafplatz** als ein sehr guter Wert, das Maximum sollte 2 Kilo nicht überschreiten. Anhand dieser Formel lässt sich auch abschätzen, ob es bei größeren Gruppen mehr Sinn macht, separate Zelte oder ein gemeinsames zu nutzen.

No. 26

Auf die leichte Tour: TARP & HÄNGEMATTE

Besonders bei kürzeren Mehrtagestouren in milden Klimazonen verzichten immer mehr Outdoorer aufs Zelt – am schönsten schläft es sich unter dem freien Sternenhimmel.

Damit man auch im Bedarfsfall auch dann vor den Elementen gefeit ist, packt man ein **Tarp** ein, eine rechteckige, dreieckige oder rautenförmige, mit Ösen oder Schlaufen versehene Plane etwa aus Rip-Nylon. Sie wird mittels Stangen, Ästen oder Trekkingstöcken aufgebaut bzw. mit Abspannleinen zwischen Bäumen aufgehängt, entweder in Form eine Schrägdachs oder wie ein Firstzelt. Um eventuelle Nässe von unten abzuhalten, gehört dazu noch eine Bodenplane – oder, besonders gemütlich, eine **tourentaugliche Hängematte**.

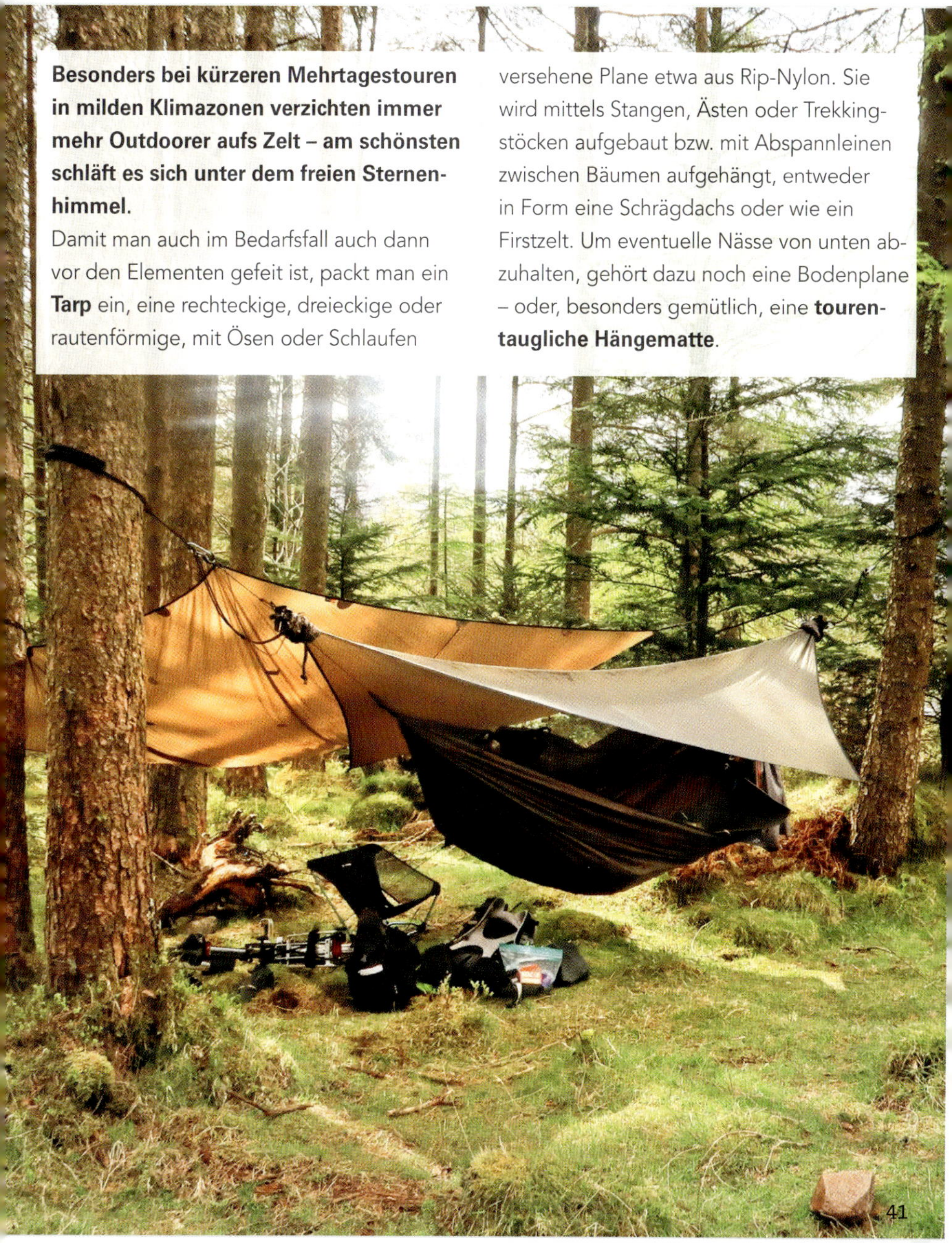

No. 27

Gut EINGETÜTET mit dem richtigen SCHLAFSACKTYP

Die wichtigste Funktion des Schlafsacks lässt sich einfach zusammenfassen: Er muss die vom Körper abgegebene Wärme auffangen und mittels seiner isolierenden Eigenschaften möglichst lange im Inneren speichern.

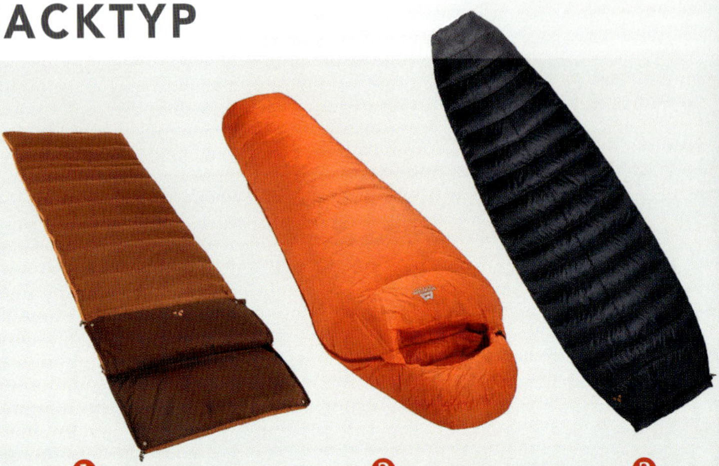

❶ ❷ ❸

Um dies optimal zu erreichen, kommt es nicht nur auf das Material und die Details der Konstruktion, sondern auch auf den Schnitt an. Dabei unterscheidet man zwischen drei Grundformen:

Die rechteckigen **Deckenschlafsäcke** ❶ bieten zwar den meisten Platz, bringen aber wegen ihres großzügigen Schnitts das meiste Gewicht auf die Waage und nehmen entsprechend viel Platz im Rucksack ein. Auch die Wärmeisolation leidet durch das Mehr an Bewegungsfreiheit. Fürs sommerliche Campen mit Gemütlichkeitsfaktor eignen sie sich, doch für Trekkingtouren gibt es deutlich sinnvollere Alternativen.

Mit dem besten Verhältnis aus leichtem Gewicht, kleinem Packmaß und guter Wärmeleistung punkten **Mumienschlafsäcke** ❷, die besonders körpernah geschnitten und mit einer Kapuze ausgestattet sind. Wer auch bei begrenzter Bewegungsfreiheit gut schlafen kann, trifft mit diesem Typ die beste Wahl. Schlafsäcke in **Ei-Form** ❸ gehen einen Kompromiss ein: Ihr ovaler Schnitt bietet viel Freiheit von den Knien bis zu den Schultern, doch durch den verengten Abschluss an Füßen und am Halsbereich isoliert dieser Typ die Wärme besser als ein Deckenschlafsack.

Nicht nur der Schnitt entscheidet über die optimale Wärmeleistung: Ist das Modell zu groß, müssen unnötige Lufträume »beheizt« werden, ist es zu klein, wird die Füllung an Füßen, Schultern oder Knien zusammengedrückt und es entstehen unangenehme **Kältebrücken**. Als Daumenregel gilt: Die ideale Schlafsacklänge (inklusive Kapuze) entspricht der Körpergröße plus zusätzlichen 25 bis 30 Zentimetern. Die meisten Hersteller geben die maximale Körpergröße bereits an, im Zweifelsfall sollte man auf jeden Fall zum etwas größeren Modell greifen und im Bedarfsfall die Fußbox mit Kleidung füllen.

No. 28

Das bedeuten die TEMPERATURANGABEN

Welcher Schlafsack sich für welche klimatischen Verhältnisse eignet, entscheidet primär der Blick auf die Temperaturangaben – wenn man sie denn richtig zu interpretieren weiß.

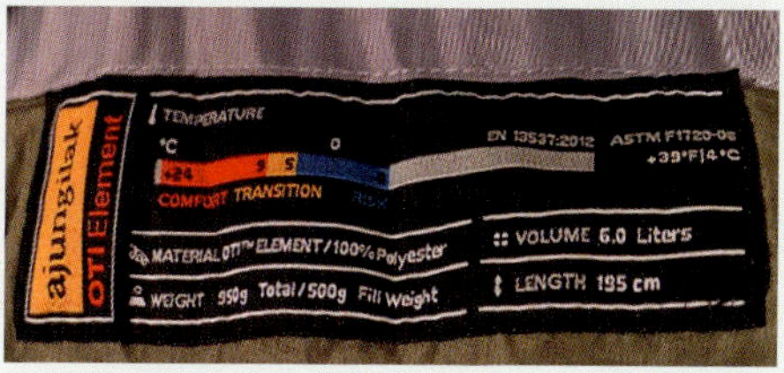

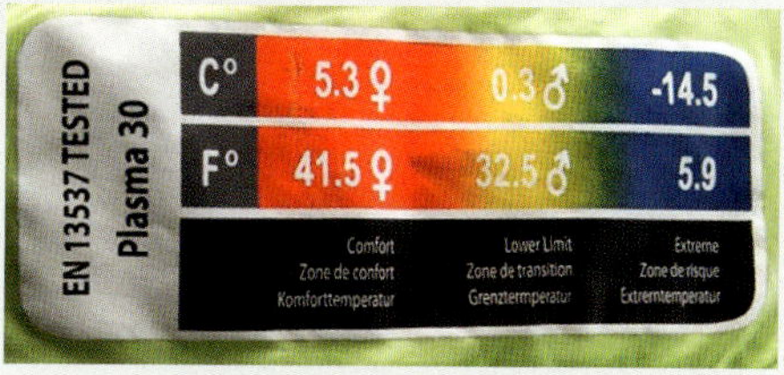

Auskunft erteilen die auf den Modellen angegebenen Werte der europäische Norm EN 23537, die seit 2005 das Einsatzspektrum von Schlafsäcken in **vier Normstufen** ermittelt: Der **obere Grenzwert** verrät, ab welcher Temperatur es im Schlafsack zu warm wird. Da sich dies aber problemlos durch Öffnen regulieren lässt, verzichten die Hersteller fast immer auf diese Angabe. Der **Komfortbereich** endet bei der tiefsten Temperatur, bei der die Norm-Frau (25 Jahre alt, 60 Kilo schwer, 1,60 Meter groß) noch gut schläft, ohne zu frieren. Bis zu welchem unteren Temperaturwert der Norm-Mann (25 Jahre, 70 Kilo schwer, 1,73 Meter) die Nacht noch entspannt ohne Zittern verbringt, gibt der **untere Grenzwert** bzw. Limitwert an. Auch der vierte Wert wird nicht immer angegeben – vielleicht mit gutem Grund, denn im **Extrembereich** geht es nur noch ums Überleben. Genauer: Er gibt an, welcher Kältebelastung die Norm-Frau sechs Stunden lang standhalten würde.

So viel zur Labortheorie, doch wie sieht es in der Outdoor-Praxis aus? Das eigene Temperaturempfinden hängt unter anderem auch von der Statur, dem Alter und dem Trainingszustand ab, bei den äußeren Einflüssen kommen die Luftfeuchtigkeit und die Windverhältnisse ins Spiel. Als Faustregel für den Schlafsackkauf gilt daher: Nur auf die Werte des Komfortbereichs kommt es an. Um auf Tour keine unangenehmen nächtlichen Überraschungen zu erleben, sollte dieser ruhig bis zu fünf Grad unter dem erwarteten Temperaturspektrum liegen.

Eine andere Einteilung unterscheidet den Einsatzbereich von Schlafsäcke **nach Jahreszeiten** (bzw. entsprechenden klimatischen Bedingungen). Dies ist zwar nicht einheitlich geregelt, doch grob lässt sich sagen: Modelle mit einem Komfortbereich oberhalb von 6° Celsius eignen sich als nur als **Sommerschlafsäcke**. Die besonders vielseitigen **Dreijahreszeiten-Schlafsäcke** halten auch im Frühjahr und Herbst bei nächtlichen Temperaturen bis etwa minus 5° Celsius noch ausreichend warm. **Winterschlafsäcke** bleiben teils bis minus 18° Celsius im Komfortbereich.

No. 29

DAUNE vs. KUNSTFASER: eine Frage der Füllung

Ob man sich besser in Daunenfedern oder Kunstfasern bettet, hängt in erster Linie vom Tourengebiet ab.

Zwar punktet das Unterkleid von Wasservögeln mit einem unschlagbaren Verhältnis zwischen **Packmaß, Gewicht** und **Isolationskraft**, doch wer bereit ist, rund ein Drittel mehr Last auf sich nehmen, erreicht die gleiche Wärmeleistung mit einem kunstfasergefüllten Exemplar – und bringt einen Vorteil mit sich, den wir schon von den Jacken kennen: Anders als **Daune** behalten **Kunstfasern** auch bei feuchtklimatischen Bedingungen ihre Wärmeleistung. Generell nehmen sie kaum Feuchtigkeit auf, doch selbst wenn sie mal nass werden, bleibt die Isolationskraft zu etwa zwei Dritteln erhalten – und ist nach raschem Trocken wieder vollständig hergestellt.

Auch bei der **Materialwahl** des Schlafsacks kommt es also darauf an, **wo er in erster Linie genutzt werden soll**. Die in der Regel teureren und pflegeintensiveren Daunenmodelle machen Sinn, wenn auf Tour jedes Gramm zählt und es durch weitgehend trockene Regionen geht. Mit einer Kunstfaserfüllung ist man gut beraten, wenn man in punkto Feuchtigkeit kein Risiko eingehen möchte und mit einem etwas größeren Gewicht und Packmaß klarkommt.

No. 30

So bleiben SCHLAFSACK und ZELT in TOPFORM

Was bei den Wanderschuhen und der Bekleidung gilt, stimmt auch für die Trekkingausrüstung: Nur wer seinem Equipment regelmäßig die notwendige Aufmerksamkeit schenkt, erfreut sich möglichst lange an ihm.

Zu den empfindlichsten, aber auch wichtigsten Teilen der Ausrüstung gehört der **Schlafsack**. Unterwegs liegt der Fokus darauf, ihn so trocken wie möglich zu halten – ansonsten schwindet die Bauschkraft und damit die Wärmeisolation Tag für Tag. Deswegen solltest du ihn bei passendem Wetter morgens mindestens eine halbe Stunde lang lüften, damit die vom Körper produzierte Feuchtigkeit ausdünsten kann. Geht das nicht, gehört die Mümmeltüte griffbereit in den Rucksack, um das Auslüften bei einer späteren Pause nachzuholen. An stark verregneten Tagen braucht er im Gepäck Extraschutz, etwa in Form einer Plastikhülle oder – bei Flussquerungen Pflicht – einem wasserdichten Packsack.

Bist du wieder zuhause, sollte der Schlafsack nur dann gewaschen werden, wenn es wirklich nötig ist – also nur bei einer sehr starken Verschmutzung oder frühestens nach 50 Benutzungen. Besonders gilt das für Exemplare, die mit Daune gefüllt sind: Zu viele Wäschen sind schlecht für ihre Fettschicht, und die Isolierleistung lässt nach.

Anders als Kunstfaserschlafsäcke sollte man Daunenschlafsäcke besser nicht in der Waschmaschine säubern, sondern in der **Badewanne** ❶. Dazu knetest du ihn in etwa 30° Celsius warmem, mit Daunenwaschmittel versehenem Wasser Stück für Stück durch und lässt das Ganze bis zu einer Stunde einwirken. Anschließend rollst du den Schlafsack fest zusammen, um das **Waschwasser herauszudrücken** ❷. Hast du dieses Prozedere drei- bis viermal mit klarem Wasser wiederholt, geht's ans Trocknen. Das funktioniert – genau wie bei der Daunenjacke – auch im Trockner, doch wer sein Exemplar besonders schonend an der Luft trocknen lassen möchte, sollte verklebte Daunenklumpen alle ein bis zwei Stunden **ausdrücken** ❸. Ist das meiste Wasser entwichen, hilft regelmäßiges Aufschütteln bei der **Wiederherstellung der Bauschkraft** ❹.

Damit sie bis zur nächsten Tour erhalten bleibt, lagert man den Schlafsack am besten locker zusammengelegt in einem großen, atmungsaktiven Baumwollsack.

Wie der Rucksack und die Isomatte gehört auch das Zelt zu den weniger pflegeintensiven Ausrüstungsgegenständen.

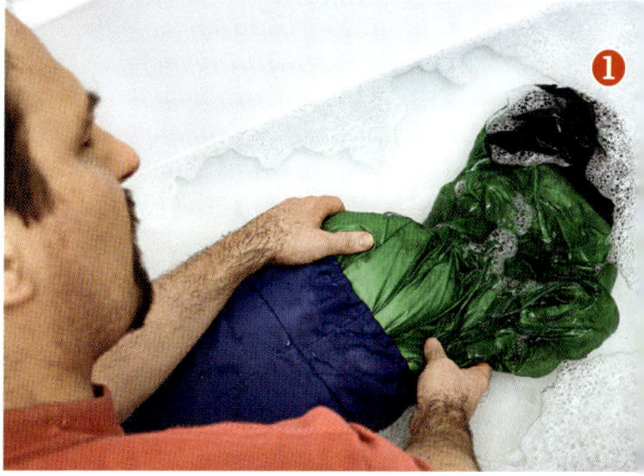
❶

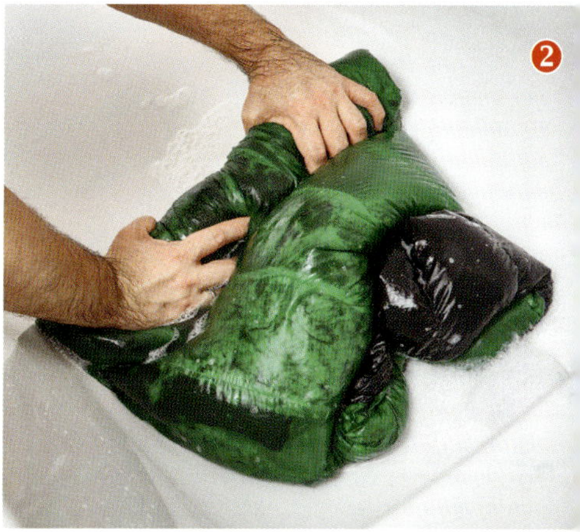
❷

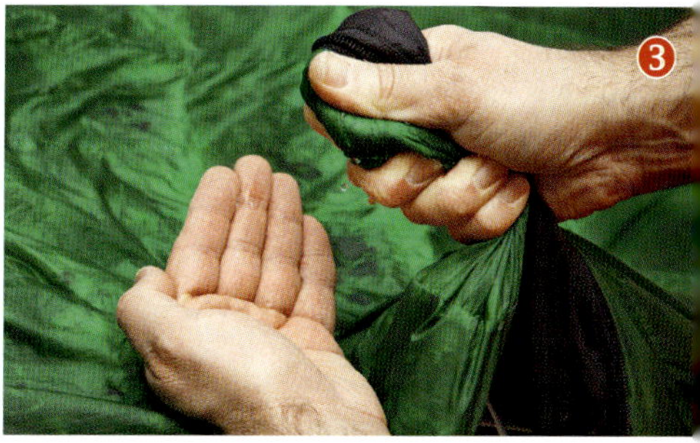
❸

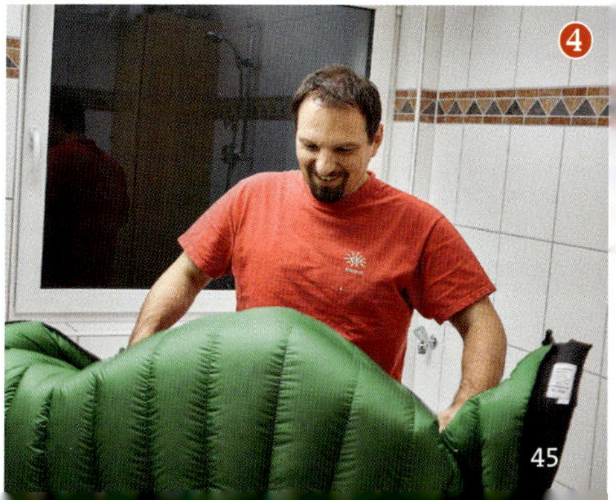
❹

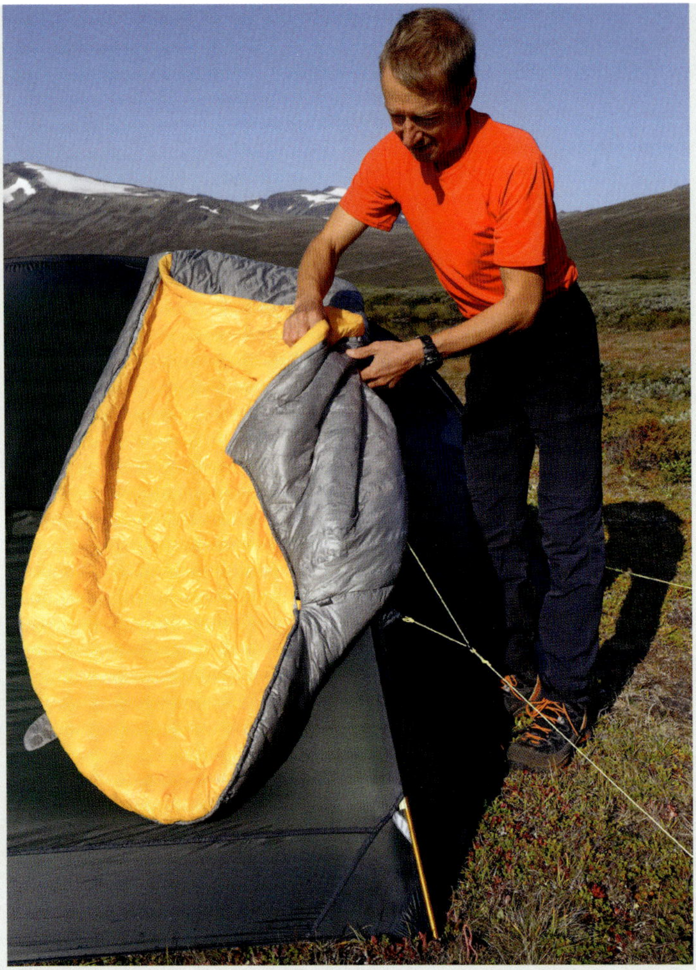

Unterwegs beugt man Schäden an der Bodenwanne durch eine **sorgsame Stellplatzwahl** mit eventueller Bereinigung des Untergrunds vor, geht es in sehr steiniges Gebiet, lohnt die Mitnahme einer zusätzlichen **Bodenplane**. Im Wald solltest du möglichst nicht unter harzenden Bäumen lagern, passiert es doch, lassen sich die klebrigen Flecken besser später entfernen, wenn sie hart geworden sind. Herabfallenden Vogeldreck solltest du aber direkt abwischen, um Schädigungen der Imprägnierung zu vermeiden.

Nach der Tour steht der Hausputz an: Du baust das Zelt im Garten oder einer anderen freien Stelle noch mal auf und überprüfst alles auf Schäden – die man am besten gleich behebt, statt es vielleicht zu vergessen. Nach der **Reinigung mit Schwamm** und warmem Wasser muss das Zelt unbedingt vollständig trocknen, um Schimmel oder Stockflecken zu vermeiden. Hat man dann auch die Heringe und anderes Zeltmaterial gründlich gesäubert, kommt das mobile Heim zurück in den Packsack und wartet an einem kühlen, trockenen Ort auf den nächsten Einsatz.

No. 31

Die ISOMATTE hält dir den BODENFROST vom Leib

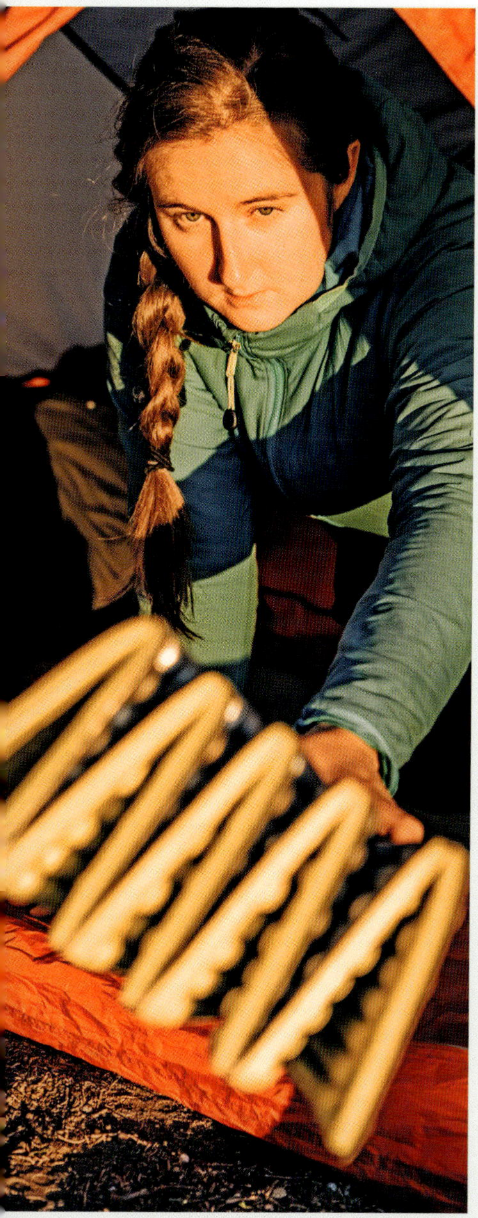

Schützt das Zelt gegen die Elemente und der Schlafsack vor niedrigen Außentemperaturen, gilt es beim Campen noch einem dritten Gegner Paroli zu bieten: der Bodenkälte.

Sie greift die größte Schwachstelle des Schlafsacks an – die Liegefläche, wo durch die starke Komprimierung der Füllung Kältebrücken entstehen. Abhilfe schafft eine gute Isomatte, die zudem auch kleinere Unebenheiten ausgleicht und insgesamt für mehr Schlafkomfort sorgt.

Was die **Isolationskraft** betrifft, gibt es wie bei den Schlafsäcken einen Standard, der sich seit seiner Einführung 2020 als praktische Vergleichsgröße etabliert hat: der **R-Wert**. Er gibt an, wie hoch der **Wärmedurchgangswiderstand** eines Materials ist, sprich: wie gut die Dämmung funktioniert. Die Skala reicht von 1 bis 10, wobei die ersten sechs Stufen alle Bereiche von lediglich sommerlichen Übernachtungen (1) über ganzjährigen Einsatz (3–4) bis hin zu alpinen Hochgebirgstouren (6) abdecken – alles darüber braucht wirklich nur, wer zu extremen Expeditionen in arktische Gebiete oder zum Höhenbergsteigen aufbricht.

Neben der Wärmeleistung spielen auch die individuellen Bedürfnisse eine Rolle bei der Wahl der richtigen Isomatte: Wie gemütlich soll sie sein, wieviel Gewicht und Platz darf sie beim Gepäck beanspruchen, was muss sie aushalten können?

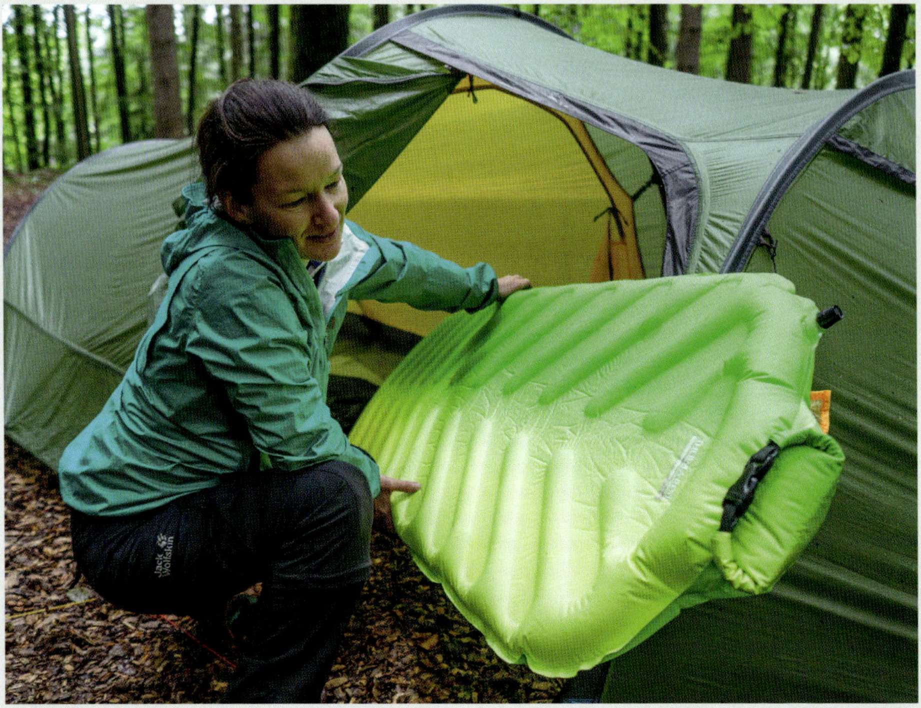

Um allen Ansprüchen gerecht zu werden, bietet der Markt vier verschiedene Typen an. Als Klassiker gilt die einfache **Schaum-Isomatte**, die im Vergleich zu anderen, teureren Modellen in der Regel nicht so gut isoliert, wenig Liegekomfort bietet und zudem sehr sperrig ist. In einem Punkt hat sie die Nase gegenüber der Konkurrenz vorne: Kaputtzukriegen sind die geschlossenzelligen Schaumstoffmatten kaum.

Selbstaufblasende Matten bestehen aus einem Kern aus offenzelligem Schaumstoff, der von luftdichtem Stoff umspannt ist. Öffnet man das Ventil, saugt sich das komprimierte Innere mit Luft voll wie ein Schwamm mit Wasser und sorgt für einen weichen, gut isolierenden Untergrund. Noch leichter, kleiner verpackbar und komfortabler sind komplett **luftgefüllte Isomatten**, die aus einem stabilisierenden Kammersystem und einer oft wärmereflektierenden Außenhaut konstruiert sind. Um sie nutzen zu können, muss man nicht nur tiefer in den Geldbeutel greifen, sondern auch Puste investieren – vollständig aufgeblasen sind sie sechs bis zehn Zentimeter dick.

Am oberen Spektrum glänzen **daunengefüllte Isomatten** mit sehr hohen R-Werten und höchstem Schlafkomfort. Auch sie müssen aber zusätzlich aufgeblasen werden, und da liegt der Knackpunkt: Die Feuchtigkeit der Atemluft verträgt sich nicht mit der Daune im Innern, also muss man Zusatzgewicht in Form eines Pumpsacks oder einer kleine Handpumpe schleppen.

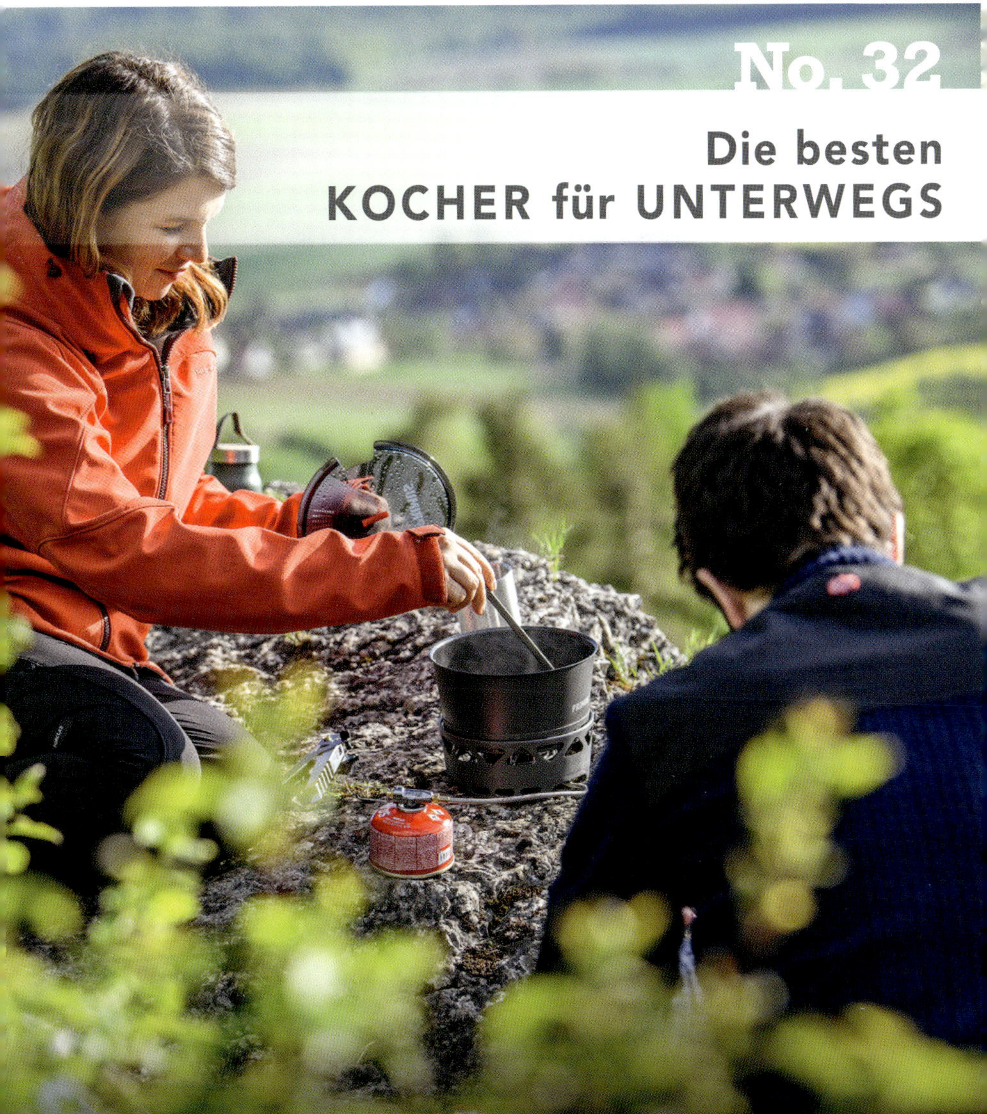

No. 32

Die besten KOCHER für UNTERWEGS

Ein belebender Kaffee oder Tee am Morgen, eine warme Mahlzeit zum Tagesausklang: Nichts, was man zum Überleben bräuchte, doch für viele machen diese kleinen Annehmlichkeiten den Tourengenuss erst komplett.

Aufgrund der Beschränkungen beim Packmaß und beim Gewicht sind einflammige, oft faltbare Kocher die erste – und im Prinzip auch einzige – Wahl bei mehrtägigen Unternehmungen mit dem Rucksack.

Welches Modell das richtige ist, hängt in hohem Maße von Art und Zielgebiet der Tour ab. Ein grundlegendes Kriterium bei der Entscheidungsfindung ist der **Brennstoff.**

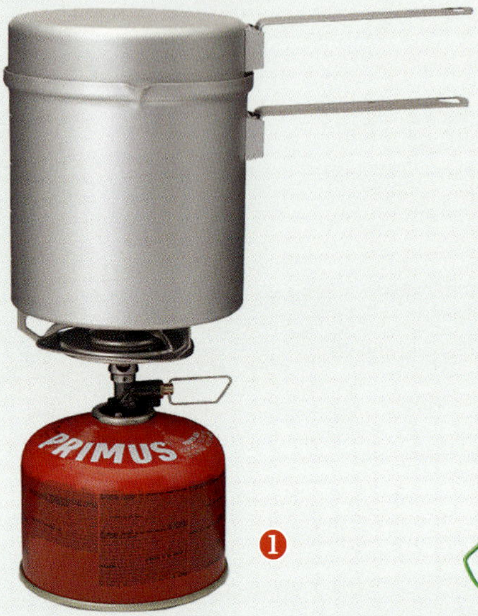

❶

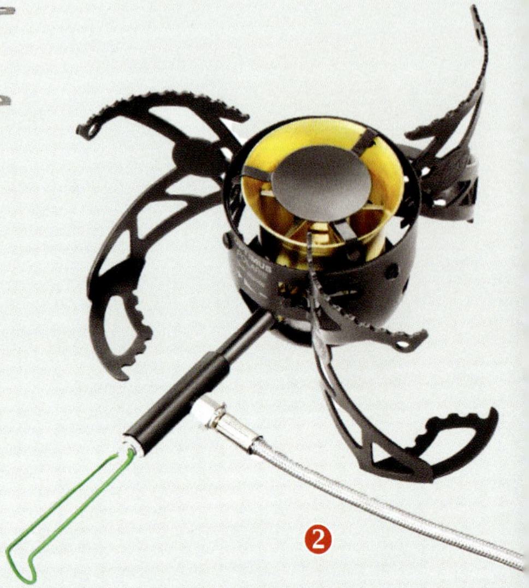

❷

Dass die meisten zum **Gaskocher** ❶ greifen, hat gute Gründe. Erstens ist die Handhabung denkbar einfach: Bei Standardmodellen wird der Brennkopf auf die Kartusche aufgeschraubt und schon ist das Teil einsatzbereit. Zweitens kommt mit Flüssiggas nicht nur der sauberste, sondern auch der – bei nicht allzu großer Kälte – am effektivsten heizende Brennstoff zum Einsatz. Drittens punkten sie mit minimalem Gewicht und Packmaß – jedoch nur bei kürzeren Touren, denn verbrauchte Kartuschen muss man bis zur nächsten Entsorgungsmöglichkeit im Rucksack mitschleppen. Wichtig zu wissen: Bei Anreise mit dem Flugzeug dürfen die Kartuschen nicht mittransportiert werden. Zwar sind sie in den meisten Regionen erhältlich, in Südeuropa etwa aber meist nur als Stechkartuschen – in dem Fall gehört für Modelle mit Schraubventilen ein Adapter ins Gepäck.

Geht's in eisige Gefilde, leidet die Heizleistung von Gaskochern beträchtlich – es sei denn, man verwendet spezielle Gasmischungen mit einem hohen Anteil an Propan und Isobutan oder aufwendigere Schlauchkocher mit Vorheizschlaufe.

Eine Alternative für Touren im Winter und auch durch abgeschiedene Wildnis bieten **Multifuelkocher** ❷, die eine ganze Palette an flüssigen Brennstoffen schlucken – von Flüssiggas über Benzin, Diesel und Kerosin bis zu Petroleum. Die unschlagbare Vielseitigkeit hat aber ihren Schattenseiten: Die weltweit einsetzbaren Alleskönner sind relativ schwer und sperrig, verlangen eine genaue Kenntnis des sicheren Betriebs und bringen einen intensiven Wartungsaufwand mit sich. Auch mit der Stille ist es beim lauten Betrieb dahin.

An Einfachheit der Handhabung nicht zu übertreffen sind die besonders in Skandinavien sehr beliebten **Spirituskocher** ❸. Ruhesuchende freuen sich dabei über den komplett geräuschlosen Betrieb, der Rücken

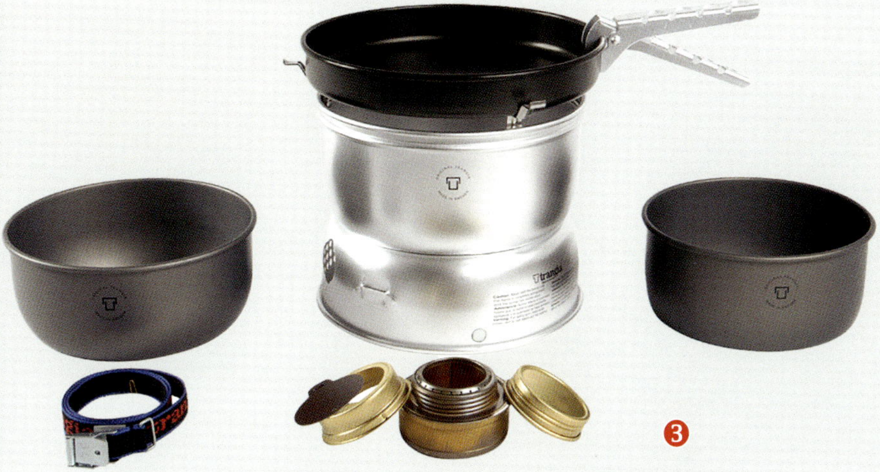

3

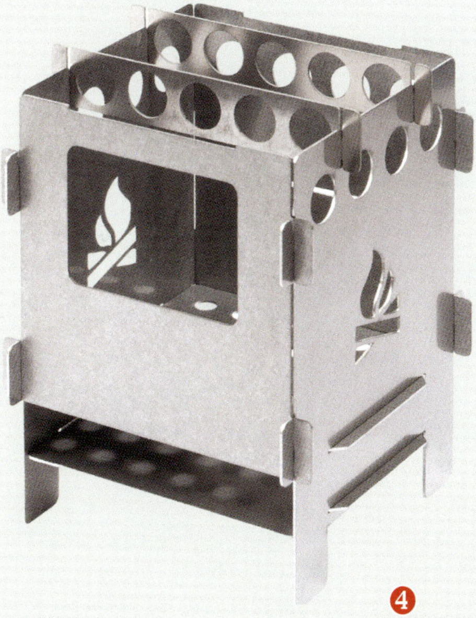

4

über das leichte Gewicht, auch dank der – wie bei Multifuelkochern – nach Bedarf portionierbaren Brennstoffmenge. Diese ist allerdings recht hoch, was auch für die Kochzeit gilt. Je kälter die Temperaturen, desto schwieriger wird der Betrieb. Fällt das Thermometer unter 0° Celsius, kommen viele Modelle an ihre Grenzen. Anders sieht es bei Sturm und Regen aus, die sie mit Bravour meistern.

Ganz ohne flüssiges Brennmaterial kommen **Feststoffkocher** 4 aus – im Prinzip eine effektivere, durch eine Einzel- oder Doppelwand geschützte Minivariante des Lagerfeuers. Durch das Befeuern mit Holz, Reisig, Laub oder auch Tannenzapfen entfällt die Mitnahme von separatem Brennstoff. Allerdings bedeutet dies relativ viel Aufwand bei nur mäßiger Heizleistung und begrenzter Regulierbarkeit.

Argumente für den Kauf sind also eher eine Vorliebe für Romantik statt Pragmatik – oder es geht ums Gewichtsparen: Der derzeit wohl kleinste und leichteste Kocher verbrennt Trockenbrennstoff-Würfel, besteht aus einem faltbaren Titangestell und bringt extrem schlanke 13 Gramm auf die Waage.

No. 33

So wird die OUTDOOR-KÜCHE KOMPLETT

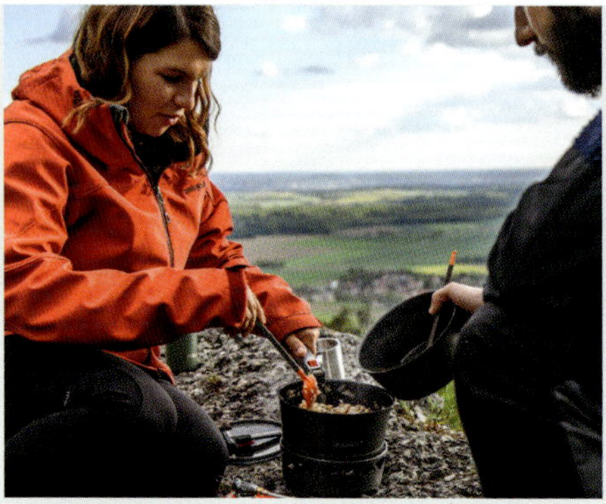

Beim Thema Geschirr und Besteck lautet die Devise: Viel kann, wenig muss.

Stehen keine kulinarischen Feuerwerke auf dem Speiseplan, sondern speziell für den Outdoorbereich produzierte gefriergetrocknete Tütengerichte, reichen im Prinzip ein Topf zum Wasserkochen, ein Löffel sowie eine Tasse für Kaffee- oder Teetrinker und eine Schale für das Müsli. Wer vielleicht auch mal Nudeln mit Soße kochen möchte, nimmt noch eine kleine Pfanne mit. Wie man's auch macht, das grundlegende Kaufkriterium besteht in der Wahl des Materials. Dabei stehen vorwiegend drei Varianten zur Wahl, die sich vor allem hinsichtlich des **Gewichts**, der **Empfindlichkeit/Robustheit**, des **Anschaffungspreises** und der **Wärmeleitfähigkeit** unterscheiden.

Als König der Leichtgewichtsklasse galt über lange Zeit das preiswerte, sehr gut wärmeleitende **Aluminium**, das jedoch in zu hohen Konzentrationen dem Körper schadet – besonders dem Nervensystem, den Nieren und den Knochen. Vermeiden lässt sich die Aufnahme kaum, denn Aluminium findet sich nicht nur in fast allen Nahrungsmitteln, sondern etwa auch in vielen Deodorants, Zahnpasten, Sonnencremes und Medikamenten. Wer beim Thema Kochgeschirr eine unnötige Aluminiumaufnahme vermeiden möchte, investiert etwas mehr in Produkte aus hartanodisiertem Aluminium oder Duossal, die säure- und salzresistent, kratzfest, geschmacksneutral und sehr robust sind.

Seit seiner Entdeckung für den Outdoor-Bereich steht beim Verhältnis von Gewicht zu Robustheit **Titan** auf dem Siegertreppchen. Abzüge gibt es allerdings in der weniger guten Wärmeleitfähigkeit, die etwas längere Kochzeiten und einen entsprechend höheren Brennstoffbedarf mit sich bringt. Dieser Nachteil birgt aber auch einen Vorteil: Das Geschirr kühlt nur langsam aus und hält Speisen daher länger warm. Wer sich für das extrem stabile und daher dünnwandige Leichtgewicht entscheidet, muss etwas tiefer in die Tasche greifen: Titan muss bei der Produktion zu seinem Schmelzpunkt von höllischen 1668° Celsius erhitzt werden – ein Prozess, der sich im Preis widerspiegelt.

Günstiger, nahezu unverwüstlich, pflegeleicht und geschmacksneutral ist **Edelstahl**, das – mit Kupfer- oder Aluminiumkern versehen – auch eine passable Wärmeleitfähigkeit besitzt. Dass man es weniger in Trekkingcamps, sondern eher in heimischen Küchen antrifft, liegt am vergleichsweise hohen Gewicht.

No. 34

WÜRZE für UNTERWEGS

Outdoor HACK

Bei kürzeren Trekkingtouren mag ein Mini-Gewürzstreuer aus dem Handel reichen, doch wer mehr Salz, Pfeffer oder auch etwa Gemüsebrühe-Pulver mitnehmen möchte, muss nachrüsten. Kleinere Zusatzmengen an Gewürzen sind zum Beispiel in leeren Tictac-Dosen gut aufgehoben, mehr Platz bieten sogenannte PETlinge, hochstabile und wasserdichte Kunststoff-Reagenzgläser, die auch beim Geocaching zum Einsatz kommen – sie eignen sich zudem perfekt als Speiseöl-Behälter für unterwegs.

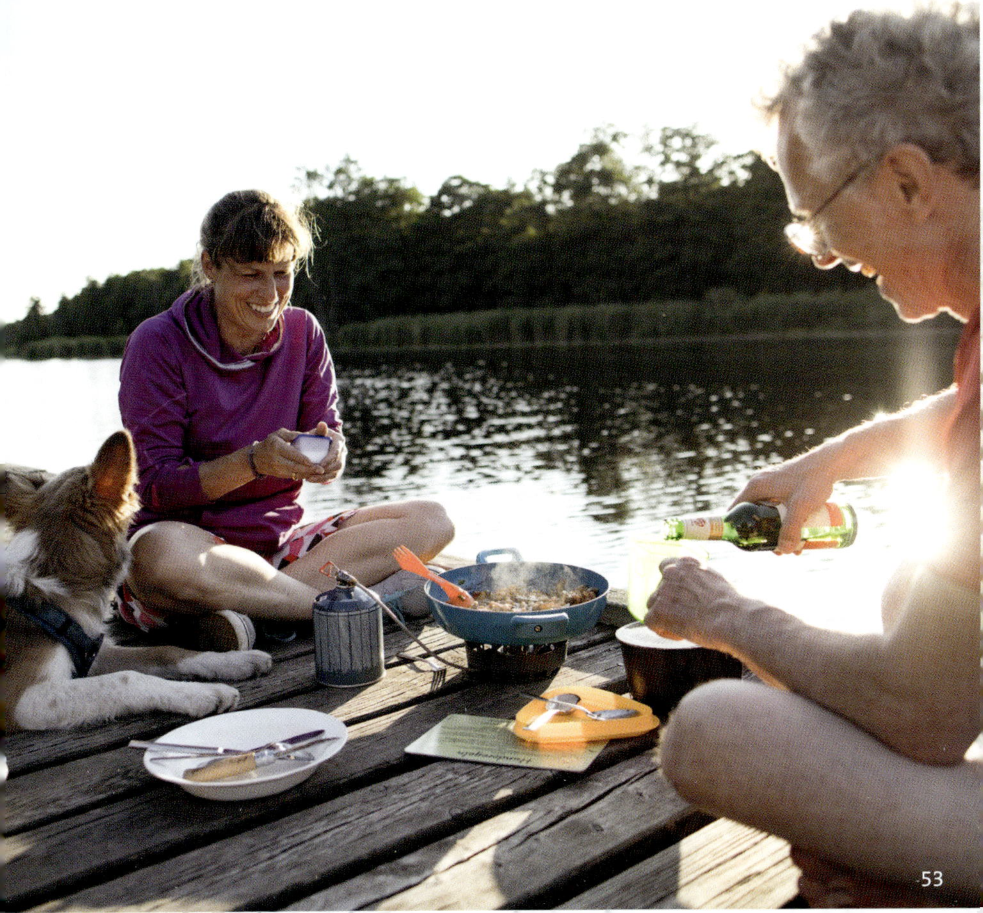

Kapitel 3

TOURENPLANUNG & VORBEREITUNG

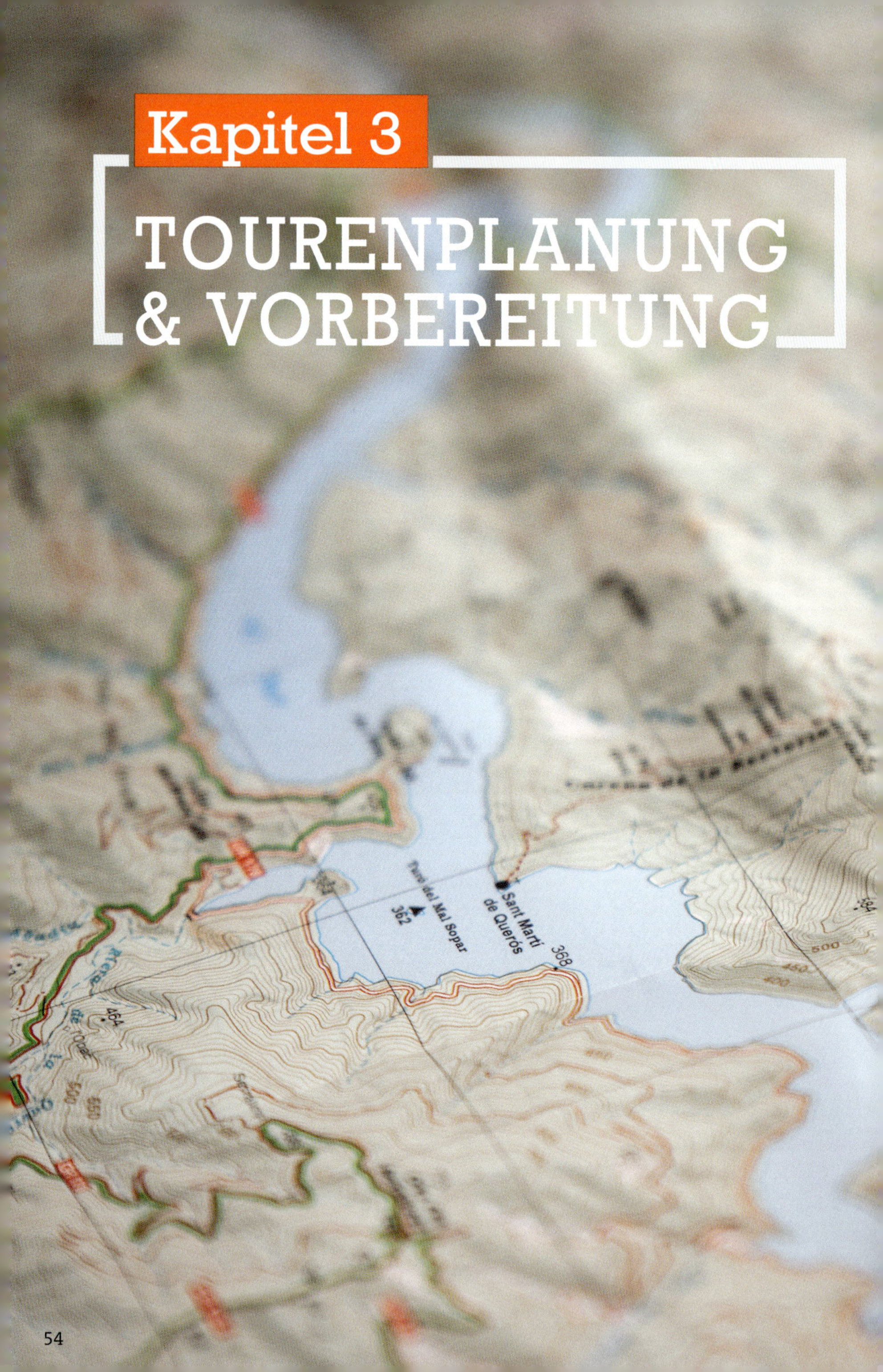

Ob die Tour zum Erfolg wird, zum Reinfall oder gar zum Desaster, entscheidet sich oft schon zuhause: Denn nur mit einer gewissenhaften Recherche, Planung und Vorbereitung kann man böse Überraschungen vermeiden und auf erschwerte Bedingungen reagieren. Von der Wahl der richtigen Strecke über die Ermittlung des Zeitbedarfs und den rechtzeitigen Blick auf die Wetterprognose bis hin zur sinnvoll gepackten Ausrüstung – wer die folgenden Tipps beherzigt, ist für das nächste Abenteuer bestens gewappnet.

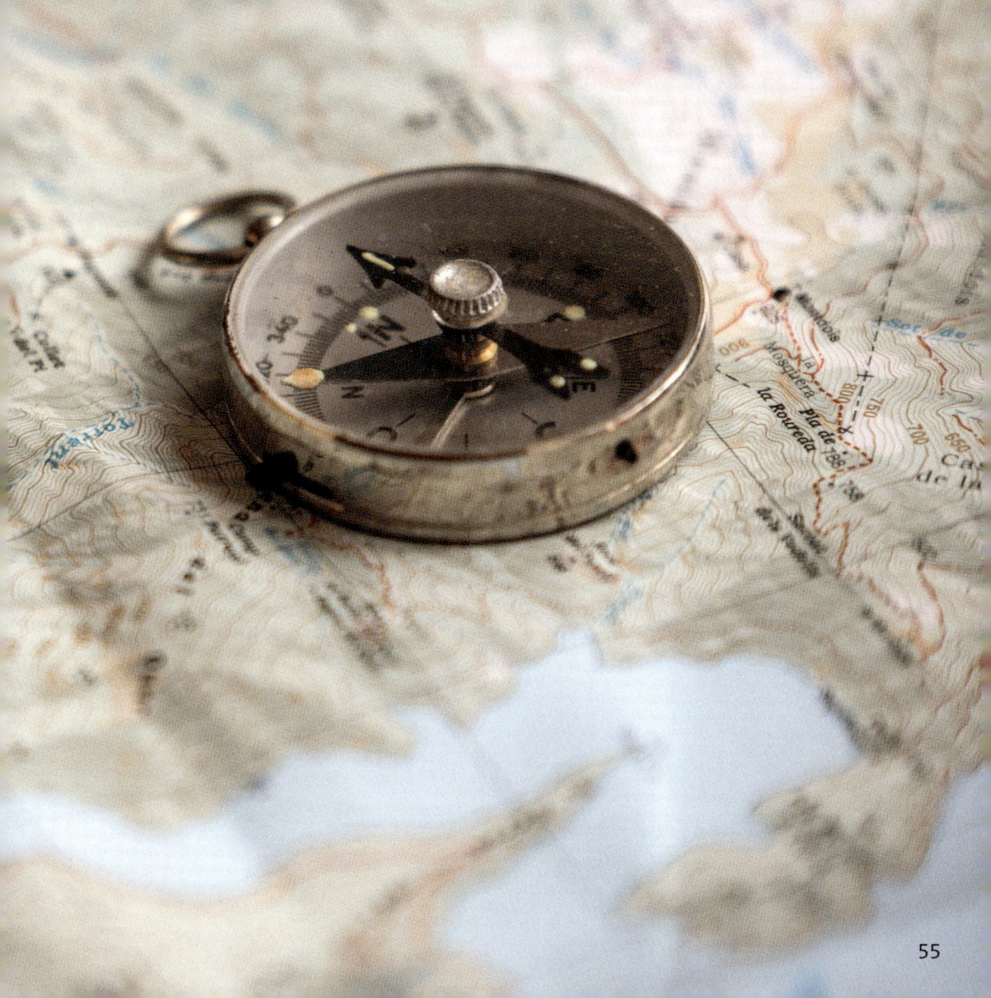

No. 35

KARTE, WANDERFÜHRER & APP: Werde zum PFADFINDER

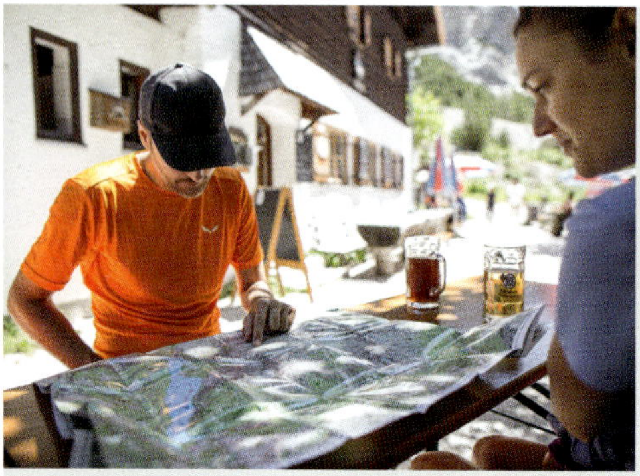

Eine sorgfältige und realistische Tourenplanung bildet die Grundlage, die Zeit da draußen sicher und genussvoll zu erleben.

Am Anfang steht dabei eines dieser beiden Szenarien:

1. Du hast schon eine bestimmte Route vor Augen und möchtest überprüfen, welche Fähigkeiten du brauchst und welche Bedingungen herrschen müssen, um den Plan erfolgreich umzusetzen.
2. Du hast Lust und Zeit, auf Tour zu gehen, aber weißt noch nicht, wo und auf welcher Strecke.

Bevor wir uns im ersten Fall mit den Details befassen, widmen wir uns zunächst der zweiten Frage. Die Wahl der Region, in die es gehen soll, hängt natürlich von der verfügbaren Zeit, dem Aufwand für die Anreise, der Jahreszeit und vor allem von den persönlichen Vorlieben ab. Sobald du dein Traumziel gefunden hast, beginnt die Suche nach einer Strecke, die deinen eigenen Ansprüchen und Fähigkeiten entspricht. Welche Pfade von A nach B führen, welches Höhenprofil es zu meistern gilt, ob es durch Wälder oder Moore geht und wo Einkehr- und Übernachtungsmöglichkeiten warten – über all das erteilt die gute alte **Wanderkarte** Auskunft. Doch sie bringt uns den Charakter einer Tour nur begrenzt nahe. Wo ist es besonders schön? Wo lauern die knackigsten Stellen? Zu welcher Zeit zieht man am besten los? In anderen Worten: Wie findet man in einem weitläufigen Wegenetz die eine Tour, die am besten zum eigenen Geschmack und Anspruch passt? Inspirationsquellen sprudeln heute so zahlreich wie nie. Zum einen sind das nach wie vor die klassischen Printmedien wie **Gebietsführer**

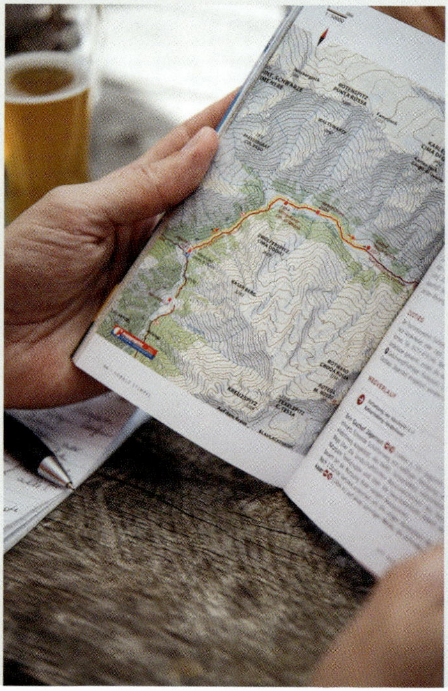

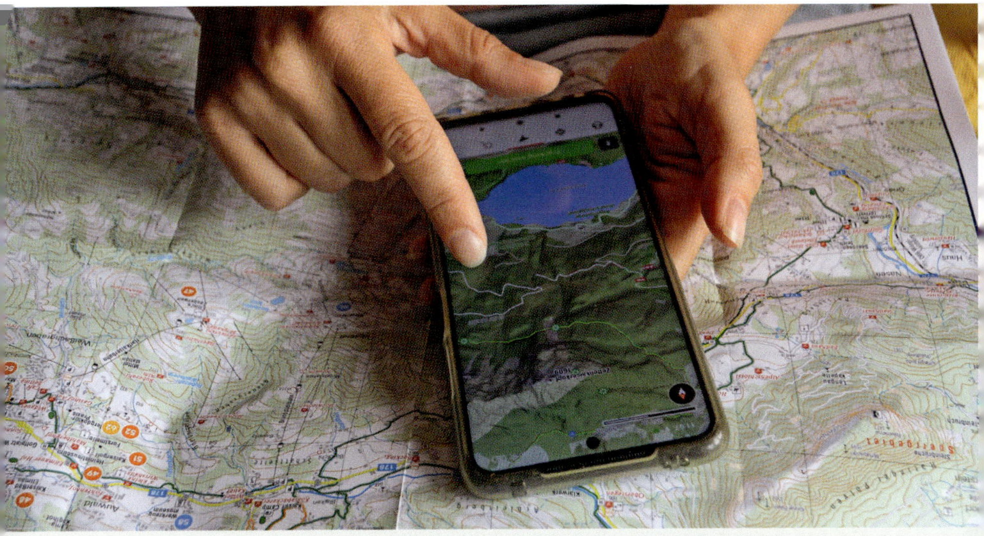

oder **Fachzeitschriften**, die kompetent über die schönsten Touren einer Region berichten – für einen umfassenden Überblick oft immer noch die beste Wahl.

Zum anderen bietet das Internet eine wahre Flut an Tourentipps und Informationen zu Outdoor-Gebieten in allen Winkeln der Welt. Neben privaten Blogs, Foren sowie den offiziellen Seiten der Tourismusbüros, Alpen- und Wandervereine erfreuen sich in den letzten Jahren besonders überregionale **Tourenportale mit eigener App** wachsender Beliebtheit: So lassen sich Strecken zuhause am großen Bildschirm entweder selbst planen oder aus einem großen Fundus an bereits eingepflegten Touren nach verschiedenen Kriterien herausfiltern, unterwegs übernimmt das Smartphone dann die Navigation. So praktisch die Apps guter Anbieter wie **komoot** und **outdooractive** auch sind: Blindlings verlassen darf man sich auf die oft privat erstellten Tourenvorschläge nicht. Denn erstens sind Einschätzungen wie der Zeitbedarf und die Schwierigkeit subjektiv, zweitens werden Schutzgebiete oder aktuelle Wegsituationen nicht immer berücksichtigt. Und drittens ist es draußen nie eine gute Idee, sich allein auf die Technik zu verlassen – macht der Akku schlapp oder geht das Smartphone kaputt, steht man ohne analoge Hilfsmittel ziemlich verloren da. Also lautet das Fazit: Tourenvorschläge aus dem Internet sollte man bei der Planung noch mal gegenchecken, Karte und Kompass gehören zumindest als Backup in den Rucksack.

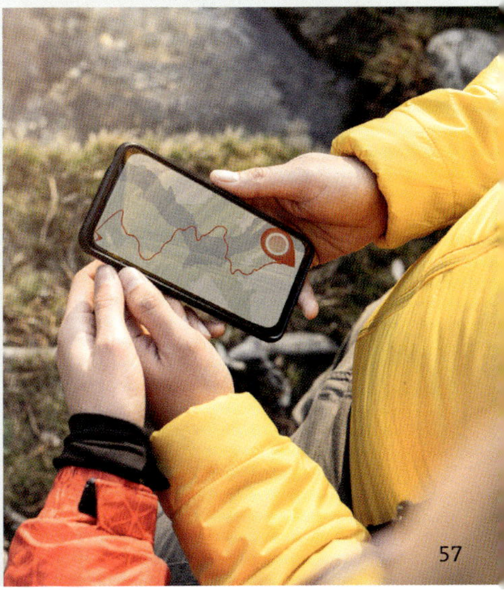

No. 36

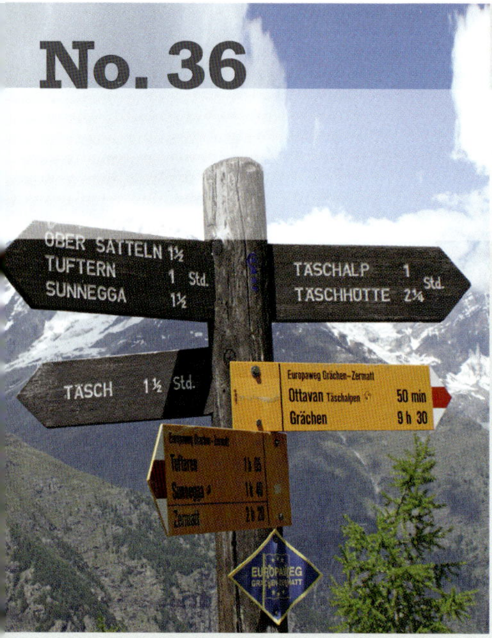

So berechnest du die GEHZEITEN

Ob es darum geht, die letzte Seilbahn zu erwischen, rechtzeitig vor Anbruch der Dunkelheit oder einem angekündigten Gewitter ans Ziel zu gelangen oder vielleicht noch einen Abstecher am Weg mitzunehmen: Schon bei der Planung, doch auch unterwegs, solltest du wissen, wieviel Strecke du in welcher Zeit ungefähr schaffst.

Um dies zu berechnen, haben sich in unseren Gefilden zwei Methoden etabliert.

Die leichter zu berechnende Formel nutzen der **Deutsche und der Österreichische Alpenverein** für ihre Zeitangaben auf den Wegweisern. Sie hat zur Grundlage, dass ein durchschnittlich trainierter Wanderer pro Stunde vier Kilometer auf ebener Strecke, 300 Aufstiegsmeter oder 500 Höhenmeter bergab schafft. Um mit diesen Werten die ungefähre Gesamtzeit zu ermitteln, rechnet man zunächst separat den Zeitbedarf für die horizontal sowie vertikal zu absolvierenden Distanzen aus. So ergäben sich zum Beispiel bei einer Wanderung mit zehn Kilometern Strecke sowie jeweils 1200 Höhenmetern im Auf- und Abstieg ein Horizontalwert von 2:30 Stunden und ein Vertikalwert von 6:24 Stunden (4 Stunden Aufstieg plus 2:24 Stunden Abstieg). Nun wird der kleinere der beiden Werte (in diesem Fall also der Horizontalwert) halbiert und zum größeren (im Beispiel der Vertikalwert) hinzuaddiert. Die Gesamtgehzeit würde demnach also 7:39 Stunden (1.15 plus 6.24 Stunden) betragen.

Die Formel des **Schweizer Alpen-Club (SAC)** ist mathematisch komplizierter und basiert – vereinfacht gesagt – auf einer höheren sportlichen Durchschnittsleistung von 4,2 Kilometern Strecke, 400 Aufstiegs- sowie 800 Abstiegsmetern pro Stunde – gut zu wissen, um die vergleichsweise knapp kalkulierten Zeitangaben auf Wegschildern bei einer Tour in der Schweiz besser einschätzen zu können.

Welche Modellrechnung man auch zu Rate zieht: Es handelt sich nur um eine grobe Einschätzung der reinen Gehzeit, die beträchtlich von der eigenen Kondition und Erfahrung, dem Gewicht auf dem Rücken, der technischen Schwierigkeit sowie den Wetterverhältnissen abhängt. Besonders in anspruchsvollem Terrain und auf langen Touren, bei denen die Leistungsfähigkeit allmählich abnimmt, sollte man grundsätzlich mindestens eine weitere Puffer-Stunde zur reinen Gehzeit addieren, und – bei einer Wanderung zu zweit oder in der Gruppe – den Zeitplan dem Leistungsvermögen des konditionell schwächsten Mitwanderers anpassen.

No. 37

Plane die PAUSEN mit ein!

Die Gesamtzeit einer Tagestour oder Etappe lässt sich nur dann realistisch abschätzen, wenn man ungefähr weiß, wie viele Pausen man machen möchte (oder muss), und wie lange sie voraussichtlich dauern werden.

Auch wenn das in hohem Maße vom Terrain, der Kondition und dem sportlichen Ehrgeiz abhängt, gelten **fünf bis zehn Minuten pro Stunde** als guter Richtwert, um kurz verschnaufen und den Flüssigkeitsspeicher auffüllen zu können. Dazu kommen bei ganztägigen Unternehmungen mindestens **ein bis zwei etwas längere Auszeiten**, um in Ruhe Kalorien nachzutanken. Da wohl auf jeder Tour einige Plätzchen locken, an denen man ohnehin gern etwas verweilen möchte – etwa ein bezwungener Gipfel, ein idyllischer See oder die Sonnenterrasse einer Hütte – macht es Sinn, die Planung der längeren Pausen danach auszurichten.

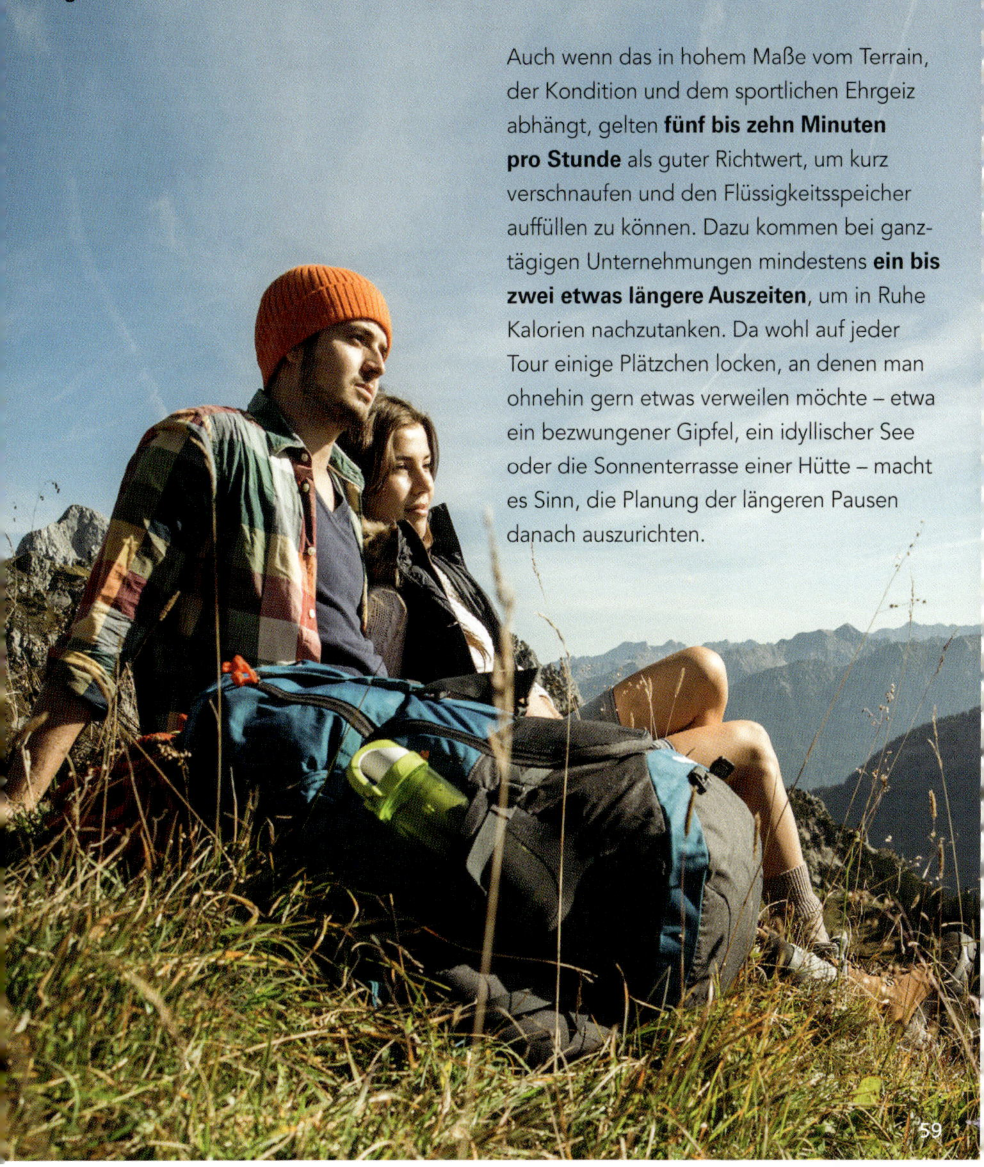

No. 38

Was die KLASSIFIZIERUNG von BERGWEGEN bedeutet

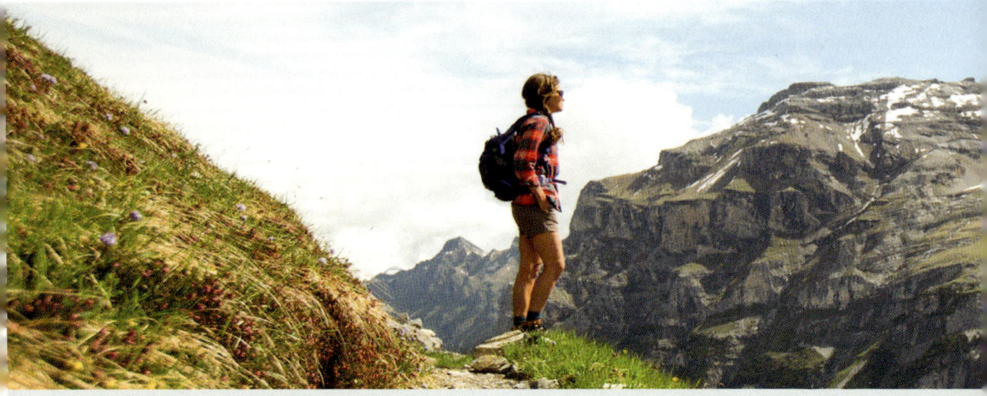

Ein ehrliche, im Zweifel eher konservative Selbsteinschätzung sowie Rücksicht auf unerfahrenere oder weniger trainierte Tourenpartner sind auch bei der technischen Schwierigkeit der anvisierten Strecke gefragt.

Im Flachland und in den Mittelgebirgen, wo in der Regel keine wirklich anspruchsvollen oder ausgesetzten Passagen lauern, beziehen sich Angaben wie »leicht«, »mittel« und »schwer« daher in erster Linie auf die konditionellen Anforderungen. Anders sieht es im (deutschsprachigen) Alpenraum aus: Hier bewerten einerseits der Deutsche sowie der Österreichische Alpenverein, andererseits der Schweizer Alpen-Club die von ihnen betreuten Wege nach zwei verschiedenen Schwierigkeitsskalen. Während die erste auf einem Farbensystem basiert, differenziert die zweite zwischen den Graden T1 bis T6.

Am unteren Ende der Schwierigkeitsskala **(gelb oder nicht kategorisiert bzw. T1)** stehen gut ausgebaute Wege meist im Talbereich, die keinerlei technische Schwierigkeiten oder Gefahrenstellen aufweisen und auch ohne jegliche Wanderausrüstung gut zu gehen sind.

Einfache Bergwege **(blau bzw. T2)** können zwar teilweise schmal und steil sein, leiten aber durch gut begehbares Terrain und weisen keine ernsthaften absturzgefährlichen Stellen auf. Eine grundlegende Trittsicherheit und Wandererfahrung sollte man jedoch mitbringen.

Auf mittelschweren Bergwegen **(rot bzw. T3)** geht es schon recht knackig zu: Sie leiten über größtenteils schmale Pfade und weisen oft steile und ausgesetzte Passagen auf, an denen Absturzgefahr drohen kann. Teils müssen auch kurze Stellen mit Versicherungen (durch Drahtseile o.Ä.) gemeistert werden, wobei der Handeinsatz lediglich zur Stabilisierung und nicht zur Fortbewegung dient. Um Touren dieser Kategorie genießen zu

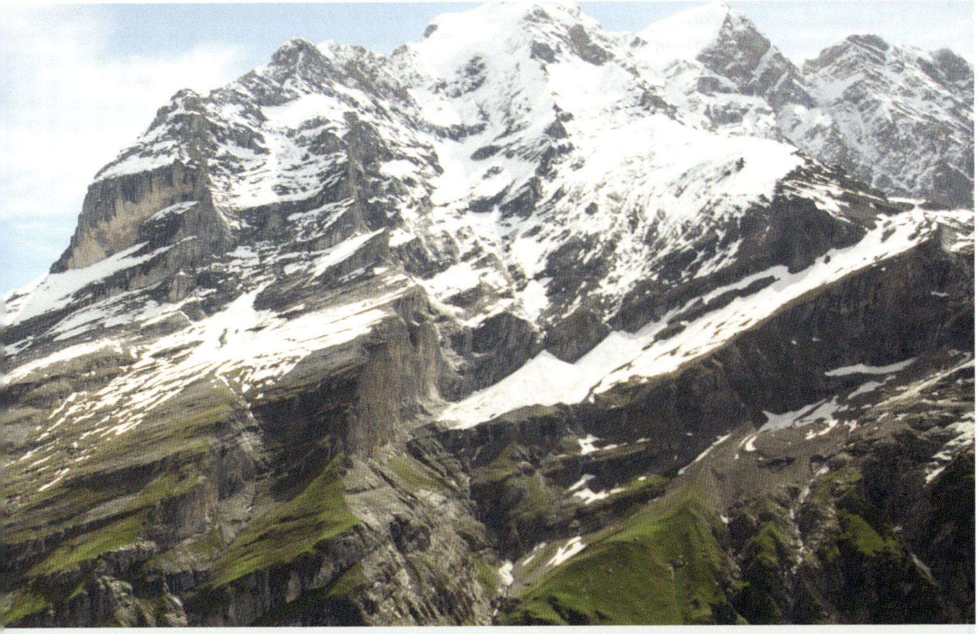

können, gehören also eine solide Trittsicherheit und ein gutes Maß an Schwindelfreiheit zum Rüstzeug.

Schwere Bergwege **(schwarz bzw. T4–T6)** setzen alpine Erfahrung, einen sehr sicheren Tritt sowie absolute Schwindelfreiheit voraus. Es geht über steile, oft luftig angelegte Steige, bei denen neben häufigeren versicherten Passagen teils auch einfache Kletterstellen absolviert werden müssen. Eine Wegspur ist nicht immer zwingend vorhanden, etwa beim Passieren von schrofigem oder schottrigem Gelände. Auch Altschneefelder können den Weg würzen. Die Übergänge am oberen Ende dieser Kategorie sind fließend: Der Schweizer Alpen-Club bezeichnet Touren im Grad **T5 und T6** als anspruchsvolles bzw. schwieriges Alpinwandern, bei dem technische Hilfsmittel wie Eispickel und Seil notwendig sein können. Der Deutsche und Österreichische Alpenverein bewertet solche Unternehmen bereits als **»alpine Touren«**, welche die Schwierigkeiten des Bergwanderns überschreiten. Vom Gesamtanspruch beginnt hier die Skala für **Hochtouren**, die wiederum von L (leicht) bis EX (extrem schwierig) unterteilt ist. Auch wenn du dir durch die Kategorisierung der Bergwanderwege leicht eine Tour herauspicken kannst, die deine Fähigkeiten nicht überschreitet, ist mancherorts Vorsicht gefragt: Wer sich etwa in Vorarlberg oder im Allgäu entscheidet, in eine blau markierte Strecke abzubiegen, findet sich bald nicht – wie wohl erwartet – in leichtem Genusswanderterrain wieder, sondern auf einem Bergpfad, welcher der ansonsten gebräuchlichen Kategorie »schwarz« entspricht.

Was es noch zu beachten gilt: Die Einteilung der Bergwege gibt zwar Auskunft über die technischen Anforderungen und das Gefahrenpotenzial einer Tour, konditionell relevante Faktoren wie Länge und Höhenprofil werden jedoch nicht mit einbezogen. Und – ganz wichtig: Die Schwierigkeitsbewertung gilt nur bei guten Wetterverhältnissen!

No. 39

Das können WETTERPROGNOSEN

Man kann sich noch so gewissenhaft vorbereiten – spielt das Wetter nicht mit, kann einem das schnell den Tourenspaß vermiesen oder auch richtig gefährlich werden.

Klar, eine einfache Wanderung lässt sich auch bei Regen problemlos überstehen, doch anders sieht es aus, wenn man im Gebirge von einem Gewitter überrascht wird – und sich womöglich in Gelände befindet, das einen schnellen Rückzug unmöglich macht.
Sich vorab so genau und zeitnah wie möglich über die kommenden Wetterverhältnisse zu informieren, entscheidet also in höchstem Maß über die Wahl, die Planung und schließlich auch das Gelingen der Tour.

Noch nie war das so einfach wie heute: Dank Smartphone hat fast jeder einen ständigen Wetterfrosch in der Tasche, der über unzählige Apps und Internetseiten in Echtzeit auf die aktuellen Wetterprognosen zugreifen kann. Doch wie spielt man diesen Vorteil am besten zu seinen Gunsten aus?

Zunächst stellt sich die Frage, ab wann der Wettercheck überhaupt Sinn macht. Den Grad der Wahrscheinlichkeit, mit der Wettervorhersagen zutreffen, nennen die Meteorologen **Prognosegüte** oder **Treffsicherheit**. Dass ihr Wert sinkt, je weiter der Blick in die Zukunft gerichtet ist, wird niemanden überraschen. Generell gilt: Für den kommenden Tag treffen die Vorhersagen – je nach Stabilität der Großwetterlage – zu 80 bis 95 Prozent zu, am dritten Tag werden noch Werte von 62 bis 88 Prozent erreicht. Spätestens nach dem vierten Tag sind die Prognosen mit Vorsicht zu genießen, und bei mittelfristigen Vorhersagen über den siebten Tag hinaus lassen sich nur noch grobe Tendenzen ansagen.

Welche Aussagekraft die Wettervorhersage vor der Tour hat, hängt nicht nur vom Zeitpunkt der Abfrage ab: Von entscheidender Bedeutung sind auch die verschiedenen **Wettermodelle** die – vereinfacht gesagt – durch Berechnungen von Supercomputern die Daten eines Netzes aus abertausenden Messpunkten auswerten. Unterschieden wird dabei zwischen globalen und lokalen Wettermodellen, die sich vor allem in der Engmaschigkeit ihres Datennetzes (Raster) unterscheiden, aber auch je nach Standpunkt variierende Einflussfaktoren auf das Wetter anders gewichten. So eignet sich etwa das amerikanische **Global Forecast System** (GFS), auf das viele Wetter-Apps zugreifen, weniger für europäische Anwender, die mit dem Modell des **Europäischen Zentrums für mittelfristige Wettervorhersage** (ECMWF) besser bedient sind. Lokale Wettermodelle erreichen durch das zwar auf die Region beschränkte, aber engere Rasternetz präzisere Vorhersagen z. B. für Gebirgsgruppen, die bei zu großem Raster nicht detailliert, sondern als Hochebenen erfasst werden.

Bei der Frage nach dem besten Internetportal oder der besten App lohnt es also, zu überprüfen, welche Wettermodelle benutzt werden.

No. 40

PACK nur das ein, was du WIRKLICH BRAUCHST

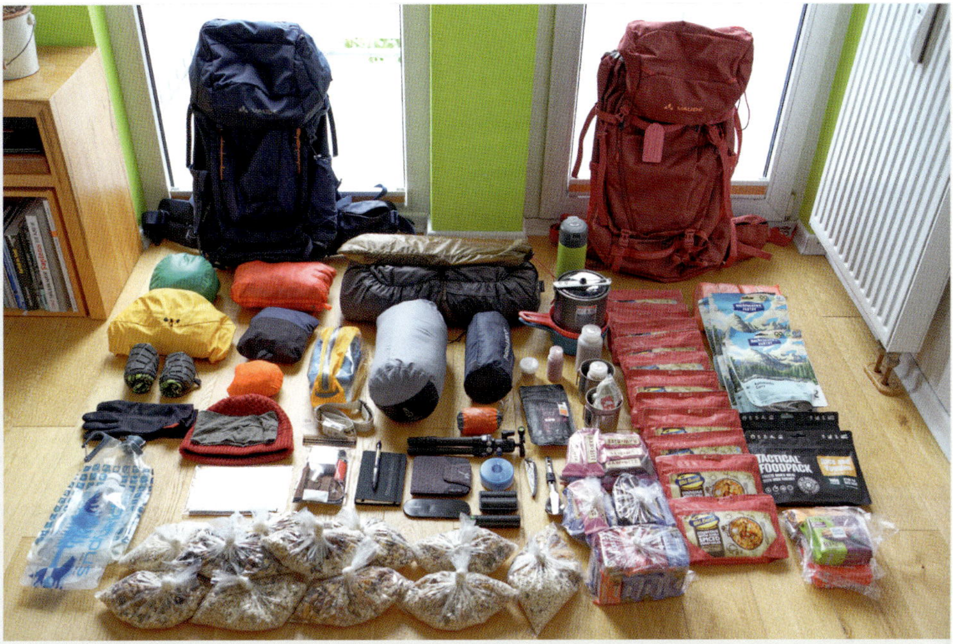

»So viel wie nötig, so wenig wie möglich« lautet die Devise beim Beladen des Rucksacks. Doch gerade Anfänger tun sich mit dieser vermeintlich einfachen Richtlinie schwer und packen gern mal Dinge ein, die man vielleicht mal ausprobieren möchte, ohne sie unterwegs wirklich zu brauchen – etwa die neue Isomatte als Sitzunterlage auf einer Tagestour.

Das richtige Packen ist eine Kunst, die man aus Erfahrung lernt, und wer sie perfekt beherrscht, hat am Ziel tatsächlich alle Ausrüstungsgegenstände (hoffentlich bis auf das Erste-Hilfe-Set) genutzt.

Was genau mit muss, hängt von einer Reihe an Faktoren ab. Wie lange dauert die Tour? Durch welches Terrain geht es? Mit welchem Klima ist zu rechnen? Welche Infrastruktur gibt es am Weg?

Bei **Tagestouren** trägt man den Großteil der Ausrüstung bereits am Körper: das passende Schuhwerk, Funktionssocken- und Unterwäsche, die Wanderhose oder -shorts sowie ein kurz- oder langärmeliges Oberteil. Je nach Temperatur und Witterung startet man bereits mit einer zusätzlichen Wärme- und/oder Wetterschicht (z.B. Fleecejacke oder Softshell, Regenjacke oder Hardshell), die andernfalls aber auf jeden Fall ins Gepäck

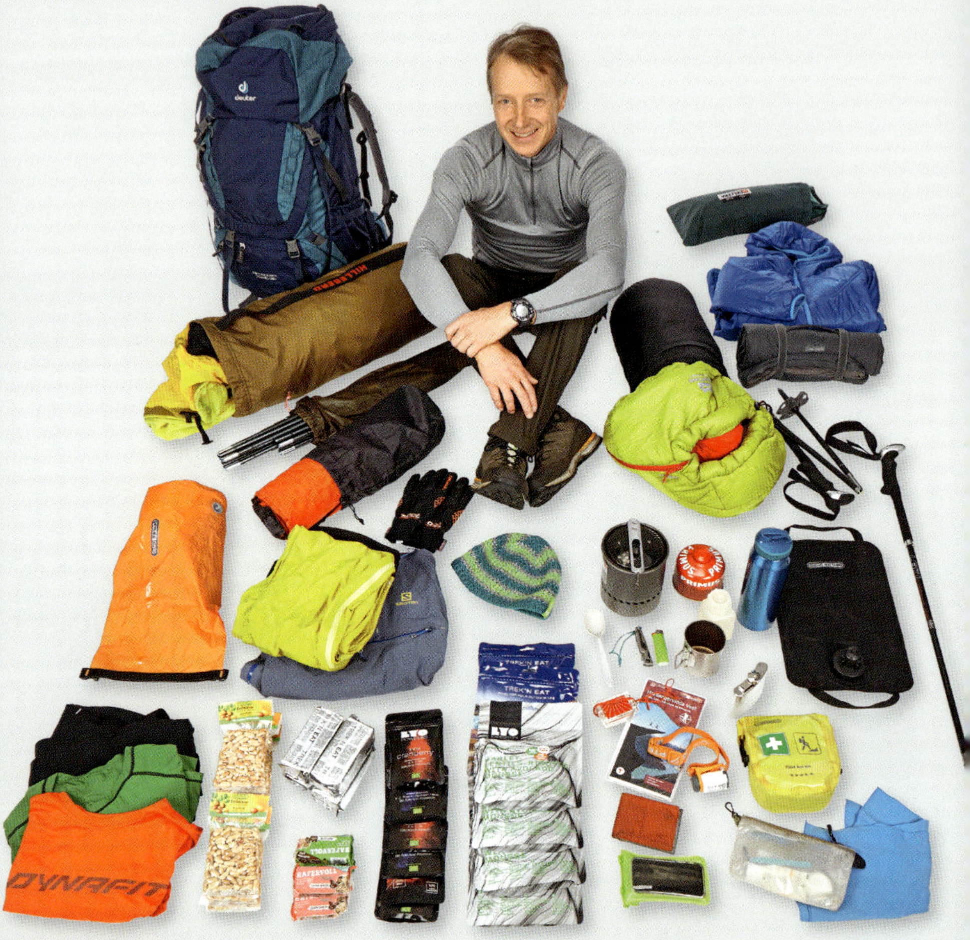

gehören – nur bei sehr bei stabiler milder und trockener Wetterlage kann man darauf verzichten, bei Touren in kalten Gefilden oder in der Höhe muss man bei der Wärmeschicht noch entsprechend aufrüsten. Da der Körper unterwegs nicht nur bequem und funktional verpackt sein, sondern auch mit Flüssigkeit und Energie versorgt werden möchte, muss die Proviantversorgung stimmen. Während sich der Kalorienspeicher in Form etwa von Müsliriegeln, Jausenbroten oder Nüssen ohne große zusätzliche Traglast auffüllen lässt, schlägt der – noch wichtigere – Wassernachschub teils gehörig ins Gewicht: Schon bei einfachen Halbtageswanderungen sollte man einen Liter dabeihaben, bei schweißtreibenden Ganztagestouren steigt der Bedarf leicht auf vier Liter oder mehr. Wer vorausschauend plant und unterwegs Quellen, saubere Bäche, Brunnen, Hütten und Gasthöfe anzapft, spart sich also eine Menge an Ballast.

Ein weiterer Teil der Grundausrüstung betrifft das Thema Orientierung. Zugegeben: Bei gut markierten Strecken in leicht überschaubarem Gelände findet man meist auch ohne Karte oder Satellitennavigation problemlos ans Ziel. Doch schon ein falsches und zu spät bemerktes Abbiegen reicht, um sich bald hoffnungslos im Gelände zu verlaufen – ein unnötiger Fehler, der schon so manchen in eine ernstzunehmende Notlage gebracht hat. Also gilt nicht nur bei Berg- oder Wildnistouren: Neben dem Smartphone mit Navigationsapp bzw. dem GPS-Gerät gehört die analoge Karte immer in den Rucksack, genauso wie das Erste-Hilfe-Set.

Grundsätzlich gilt, dass das Gewicht bei Tagestouren nicht mehr als sieben Kilo betragen sollte – was in der Regel auch kein Problem ist. Schwieriger bzw. schwerer wird es auf Touren, die spezielle Ausrüstung verlangen – etwa ein Klettersteigset oder Steigeisen und Eispickel. Auch Trekkingstöcke schlagen mit rund 700 Gramm zu Buche – es lohnt also, abzuwägen, ob die Mitnahme mehr Entlastung der Knie als Belastung des Rückens bedeutet.

Für **mehrtägige Touren mit Anbindung an Übernachtungs- und Versorgungsmöglichkeiten** kommt oft nicht sehr viel mehr Gepäck zusammen als bei Tageswanderungen. Zusätzlich braucht man einen kleinen Kulturbeutel mit Zahnbürste, Zahnpasta und Seife/Duschgel, je nach Übernachtungsmöglichkeiten einen Hüttenschlafsack und ein kleines (Mikrofaser-)Handtuch und – das größte Zusatzgewicht – **Wechselbekleidung** für die Etappenziele.

Dazu gehören leichte, gemütliche Zweitschuhe sowie eine bequeme Jogginghose oder Leggings. Wie viele Shirts, Socken und Unterwäschesets benötig werden, hängt von den Umständen und dem eigenen Anspruch ab. Prinzipiell reicht jeweils ein Wechselstück für den Tag und die Nacht, zumal am Abend fast immer die Möglichkeit zum schnellen Auswaschen besteht. Geht es auf eine längere Tour, durch schweißtreibendes Terrain oder unbeständiges Wetter ist man mit jeweils einem dritten Set an Wechselkleidung auf der sicheren Seite – so kann man sich im Bedarfsfall auch unterwegs mal umziehen und trotzdem in frischer und trockener Bekleidung schlafen.

Sind dann auch das Ladekabel für das Handy (oder andere elektronische Begleiter), Snacks für unterwegs, eine Stirnlampe etc. verstaut, sollte das Gesamtpaket (abzüglich Getränke) höchstens bei zwölf Kilo liegen.

Bei **Trekkingtouren abseits der Infrastruktur** wird der Rucksack zum Kleintransporter: Zelt, Schlafsack und Isomatte sowie die Kochutensilien und der Proviant lassen die Pfunde gehörig steigen. Die Frage, was genau alles mitmuss, lässt sich nicht pauschal beantworten. So ist etwa ein Wildnisabenteuer, auf dem man zu hundert Prozent auf sich gestellt ist, eine andere Hausnummer als eine Tour durch milde Gefilde mit Einkaufsmöglichkeiten entlang der Strecke. Als Faustregel gilt, dass die geschulterte Ausrüstung maximal 20–25 Prozent des eigenen Körpergewichts wiegen sollte – als maximale Dauerbelastung für trainierte Menschen. Alte Hasen wissen schon, wieviel sie sich zumuten können, wer aber das erste Zelttrekking plant, erfährt auf einer Testtour mit dem gesamten eingeplanten Gepäck durch vergleichbares Terrain, ob er der Last gewachsen ist oder ob noch eingespart werden muss.

No. 41

SO PACKST du deinen RUCKSACK RICHTIG

Zum richtigen Beladen des Rucksacks gehört nicht nur das sinnvolle Zusammenstellen der Ausrüstung, sondern auch, wie man sie im Innern verteilt – ein maßgeblicher Punkt, um den Tragekomfort zu erhöhen.

Ins **Bodenfach** ❶ gehören leichte Ausrüstungsteile wie der Schlafsack, die Daunenjacke und andere Bekleidung. Um das ganze Tragesystem zu versteifen und die Lastübertragung zu optimieren, sollte es vollständig gefüllt sein. Auch kleine Leerräume bieten meist noch genug Platz, um etwa Wechselsocken oder -wäsche unterzubringen.

In den rückennahen Teil des **Hauptfachs** ❷ kommen schwere Teile wie das Zelt, die Kochutensilien, Wasser und Proviant. Sie müssen gleichmäßig entlang der Körper-

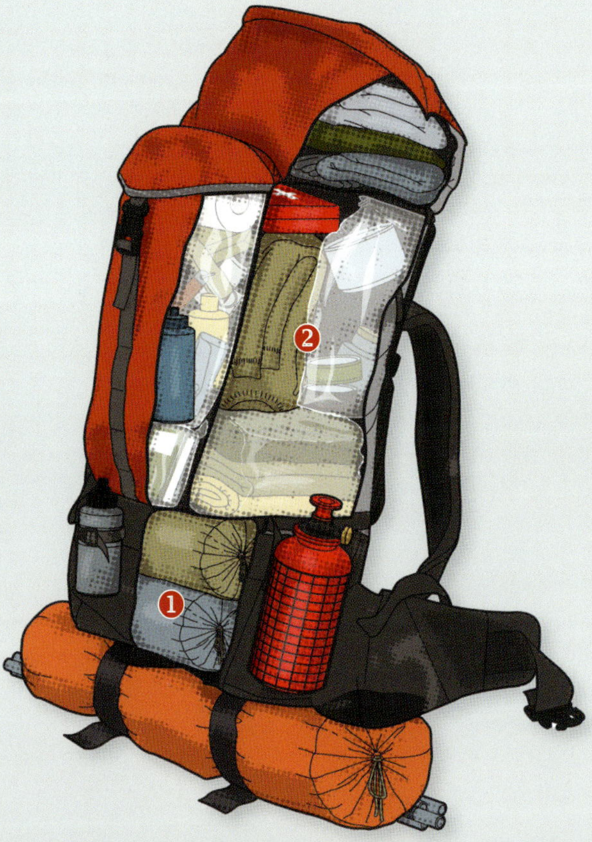

❸

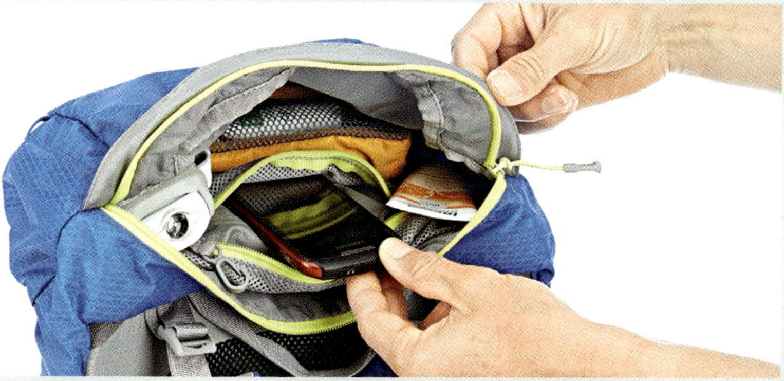

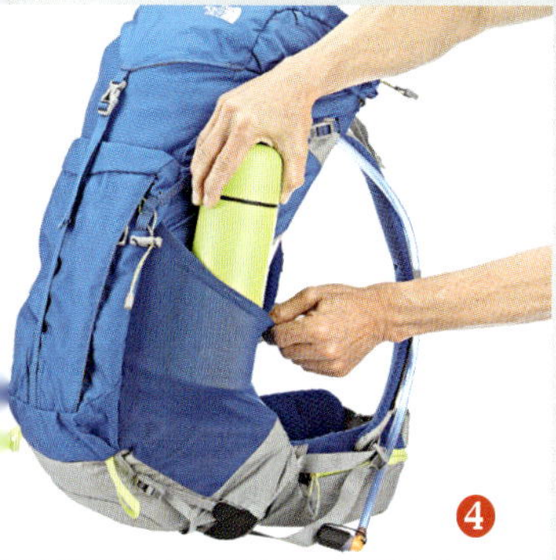
❹

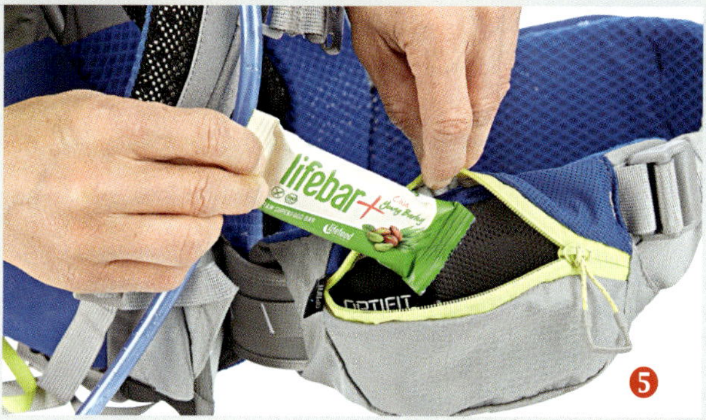

❺

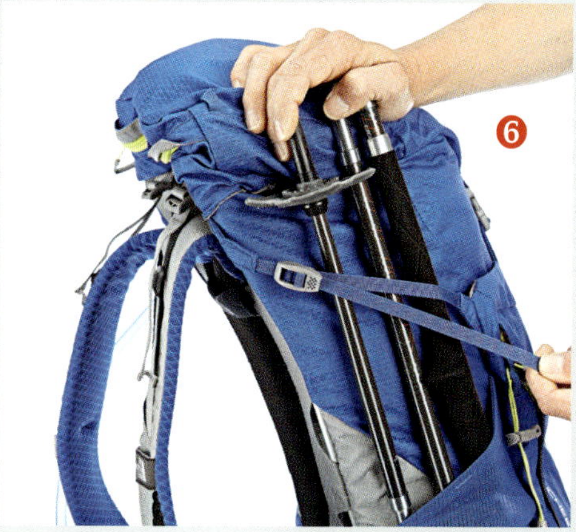
❻

längsachse verteilt sein, um ein Ziehen nach rechts oder links zu verhindern. Geht es durch steiles Gelände, sollten die Schwergewichte möglichst weit unten im Hauptfach (also möglichst nah an der Körpermitte) platziert werden, auf horizontaler Strecke trägt es sich angenehmer, wenn der Schwerpunkt auf Schulterhöhe liegt. Den übrigen Platz im Hauptfach nehmen die restliche Bekleidung, das Erste-Hilfe-Set und andere mittelschwere Dinge ein, zuoberst liegen die Sachen, auf die man schnellen Zugriff braucht – also etwa der Wetterschutz.

Im **Deckelfach** ❸ finden kleine, aber oft benötigte Dinge wie das Smartphone/GPS, das Kartenmaterial, die Sonnencreme und -brille sowie Energieriegel oder andere Snacks Platz. Je nach Modell gibt es dafür auch **Netztaschen** ❹ oder **Zusatzfächer** ❺. Die **äußeren Befestigungsmöglichkeiten** ❻ am Rucksack können bei Bedarf für sperrige, aber leichte Gepäckteile genutzt werden, also etwa die Isomatte oder die Trekkingstöcke.

No. 42

Mach dich für anstrengende TOUREN FIT

Klar, moderate Touren im Flachland oder gemäßigtem Gebirge sind kein Leistungssport – eine normale Kondition und Lust and der Bewegung reichen dafür aus. Doch stehen etwa knackiges Gipfelsammeln, eine mehrwöchige Alpenüberquerung oder ausgiebiges Zelttrekking auf der Wunschliste, muss die Fitness stimmen.

Wie bei allen Sportarten mit relativ gleichmäßiger Belastung über längere Zeit ist auch beim Wandern eine solide **Grundlagenausdauer** das A und O. Die Stärkung der Herz- und Beinmuskulatur sowie der Sehnen und Bänder beansprucht Zeit, daher empfiehlt es sich für Anfänger oder nach einer längeren (Winter-)Pause, mit dem Aufbau mindestens drei Monate im Voraus anzufangen. Der richtige Ansatz dabei lautet: regelmäßig, aber nicht übermäßig. Schon zwei- bis dreimaliges **leichtes Ausdauertraining** (etwa Laufen, Radfahren, Schwimmen) pro Woche reicht, um sich eine gute Basis zu schaffen, die Einheiten sollten mindestens 30 bis maximal 45–60 Minuten dauern. Auch kleine **Verhaltensänderungen** im Alltag bringen Fortschritte, etwa Treppen statt Aufzüge zu benutzen, kürzere Strecken zu Fuß statt mit dem Auto zu absolvieren oder auch mal bei kurzen Wanderungen die komplette Trekkingausrüstung zu schultern.

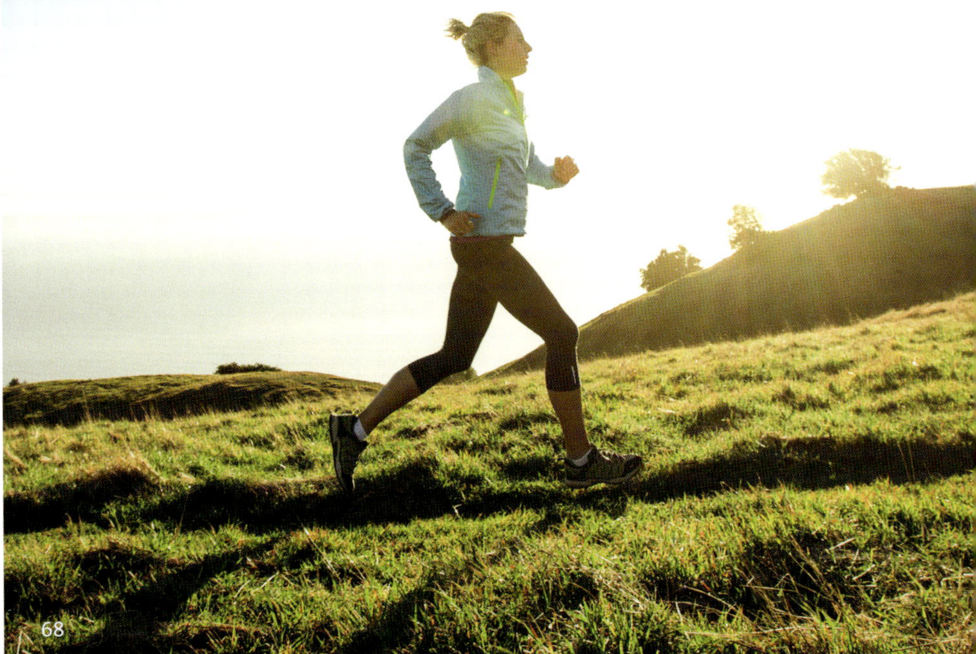

No. 43

So TRAINIERST du einen SICHEREN TRITT

Eine gute Trittsicherheit ist das Ticket, das dir den Zugang in unwegsames Gelände öffnet – also eine Voraussetzung, um viele der schönsten Gebirgstouren effizient und sicher zu absolvieren.

Das beste Training dafür ist **»Learning by Doing«**, gerade was die richtige Einschätzung des Untergrunds betrifft. Doch grundlegende Fähigkeiten wie Gleichgewichtssinn, Koordination und Reaktionsvermögen kannst du auch außerhalb der Berge trainieren – indem du das Terrain simulierst.

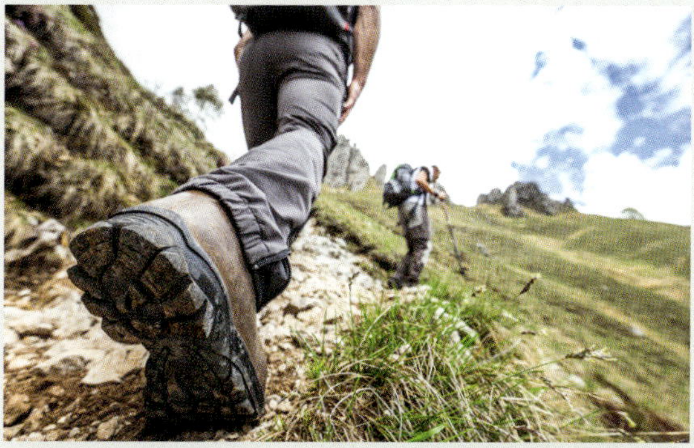

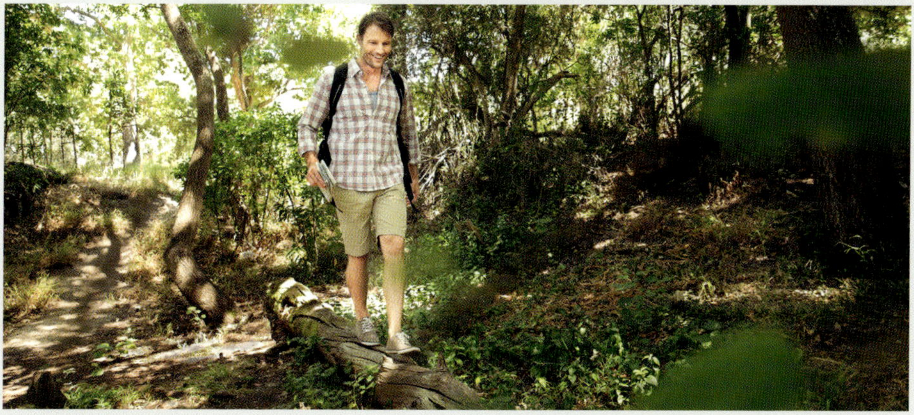

Im Prinzip eignet sich dafür alles, worauf man in sicherer Höhe balancieren kann, also etwa Bordsteinkanten oder auf den Boden gelegte Holzplanken. Wer die Ansprüche erhöhen möchte, baut sich einen **Parcours** aus Ziegelsteinen – zuerst nur eine normale Schrittlänge voneinander entfernt, dann in größeren Abständen. Damit schulst du die senkrechte Belastung der Tritte von oben. Auch in die **tägliche Routine** kannst du kleine Balanceakte einbauen, zum Beispiel beim Zähneputzen nur auf einem Bein stehen.

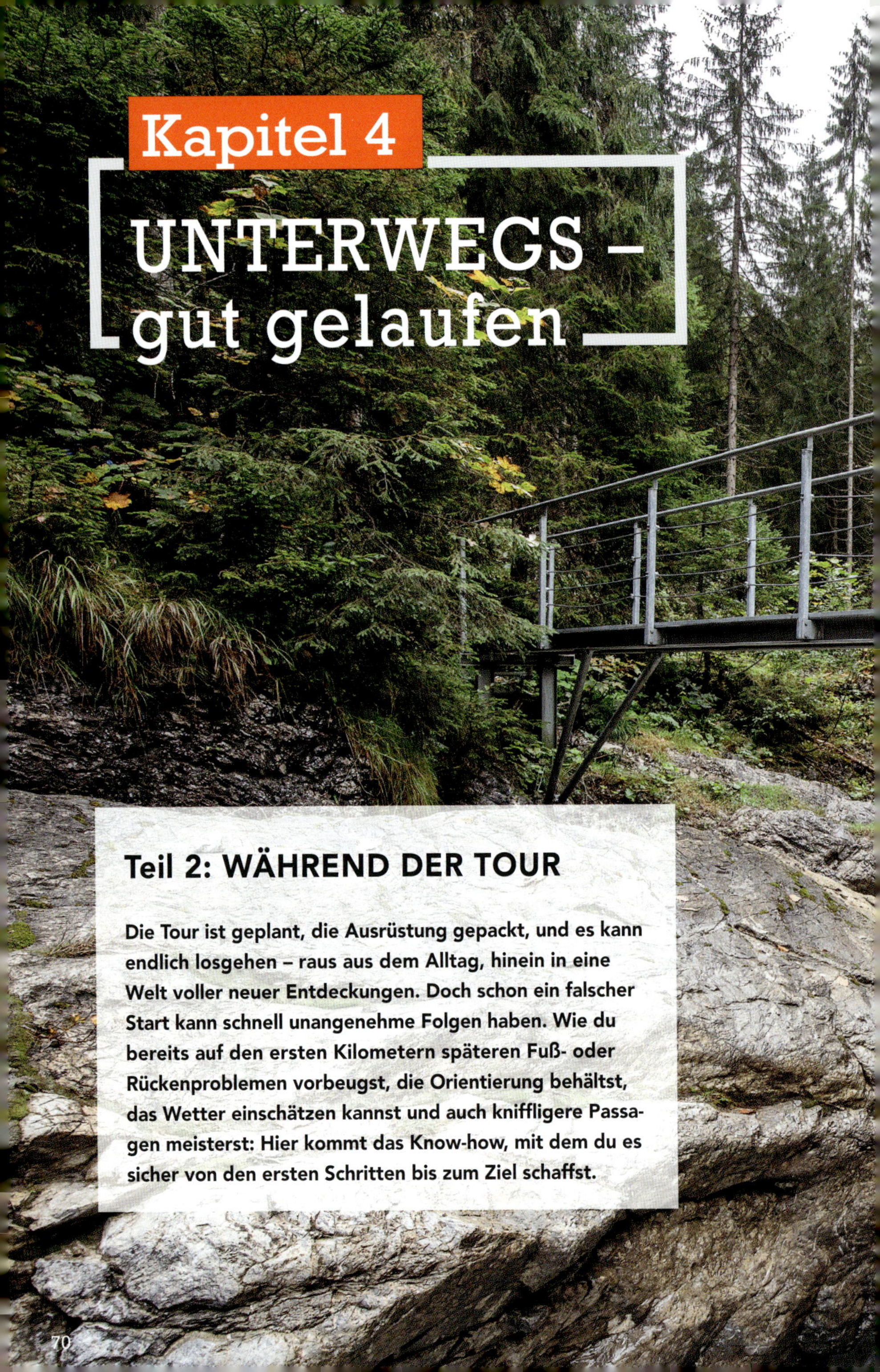

Kapitel 4

UNTERWEGS – gut gelaufen

Teil 2: WÄHREND DER TOUR

Die Tour ist geplant, die Ausrüstung gepackt, und es kann endlich losgehen – raus aus dem Alltag, hinein in eine Welt voller neuer Entdeckungen. Doch schon ein falscher Start kann schnell unangenehme Folgen haben. Wie du bereits auf den ersten Kilometern späteren Fuß- oder Rückenproblemen vorbeugst, die Orientierung behältst, das Wetter einschätzen kannst und auch kniffligere Passagen meisterst: Hier kommt das Know-how, mit dem du es sicher von den ersten Schritten bis zum Ziel schaffst.

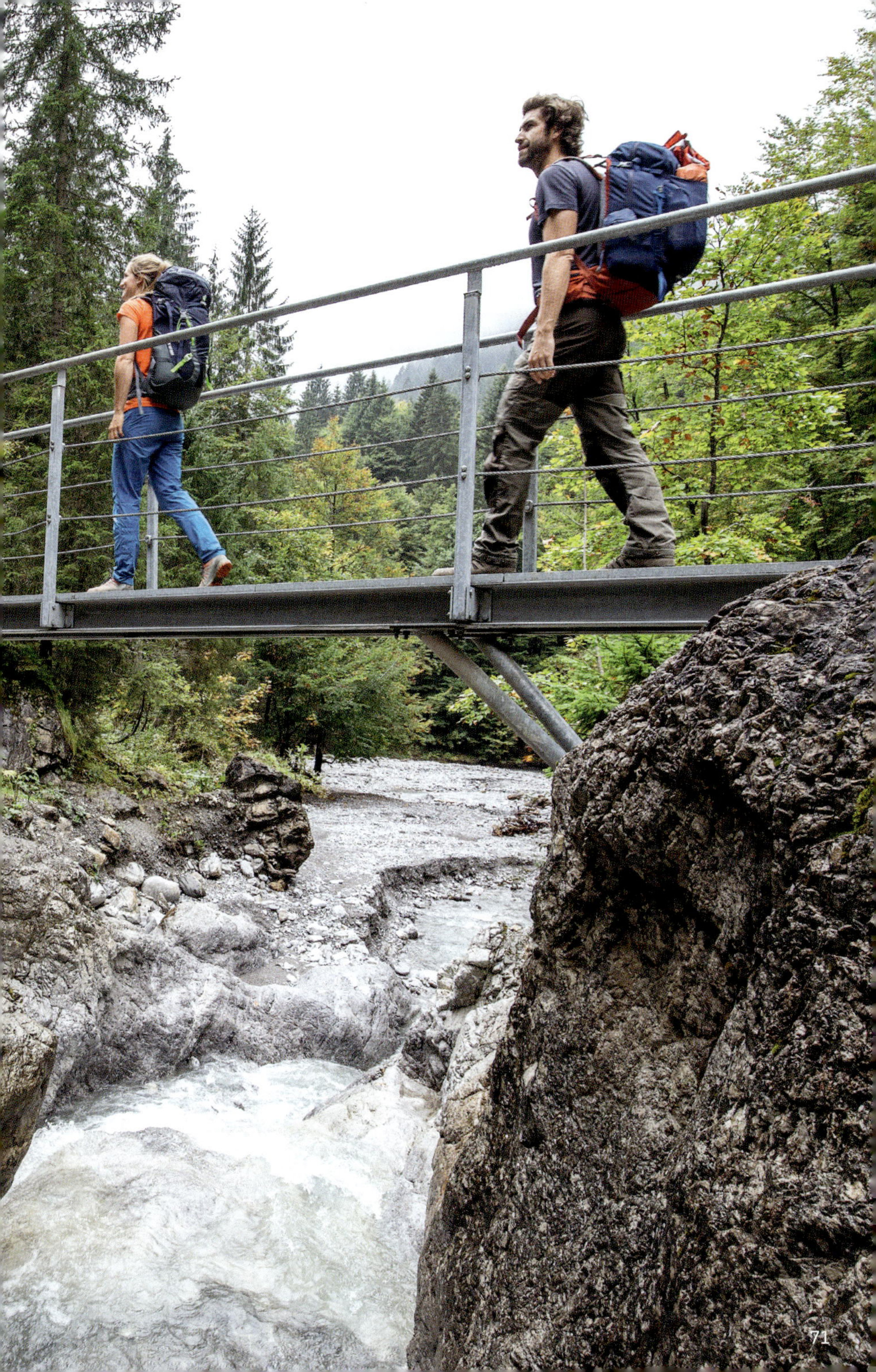

No. 44

Dein ZEITMANAGEMENT: starte früh, check die Kontrollpunkte

Auch falls die eingeplante Tourdauer locker ausreichen sollte, um bei einem Start am Vormittag noch rechtzeitig vor der Dämmerung am Ziel zu sein: Oft lohnt es sich, früh morgens aufzubrechen.

An heißen Sommertagen startest du so bei noch angenehmen Temperaturen und hast genug Zeit für eine **ausgiebige Mittagsrast**, und bevor am späten Nachmittag eventuelle Wärmegewitter drohen, bist du schon am Ziel. Auch bei stark frequentierten Strecken macht es Sinn, den Wecker zu stellen und aufzubrechen, bevor es die anderen tun.

Zwar bringt ein früher Start bei moderaten Touren meist genügend **Pufferzeit** nach hinten mit sich, doch bei längeren Touren solltest du über den Tag verteilt an zwei oder drei **Kontrollpunkten** deinen Fortschritt überprüfen – so merkst du rechtzeitig, ob du im Zeitplan bist oder das Tempo erhöhen, die Pausen verkürzen oder eine Streckenänderung vornehmen musst.

No. 45

HANDUHR

Outdoor HACK

Du willst unterwegs wissen, wie viel Zeit dir vor der Dämmerung bleibt? Bei klarem Himmel und freier Fläche hältst du die zu dir gedrehte Handfläche so in Richtung des Himmels, dass der kleine Finger waagerecht auf dem Horizont »aufliegt« und sich die anderen darüber Richtung Sonne »schichten«. Jeder Finger, der dann zwischen Horizont und Sonnenunterkante (nicht direkt hinsehen!) passt, bedeutet eine Viertelstunde Restsonne zumindest in unseren Gefilden ein brauchbarer Richtwert.

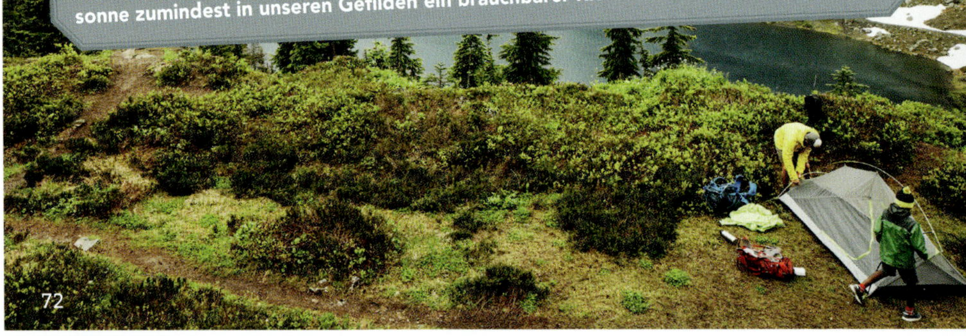

No. 46

So SCHNÜRST du deine WANDERSCHUHE

Schuhe schnüren ist kinderleicht? Im Prinzip schon, doch bei Wanderstiefeln kommt es auf die richtige Technik an, um Probleme wie Blasenbildung, Druck- oder Scheuerstellen sowie Taubheitsgefühle von vorneherein zu vermeiden – oder bei Bedarf durch Umschnüren darauf reagieren zu können. Zudem gibt es keine einfachere Möglichkeit, den Gehkomfort beim Wandern mit wenigen Handgriffen deutlich zu erhöhen.

Alles fängt mit der richtigen **Position** an: Am besten schnürst du die Schuhe im Sitzen, ohne dabei das Schienbein zu nahe am Körper zu positionieren. Es sollte ungefähr in rechtem Winkel oder leicht schräg zum Fuß stehen, da ansonsten der Schaftbereich nach dem Aufstehen zu locker sitzt. Die Zunge liegt dabei mittig (meist lässt sie sich durch eine Schlaufe oder einen Haken fixieren) und wird straff nach oben gezogen.

Die **klassische Schnürung** beherrscht jeder im Schlaf: Dabei werden die Schnürbänder von unten nach oben fortlaufend über Kreuz eingefädelt und über der letzten Öse zugebunden. Die nur geringe Spannung sorgt für ein angenehmes Tragegefühl und reicht auch für einfaches ebenes bis leicht ansteigendes Gelände. Doch sobald das Terrain steiler und anspruchsvoller wird, braucht der Fuß im Schuh mehr Halt.

Nun kommt die **Zwei-Zonen-Schnürung** zum Einsatz. Dabei werden der Zehen- und Spannbereich sowie der Schaftbereich getrennt voneinander geschnürt, um den Sitz optimal an die Fußform und die Gegebenheiten anzupassen. Möglich macht diese Unterteilung bei den meisten Bergschuhen ein **Tiefzughaken** in Höhe des Knöchels. Handelt es sich nicht um eine selbst blockierende Feststellöse, hakt man hier die Schnürbänder von oben ein, wodurch sie sich überkreuzen. So entstehen zwei Reibungspunkte, die die Schnürung fixieren und dadurch in die beiden Zonen unterteilen. Um einen möglichst festen Halt im Spannbereich zu erreichen, setzt man diese Einhaktechnik von oben bei den darüberliegenden Ösen fort.

Wie fest man die beiden Zonen jeweils schnürt, hängt zwar individuell vom Tragegefühl ab, doch generell lautet die Empfehlung, **bergauf** den Spannbereich mittel bis fest zu schnüren, den Schaftbereich jedoch etwas lockerer – dies erlaubt mehr Bewegungsfreiheit beim Ansteigen. **Bergab** sollten beide Zonen fest geschnürt werden, um Stabilität und Halt zu optimieren. Dies verhindert zudem, dass der Fuß zu weit nach vorn rutscht und die Zehen anstoßen.

Die richtige Nutzung der Zwei-Zonen-Technik gehört zum Einmaleins des Schnür-Handwerks, doch es gibt noch weitere Kniffe, mit denen sich das Zusammenspiel zwischen Fuß und Schuh optimieren lassen: Menschen mit einem hohen Fußrücken (oder etwa einer Schwellung darauf) verringern unangenehmen Druck in diesem Bereich durch die **Parallelschnürung**. Dabei überkreuzt man die Schnürsenkel an dieser Stelle nicht, sondern fädelt

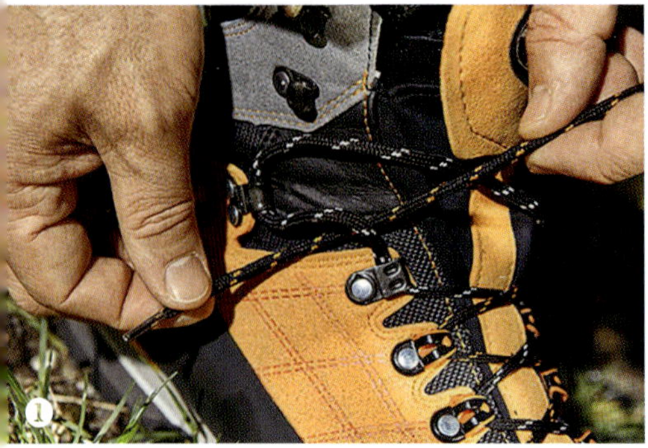

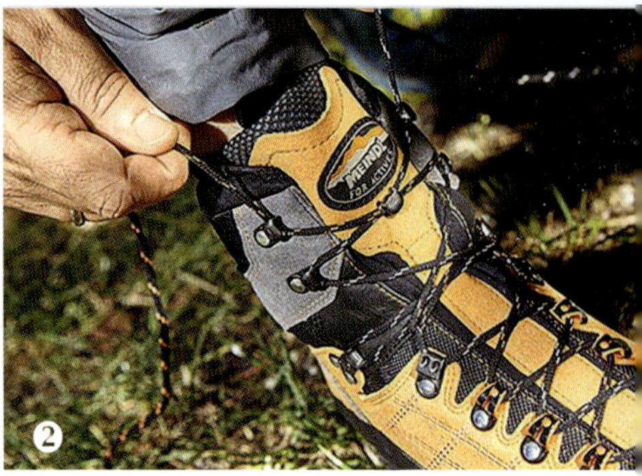

sie erst durch zwei (oder mehr) übereinanderliegende Ösen auf der gleichen Seite.
Etwas komplizierter wird es, wenn die Ferse zu viel Spielraum hat, sich also bei jedem Abrollen des Fußes nach oben bewegt – der sogenannte Fersenschlupf und gefürchtete Blasenverursacher Nummer eins. Verhindern lässt er sich mit der **Flaschenzug-Schnürung**. Dabei fädelt man die Senkel von der jeweils obersten Öse des Spannbereichs direkt von unten durch den Tiefzughaken auf derselben Seite. Unter die so entstandene Verbindung zwischen der oberen Öse und dem Tiefzughaken führt man nun den jeweils **gegenüberliegenden Senkel hindurch** ❶. Durch das anschließende Straffziehen erhöht sich der Druck auf den Spann und die Ferse wird besser in der **Fersenbox fixiert** ❷.

No. 47

NACHSCHNÜREN nicht vergessen!

Egal wie gut man seine Schuhe vor dem Losmarschieren auch bindet: Schon nach kurzer Zeit lockert sich der Sitz, da durch die Belastung beim Gehen die Schnürsenkel und die Polsterung des Schuhs etwas nachgeben.

Deshalb sollte es sich jeder zur Routine machen, **nach 15 bis 20 Minuten** ein erstes Mal nachzuschnüren. Da sich aber die Füße im Laufe des Tages ausdehnen und sich oft auch das Schuhmaterial durch die steigenden Temperaturen etwas dehnt, lohnt es sich bei längeren Touren, auch später noch einmal nachzuschnüren – besonders dann, wenn ein **Wechsel zwischen Auf- und Abstieg** ansteht oder eine knifflige Passage ein Extra an Halt und Stabilität fordert. Ausziehen sollte man die Schuhe zumindest bei kürzeren Pausen besser nicht, denn dann neigen die Füße dazu, anzuschwellen und werden anfälliger für **Druckstellen und Blasen**. In besonderem Maße gilt das nach einem Fußbad im Bach oder Bergsee – anschließend unbedingt die Füße vollständig trocknen (lassen)!

No. 48

Trage deinen RUCKSACK richtig

Der Rucksack kann noch so gut zum Körper passen und mit perfekter Gewichtsverteilung gepackt sein – wer ihn dann aber nicht individuell einstellt und/oder falsch trägt, jammert bald über einen schmerzenden Rücken, verspannte Schultern oder einen steifen Nacken.

Um dein Hab und Gut unterwegs möglichst komfortabel zu transportieren, lockerst du zuerst alle Riemen uns schlüpfst in die Schultergurte. Bei **schwerer Last** hebst du den Rucksack dazu am besten auf eine Erhöhung, etwa einen Felsblock oder einen Tisch. Dann gilt es, den Hüftgurt mittig auf der oberen Kante des Hüftknochens festzuzurren – großes Gewicht wuchtet man am einfachsten in die richtige Position, wenn man den Oberkörper dabei nach vorn beugt.

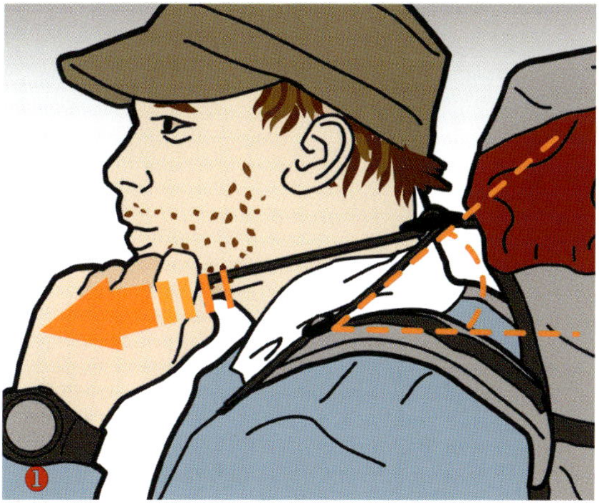

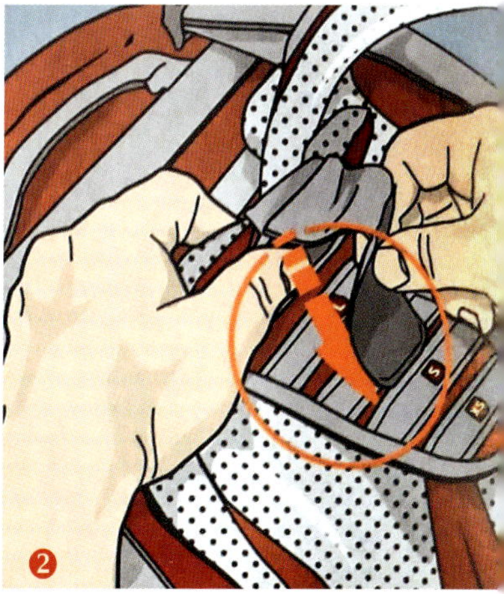

Nun werden die Schulterträger festgezogen – aber nicht zu stark, denn die Hauptlast muss weiterhin spürbar auf dem Becken liegen. Dies unterstützen die **Lastkontrollriemen** zwischen den Schulterträgern und dem Oberteil des Rucksacks. Dabei ist die richtige **Einstellung** ❶ wichtig: Sie sollten von Höhe des Schlüsselbeins in einem Winkel von 30–60 Grad ansteigen (bei Tagesrucksäcken 0–30 Grad), was sich über die **Leiterschnallen** auf den Schultergurten gegebenenfalls nachjustieren lässt ❷. Durch das Anziehen der Lastkontrollriemen verringert sich das auf die Schultern wirkende Gewicht, für weitere Entlastung sorgt dann der **geschlossene Brustgurt**, der die Schultergurte an ihrem Platz hält und ein seitliches Schwanken des Rucksacks verhindert.

No. 49

FÜR ALLE WETTER: So kombinierst du die KLEIDUNGSSCHICHTEN

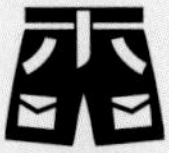

1 = Grundausstattung: Kurze/dünne Wanderhose, leichtes Funktionsshirt/-hemd

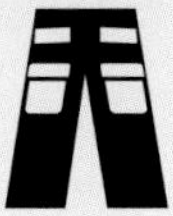

2 = Grundausstattung: lange Wanderhose, (langärmeliges) Shirt/Hemd, evtl. warme Unterwäsche

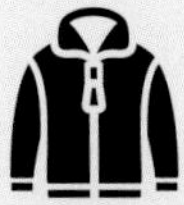

3 = Kälteschutz: je nach Bedarf etwa Fleece- oder leichte Daunenjacke

4 = Wetterschutz: je nach Temperaturen leichte Regenjacke, Softshell oder Funktionsjacke

Aktivität	**0° bis +7°**	**+8° bis +15°**	**+16° bis 23°**
Einfache Tour, windstill	**2 + 3, bei Bedarf 4** Wanderhose und Fleece reichen meist aus, Verfrorene wählen dazu eine lange Unterhose und die Funktionsjacke.	**2 bei Bedarf 4** Zwar reichen eine lange Hose und ein Wanderhemd meist aus, zusätzliche Wärme etwa bei Pausen liefert die Funktionsjacke.	**1 oder 2, bei Regen 4** Je nach persönlichem Temperaturempfinden kurze oder lange Grundausstattung plus leichte Regenjacke.
Einfache Tour, windig	**2 + 3 + 4** Die Funktionsjacke hält den Wind ab, auch eine Mütze und Handschuhe solltest du mitnehmen. Frostbeulen tragen warme Unterwäsche.	**2 + 4** Funktionsjacke an - Ventilationsöffnungen auf. So regulierst du das Körperklima einfach und effektiv.	**1 oder 2, bei Regen 4** Bei diesen Temperaturen macht der Wind meist nichts aus. Kleide dich wie bei Windstille.
Anstrengende Tour, windstill	**2 + evtl. 3, bei Regen 4** Als oberste Schicht reicht oft eine Softshell, wer leicht friert, trägt darunter noch ein dünnes Fleece.	**2 + bei Regen 4** Optimal eignen sich eine leichte Trekkinghose und ein langes Funktionsshirt oder -hemd.	**1 + bei Bedarf 4** Zieh Shorts und ein dünnes Funktions-T-Shirt mit hoher Kühlwirkung an. Sonnenhut nicht vergessen!
Anstrengende Tour, windig	**2 + evtl. 3 oder 4** Zieh dich wie bei Windstille an, aber denke an Handschuhe, Mütze und notfalls auch die Funktionsjacke.	**2 + bei Bedarf 4** Die Grundausstattung bei Windstille ergänzt nun eine winddichte Weste oder leichte Softshell..	**1 + bei Bedarf 4** Kleide dich wie bei Windstille und freue dich über die erfrischende Brise.

No. 50

SO ENTZIFFERST du die WANDERKARTE

Man kann es nicht oft genug betonen: Auch im digitalen Zeitalter gehört das richtige Lesen von topografischen Karten zum Einmaleins für jeden, der gerne durch die Natur streift.

Denn so praktisch und einfach die Navigation per Smartphone und GPS auch ist: Machen die Batterien schlapp oder geht die Technik kaputt, findet man sich schnell orientierungslos in unbekanntem Gelände wieder – eine Situation, die in abgeschiedenem, anspruchsvollem und unübersichtlichem Terrain schnell zum Desaster führen kann.

Topografische Karten stecken voller Informationen, die sich aber Ungeübten nicht auf den ersten Blick erschließen. Daher empfiehlt es sich, auch auf einfachen, markierten Strecken die Orientierung anhand von Kartenmaterial zu üben – schon bei der Planung lässt sich erkennen, wie die Landschaft während der Tour ungefähr aussehen wird und wo eventuelle Schlüsselpassagen lauern.

Wie detailliert eine Karte über die Gegebenheiten vor Ort informiert, hängt von ihrem **Maßstab** ab. Bei Wanderkarten liegt dieser in der Regel bei 1:50000 oder 1:25000. Ersterer ist – trotz der größeren Zahl – der kleinere Maßstab, bildet die Landschaft also vereinfachter dar als der zweite. Konkret heißt das, dass bei einem Maßstab von 1:50000 ein Zentimeter auf der Karte 50000 Zentimetern (= 500 Metern) in der Realität entsprechen. Im Flachland oder im Mittelgebirge reicht dies in der Regel aus, gerade auch bei mehrtägigen Touren lässt sich bei der Wahl dieses Maßstabs die Papierlast kleinhalten. Geht es aber in komplexeres, vielleicht sogar wegloses Gelände, hat man mit dem größeren Maßstab 1:25000 (1 cm = 250 m) einen genaueren Überblick. Bei relativ geradem Wegverlauf lässt sich die Distanz zwischen A und B schon mit dem bloßen Auge gut abschätzen, stark gewundene Pfa-

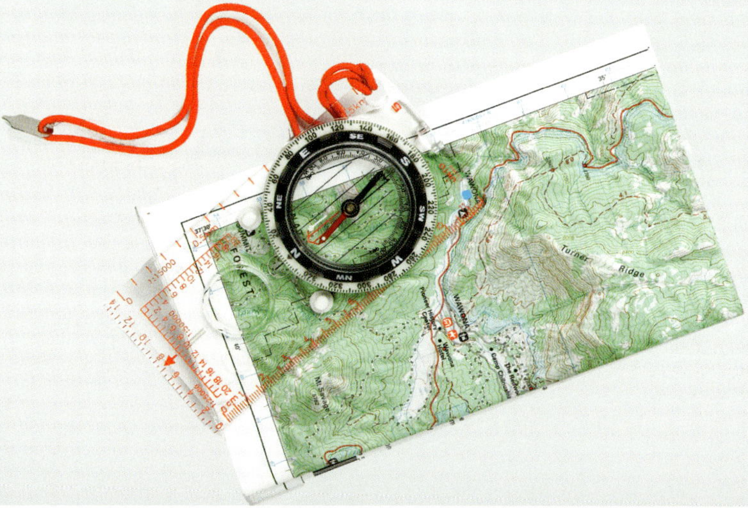

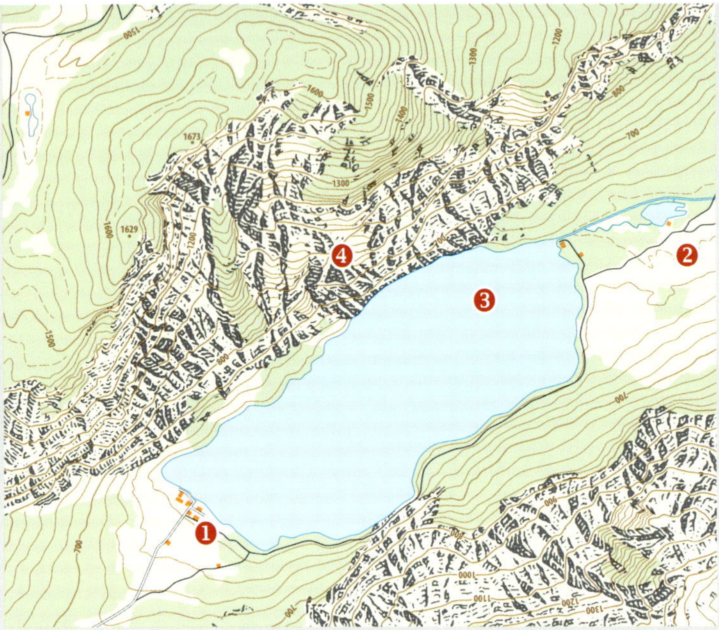

de fährt man entweder mit einem **mechanischen Kartenmesser** ab oder legt die Route mit einem dünnen Wollfaden nach, den man dann mit dem Zentimetermaß auf der Karte abgleicht.

Um die Karte in Einklang mit der Umgebung zu bringen, muss man sie zunächst einnorden. Sofern nicht anders angegeben, liegt der Norden auf Karten immer oben. In welche Richtung man sie hält, lässt sich natürlich am genausten mit dem Kompass feststellen, hat man keinen dabei, helfen markante Geländepunkte (etwa Berge, Seen oder Flüsse) oder die Bestimmung der Himmelsrichtung anhand der Sonne oder anderer Hilfsmittel aus der Natur.

Was das für Laien unübersichtliche »Wirrwarr« an verschiedenen Linien, Farbfeldern und Piktogrammen bedeutet, erklärt die **Legende** am Kartenrand. Dargestellt werden sowohl sichtbare Objekte (also etwa Straßen, Siedlungen und Seen) als auch unsichtbare Landschaftsmerkmale (wie z. B. Höhenlinien und Grenzverläufe). Bei der Gestaltung unterscheiden die Kartografen drei Kategorien: **punktbezogene Objekte** ❶ wie Berggipfel, Türme und Schutzhütten, **linienbezogene Objekte** ❷ wie Straßen, Wege und Wasserläufe, sowie **flächenbezogene Objekte** ❸ wie Seen, Wälder und Moore.

Eine der relevantesten Informationen für Outdoor-Sportler betrifft die differenzierte Einzeichnung der Wege – nicht nur bei der Planung, sondern auch, wenn es unterwegs zu einer (unfreiwilligen) Änderung der Route kommen sollte. Denn in guten Karten lässt sich ersehen, wie anspruchsvoll die anvisierte Strecke sein wird. Meist werden drei Schwierigkeitsgrade unterschieden: **Durchgehende Linien** zeigen breite, einfach zu gehende Wege, **gestrichelte Linien** markieren schmale Wanderpfade, die bereits Trittsicherheit erfordern, **gepunktete Linien** stellen Steige dar, setzten also Bergerfahrung und Schwindelfreiheit voraus.

Um auch auf einer zweidimensionalen Karte einen Eindruck von der dreidimensionalen Wirklichkeit vermitteln zu können, bedienen sich Kartografen zweier Hilfsmittel: Zum einen ist dies die **Schummerung** ❹, mit der die Steilheit von Reliefformen anhand von Flächentönungen dargestellt wird. Vereinfacht gesagt: Je dunkelgrauer die Fläche, desto steiler das Gelände, je nach Methode wird der plastische Eindruck dabei noch durch einen simulierten Schattenwurf verstärkt.

Zum anderen geschieht dies durch **Höhenlinien** ❺, die durchgehend entlang von Punkten auf gleicher Meereshöhe verlaufen, also stets denselben Höhenunterschied zueinander haben. Dieser wird auch als **Äquidistanz** bezeichnet und in der Legende angegeben – in der Regel sind es zehn oder 20 Meter. An der Nähe der Höhenlinien zueinander lässt sich die Steilheit des Terrains erkennen. Ob es ansteigt oder abfällt, verraten die **Höhenlinienzahlen** ❻: Sie sind so platziert, dass sie in Richtung der Steigung lesbar sind.

Mithilfe der Höhenlinien lässt sich also nicht nur absehen, wie steil der Weg in Relation zu ihnen verläuft und wie viele Höhenmeter vor einem liegen, sondern auch, wie groß die reale Distanz zwischen Punkt A und Punkt B ist: Hat man die horizontale Entfernung ermittelt, addiert man die vertikale hinzu.

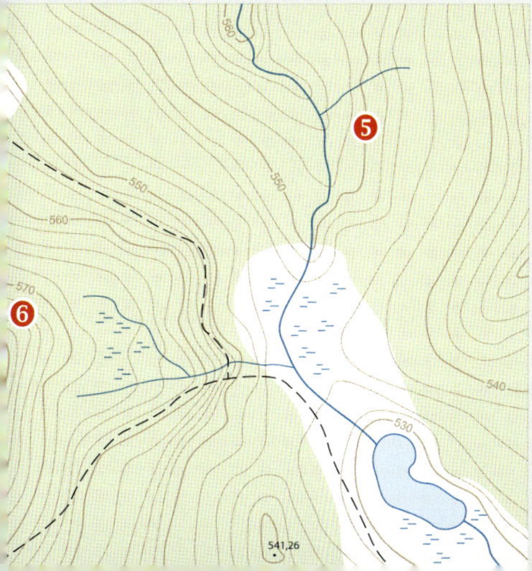

Auch bei der genauen Standortbestimmung können die Höhenlinien eine große Hilfe sein: Bewegt man sich durch kontinuierlich ab- oder aufsteigendes Gelände und hat man einen Höhenmesser (z. B. Multifunktionsuhr) dabei, lässt sich der aktuelle Aufenthaltsort ziemlich genau bestimmen – vorausgesetzt, der Höhenmesser ist korrekt justiert. Wer einen dabeihat, sollte es sich zur Angewohnheit machen, ihn regelmäßig an Punkten mit exakten Höhenangeben – etwa an Wegkreuzungen, Brücken, Hütten und Gipfeln – auf den neuesten Stand zu bringen.

Es ist eine Sache, zu wissen, wo genau man sich auf der Karte befindet. Doch was, wenn man einen Wegpunkt exakt weitergeben will – etwa um einen Treffpunkt auszumachen oder einen Notruf abzusetzen? Üblicherweise ist auf neueren topografischen Karten das global gültige **UTM-Gitter** (UTM=Universal Transverse Mercator) mit den entsprechenden Koordinaten am Rand abgedruckt. Hast du herausgefunden, in welchem Gitterfeld der zu bestimmende Punkt liegt, erhältst du den ersten groben Ostwert immer von der links bzw. westlich gelegenen Koordinatenlinie. Um ihn genauer zu bestimmen, ermittelst du nun noch den Abstand zwischen dieser Linie und dem exakten Punkt in Metern und addierst diese zur entsprechenden Ost-Koordinate. Den zweiten Teil bildet der Nordwert, der von der unterhalb bzw. südlich verlaufenden Koordinatenlinie aus berechnet wird.

No. 51

Behalte die ORIENTIERUNG auch unter ERSCHWERTEN BEDINGUNGEN

Eindeutig erkennbare Wanderwege und Beschilderungen an jeder Gabelung sind ein Luxus, den man nicht überall findet.

Spätestens, wenn es durch wenig markiertes oder wegloses Terrain geht, solltest du auch ohne digitale Unterstützung stets wissen, wo du ungefähr bist, wie es weitergeht – und notfalls auch zurück.

Der wichtigste Grundsatz dabei: Immer mit **offenen Augen** durch die Natur ziehen und markante Geländepunkten zur Orientierung nutzen. Zu wissen, welche entlang der Strecke liegen oder die Marschrichtung vorgeben, gehört zu einer gewissenhaften Tourenplanung. Doch auch auf der Karte nicht eingezeichnete Punkte (wie etwa auffällige Felsformationen oder markante Bäume) entlang des Wegs sollte man sich einprägen, um nach einem Verlaufen zumindest wieder den Rückweg zu finden. Auch der regelmäßige **Blick nach hinten** ist wichtig, denn aus der entgegengesetzten Richtung sieht die Landschaft meist anders aus. Fehlt es bei kritischen Stellen an natürlichen Wiederkennungsmerkmalen, hilft es, kleine **»Steinmännchen«** zu bauen oder Äste am Wegpunkt auszulegen bzw. in den Boden zu rammen. Bei Routen durch karge und steinige Regionen haben oft schon andere den Streckenverlauf auf diese Weise markiert, doch ohne Gegenkontrolle der Richtung sollte man solchen Hinterlassenschaften nicht blindlings vertrauen – was auch für Trittspuren gilt, die möglicherweise in die Irre führen können.

Reichen die Karte und der Blick in die Umgebung nicht aus, um zumindest grob feststellen zu können, wo man sich gerade befindet, kommt bei der analogen Navigation der **Kompass** zum Einsatz. Mit ihm lediglich die Himmelsrichtung zu bestimmen, ist kein Hexenwerk: Es reicht, den Kompass waagerecht zu halten oder hinzulegen, sodass sich die Kompassnadel frei bewegen kann. Sie richtet sich nun nach dem **magnetischen Nordpol** aus. Was man beim Einnorden von Wanderkarten beachten muss: Diese sind nach dem **geografischen Nordpol** ausgerichtet, der je nach Region deutlich vom magnetischen abweichen kann – die sogenannte Missweisung, die sich an hochwertigen Kompassen einstellen lässt. In Deutschland ist die Missweisung mit nur ungefähr ein bis drei Grad relativ gering, anders sieht es zum Beispiel in Nordkanada aus, wo sie über 20 Grad betragen kann.

Die **Standortbestimmung per Kompass durch Kreuzpeilung** ist etwas kniffliger als die einfache Bestimmung der Himmelsrichtungen. Sie sollte sorgfältig durchgeführt und schon vor der Tour geübt werden. Du brauchst dafür mindestens zwei markante Geländepunkte (auch Gebäude, Sendemasten, o. Ä.), die in der Karte eingezeichnet sind, und einen gut gespitzten Bleistift. Nun peilst Du den ersten Geländepunkt über das Kompassvisier an und drehst den Skalenring, bis dessen Nordmarkierung mit der Nordspitze der Magnet-

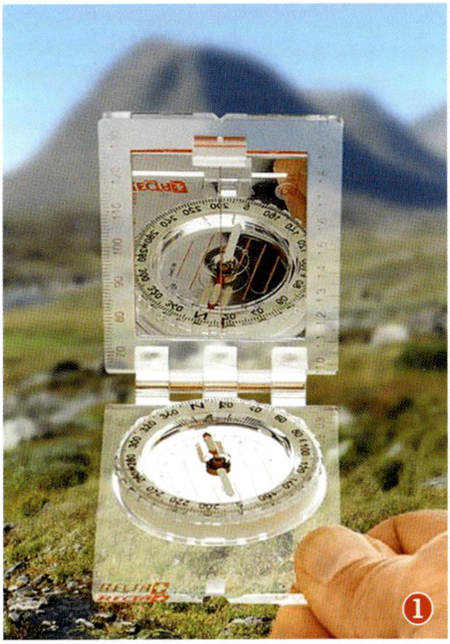

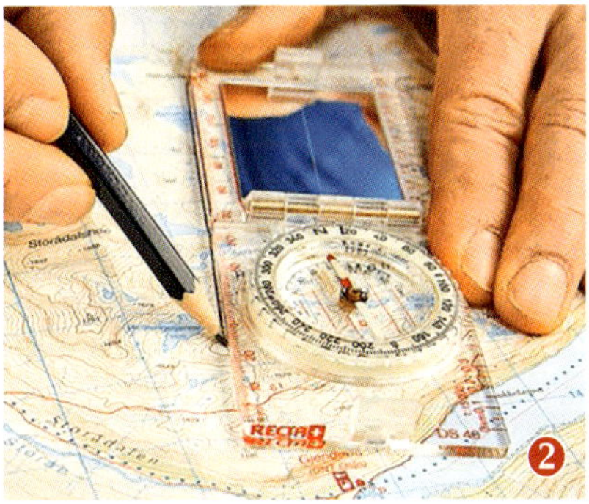

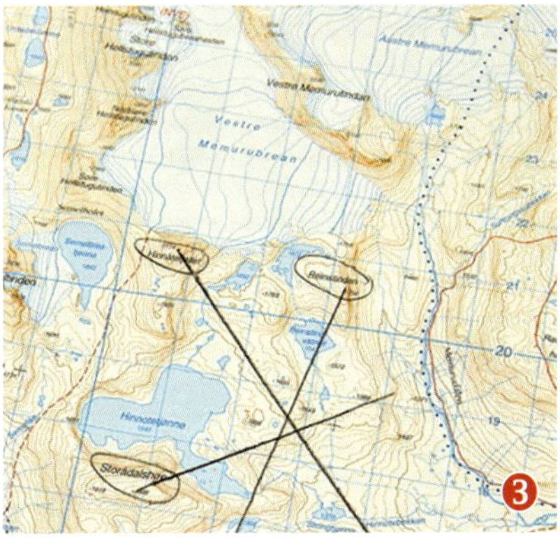

nadel **übereinstimmt** ❶. Anschließend platzierst du die Anlegekante des Kompasses auf der eingenordeten Karte genau an den dort eingezeichneten Peilpunkt und richtest den Kompass nach Kartennord aus. Dabei helfen die Linien auf dem durchsichtigen Kompassboden. Jetzt ziehst du entlang der Anlegekante einen Strich – irgendwo auf diesem liegt bei genauer Peilung dein **Standort** ❷. Um herauszufinden, wo genau du dich befindest, wiederholst du die Peilung mit dem zweiten und eventuell dritten markanten Punkt und überträgst diese auf die **Karte** ❸. Dort, wo sich die Linien nun kreuzen, stehst du.

Doch was, wenn man zwar weiß, wo man ist, aber das Gelände bietet keine brauchbaren Anhaltspunkte für die Orientierung zum Ziel? Wenn dichter Nebel aufzieht oder die Nacht hereinbricht? Dann heißt es: weiter nach **Marschzahl**. Sie beziffert die Winkelabweichung zwischen der Nordrichtung und der angepeilten Route zum Ziel und lässt sich ebenfalls mit dem Kompass (aber auch mit einem **Winkelmesser** oder **Planzeiger**) ermitteln. Dazu ziehst du zuerst auf der eingenordeten Karte eine Linie von deinem Standpunkt zum Etappenziel. Liegt nicht oder nur schwer passierbares Gelände (etwa große Seen, tiefe Schluchten oder steile Berge) auf dieser Linie, macht es Sinn, die angepeilte Strecke in zwei oder mehrere Abschnitte zu unterteilen. Entlang der Linie(n) platzierst du die Anlegekante des Kompasses und richtest den Skalenring nach Kartennord aus. An diesem lässt sich nun die Marschzahl ablesen, in deren Richtung es weitergeht.

No. 52

So bestimmst du die HIMMELSRICHTUNGEN auch OHNE KOMPASS

Im Notfall muss zumindest die grobe Orientierung auch ohne Hilfe von Satelliten oder Magnetfeldern klappen. Ob mit oder ohne Karte: Das Wichtigste ist die Kenntnis der Himmelsrichtungen, die sich durch mehrere Methoden bestimmen lassen.

Das bekannteste Hilfsmittel, den **Sonnenstand**, und die dazugehörige Eselsbrücke kennt wohl fast jeder: »Im Osten geht die Sonne auf, im Süden nimmt sie ihren Lauf, im Westen wird sie untergehen, im Norden ist sie nie zu sehen.« Befindest du dich in mittleren geografischen Breiten auf der Nordhalbkugel, trifft das auch zu, doch auf der Südhalbkugel müssen Süden und Norden im Merkspruch vertauscht werden. Ist man nicht gerade in Äquatornähe oder jenseits der Polarkreise unterwegs, lässt sich die Himmelsrichtung am Morgen, zur Mittagszeit und am Abend also mehr oder weniger genau bestimmen. Doch um auch vormittags und nachmittags mithilfe der Sonne möglichst exakt die Richtung zu finden, muss man etwas tiefer in die Trickkiste greifen.

Gute Dienst dabei leistet eine **Analoguhr** (oder auch die Zeichnung ihres Ziffernblatts): Auf der Nordhalbkugel richtest du den Stundenzeiger zur Sonne aus. Den kleineren Winkel, den dieser nun mit der 12-Uhr-Marke (in der Winterzeit) oder der 1-Uhr-Marke (in der Sommerzeit) bildet, halbierst du. Diese Winkelhalbierende zeigt dann ungefähr nach Süden. Auf der Südhalbkugel funktioniert der Trick andersherum: Zeigt die 12-Uhr-Marke zur Sonne, ermittelst du die Winkelhalbierende zwischen dieser und dem Stundenzeiger – und weißt dann, wo in etwa Norden liegt.

Eine geniale Alternative dazu ist die **Schattenspitzenmethode**. Dazu steckst du einen geraden Ast oder (Trekking-)Stock aufrecht in eine ausreichend ebene Stelle und markierst den Punkt, an dem der Schattenwurf endet. Nun heißt es abwarten, bis diese Schattenspitze ein Stück weit »gewandert« ist – bei einem zirka ein Meter langen Stock reichen zirka 15 Minuten, ist er länger, geht es noch schneller. Nun markierst du auch die zweite Schattenspitze und verbindest sie mit der ersten. Die so entstandene Linie zeigt grob in West–Ost-Richtung. Anders gesagt: Stellst du nun deinen linken Fuß auf die erste, den rechten Fuß auf die zweite Schattenspitzenmarkierung, blickst du ungefähr nach Norden.

Ist die Sonne schon untergegangen, helfen andere Himmelskörper bei der Richtungsbestimmung. Der prominenteste Wegweiser aus dem All trägt seine Namen nicht von ungefähr: **Der Nord- oder Polarstern** steht ziemlich genau über dem Nordpol. Zumindest bei klarem Himmel ist er (nur auf der Nordhalbkugel!) das ganze Jahr sehr einfach zu finden: Hast du den Großen Wagen (auch: Großer Bär) im Blick, verlängerst du die hintere »Wagenwand« gegenüber der »Deichsel« fünf Mal – und triffst dann auf den besonders hell leuchtenden Nordstern.

Zu den weiteren Konstellationen, die auch ungeübte Sternengucker leicht ausmachen können, gehört der **Orion**, der wie eine schräg stehende Sanduhr aussieht. Er geht im Osten auf und im Westen unter, zeigt sich in der nördlichen Hemisphäre eher im Winter sowie auf der südlichen im Sommer.

Den wichtigsten nächtlichen Hingucker bei Touren auf der Südhalbkugel bildet das kleine, aber sehr markante Sternbild Crux – das berühmte **Kreuz des Südens**. Hast du die vier Sterne, die es bilden, gefunden und zeigt dann die längere Achse senkrecht zur Erde, weist es bereits nach Süden. Steht das Kreuz jedoch schräg, verlängerst du die Längsachse gedanklich um den Faktor 4,5, und ziehst die Linie dann senkrecht zum Horizont hinab – dann weißt du, wo die gesuchte Himmelsrichtung zu finden ist.

Ob dicke Wolkendecken oder dichtes Blätterdach: Nicht immer kann man bei der Navigation auf die Hilfe der Sonne und anderer Sterne rechnen. Doch die Natur bietet weitere Anhaltspunkte, die zumindest ein Abschätzen der richtigen Himmelsrichtung ermöglichen. In Europa hilft oft ein Blick auf die **Bäume**: Neigen sich freistehende Exemplare oder auch eine ganze Gruppe zur Seite, geschieht dies meist ostwärts, denn der Wind kommt auf unserem Kontinent meist von Westen. Weitere Richtungsindikatoren an Bäumen sind Spinnennetze und Ameisenhaufen – sie findet man vermehrt an der Südseite.

Auch andere **Pflanzen** können den Weg weisen: Wachsen die Blätter auf einer Seite auffallend dichter oder dicker, liegt diese in der Regel nach Süden hin. Zudem gibt es eine ganze Reihe an Gewächsen, die nicht von ungefähr als **Kompasspflanzen** bezeichnet werden: Sie richten ihre Blätter in Nord–Süd-Richtung aus. Zu den in unseren Gefilden häufig vorkommenden Arten zählen zum Beispiel der Stachel-Lattich und der Rainfarn.

No. 53

MOOS wächst an der NORD-WEST-SEITE der BÄUME?

MYTH Buster

Die Himmelsrichtung anhand der Moosteppiche an Baumstämmen zu bestimmen, gehört wohl zu den bekanntesten Pfadfinder-Tricks. Doch Schatten an der Nordseite sowie (in unseren Gefilden) Feuchtigkeit durch Wind meist aus Westen sind nur zwei von etlichen Faktoren, die das Wachstum beeinflussen. Vereinfacht gesagt: Bei freistehenden, gerade gewachsenen Bäumen auf einer ebenen Fläche ohne Windableitung kann das Moos durchaus in die richtige Richtung weisen, in feuchten, engen Tälern wächst es, wo es will.

No. 54

SO FINDEST du die BESTE STELLE für eine FLUSSÜBERQUERUNG

Ob man sie als Teil einer Wildnistour fest auf dem Schirm hat oder vielleicht mal bei einem Notfall drüber muss: Wo brückenlose Bäche oder Flüsse das Gelände durchschneiden, braucht man das Know-how, um sicher an die andere Seite zu gelangen.

Im Idealfall weißt du schon beim Tourstart, welche **Stelle** und welcher **Zeitpunkt** sich für die Über- bzw. Durchquerung von Gewässern am Weg am besten eignen. Doch was, wenn die Informationen nicht mehr stimmen? Sich etwa der Flusslauf geändert hat? Er durch unerwartet starken Regen angeschwollen ist? Oder du schlicht die anvisierte Furt nicht findest? Kurz: Die Realität sieht manchmal anders aus als erwartet, auch auf mit Steinmännchen, Farbmarkierungen oder Stangen gekennzeichnete Passagen darf man sich nicht blindlings verlassen.

Statt sich also unbedacht in die kalten Fluten zu stürzen, gilt es, einen **kühlen Kopf** zu bewahren und die Situation besonnen zu beurteilen. Lassen sich die Wassertiefe und die Fließgeschwindigkeit vom Ufer aus realistisch einschätzen, gilt die Faustregel: **Stark strömendes Wasser** darf maximal bis zum Knie reichen, denn darüber wird der Wasserdruck schlicht zu hoch. **Ruhige Gewässer** dürfen hingegen bis zum Bauchnabel reichen.

Die unmittelbare Entscheidung, ob eine sichere Furt an Ort und Stelle überhaupt möglich ist, steht nur in Geländestrukturen an, die keine Ausweichmöglichkeit bieten. Ansonsten heißt es, einen Flussabschnitt zu finden, der sich möglichst trocken und kräftesparend durchqueren lässt. Bei breiten oder auch verästelten Gewässern mach es Sinn, sich zuerst von einem erhöhten Punkt einen Überblick zu verschaffen – auch hinüber zur potenziellen **Ausstiegsstelle**, deren Ufer flach, fest und möglichst vegetationsfrei sein sollte. Von oben lassen sich zudem besser Inseln oder größere Steinblöcke ausmachen, mit denen man die Furt in kleinere Abschnitte unterteilen kann. Die Suche entlang des Ufers nach einer mög-

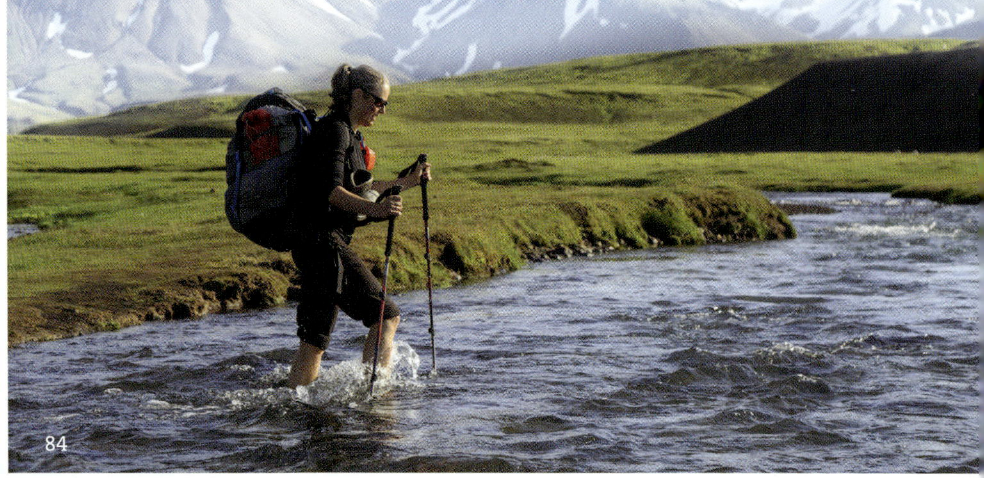

lichst ruhigen und flachen Passage startet man im Zweifel besser flussaufwärts, meist wird man am ehesten dort fündig, wo sich die Wassermassen am besten verteilen können und daher zahmer und weniger tief sind – also tendenziell eher an breiten Stellen. Vorsicht ist allerdings bei **Flussbiegungen** angebracht: Am kurvenäußeren Ufer, dem **Prallhang**, drohen sowohl eine stärkere Strömung als auch größere Tiefen. Auch schmale Abschnitte kommen zur Querung in Frage, wenn sie auf aus dem Wasser ragenden Felsbrocken überwunden werden können – allerdings darf ein Ausrutscher dann nicht in unkontrollierbarem Wildwasser enden.

No. 55

Mit der richtigen TECHNIK schaffst du es sicher durch die FLUTEN

Um auch tiefere, schneller fließende Wasserläufe unbeschadet zu überwinden, kommt es auf die richtige Vorbereitung und Gehtechnik an.

Auch hier geht es bei den Schuhen los: Ein **sicherer Stand** ist das A und O, doch die Wanderstiefel müssen für den Weiterweg natürlich trocken bleiben. Da man aufgrund der Ausrutsch- und Verletzungsgefahr auch nicht barfuß furten sollte, machen sich **Zweitschuhe** nützlich – also Trekkingsandalen, Crocs oder anderes schnell trocknendes, griffiges Schuhwerk. Geht es durch mehr als knietiefes Wasser, kommt die Hose in den möglichst wasserdicht verpackten Rucksack. Zumindest die wichtigsten Dinge gehören für den Fall eines Falles in sicher verschließbare **Packsäcke** oder zumindest Plastiktüten. Wichtig: Beim Furten nie den Hüft- und Brustgurt verschließen, um die Last auf dem Rücken im Notfall schnell abwerfen zu können. **Trekkingstöcke** (oder auch stabile Äste) sind spätestens bei stärkerer Strömung Pflicht – sie sorgen als als drittes und viertes »Standbein« für eine bessere Gleichgewichtskontrolle.

Kann das Abenteuer beginnen, heißt es: Quer zur Fließrichtung und **gegen die Strömung** gewandt langsam losgehen, wobei die **Dreipunkttechnik** zum Einsatz kommt. Dabei bleiben drei der vier Fixpunkte (zwei Beine, zwei Trekkingstöcke) stabil platziert, während nur der vierte umgesetzt wird. Dabei fungiert ein Stock als Stütze gegen die Strömung, während du mit dem anderen das weitere Terrain »ertastest« – etwa, um unerwartete Tiefstellen rechtzeitig zu bemerken. Steigt unterwegs der **Wasserdruck** – sei es durch zunehmende Tiefe oder durch stärkere Strömung –, ist der Rückzug angesagt. Liegt keine bessere Furtstelle in der Nähe, schlagen Zelttrekker am besten ihr Lager auf, denn oft hilft es schon, einfach eine Nacht abzuwarten: Von Gletschern gespeiste Flüsse bezwingt man frühmorgens am einfachsten, auch Hochwasser durch vorangegangene Regenfälle kann am nächsten Tag wieder abgeflaut sein.

No. 56

So sitzt der TRITT im STEILGELÄNDE

Viele kennen das mulmige Gefühl im Bauch, wenn es auf eine steile, vielleicht auch ausgesetzte und absturzgefährdete Passage zugeht. Klar, überfordern darf man sich bei der Routenauswahl nicht – fordern aber ausdrücklich schon, und oft bleiben gerade die Abschnitte, die einer Tour Würze verleihen, am eindrücklichsten in Erinnerung.

Um auch anspruchsvolleres Gelände sicher zu überwinden, braucht man vor allem eines: **Trittsicherheit**. Denn durch Ausrutschen und Stolpern passieren die meisten Unfälle beim Wandern. Um den Fuß auch in anspruchsvollem Gelände bestmöglich zu platzieren und auch kleine Abrutscher aufzufangen, braucht es Koordination, das richtige »Lesen« des Untergrunds, Gleichgewichtssinn und Reaktionsschnelligkeit – alles Eigenschaften, bei denen nur Übung den Meister macht. Doch auch weniger Erfahrene können ihren Stand im Gelände deutlich verbessern, wenn sie einige Regeln beherzigen.

Die wohl wichtigste: Egal ob im Aufstieg, bei Querungen oder im Abstieg, prinzipiell sollte man mit dem ganzen Fuß auftreten. Denn nur der **volle Sohlenstand** garantiert die größtmögliche Reibung auf glatten Felsen und geneigten Pfaden. Damit dabei der Gewichtsschwerpunkt vertikal über dem belasteten Bein liegt, wird der Oberkörper leicht nach vorn gebeugt.

Um diese Technik auch beim **Bergaufgehen** möglichst effektiv umzusetzen, ist es wichtig, keine großen Schritte zu machen – ansonsten kostet es zu viel Kraft, den Körperschwerpunkt über den ausschreitenden Fuß zu bringen. Doch nicht immer erlaubt der Untergrund eine Tritthöhe nach Belieben, und mit zunehmender Steilheit wird auch der volle Sohlenstand anatomisch unmöglich.

Für zusätzlichen Auftrieb und ein besseres Gleichgewicht sorgen dann Trekkingstöcke – allerdings nur, wenn die Hände nicht selbst als unterstützende Aufstiegshilfe gebraucht werden.

Bei **Querungen** auf schmalen Pfaden durch stark abschüssiges Terrain lauert für Ungeübte eine psychologisch begründete Gefahr: Instinktiv neigen viele dazu, sich in Richtung Hang zu lehnen – auch, um so vermeintlich mehr Halt durch das Abstützen mit den Händen zu haben. Das Problem: Durch diese **Innenlage** liegt der Körperschwerpunkt nicht vertikal zwischen den Standflächen der Füße, sondern seitlich davon. Dadurch erhöht sich das Risiko, zum Tal hin wegzurutschen – insbesondere auf nassem, matschigem oder schottrigem Boden.

Ganz ähnlich verhält es sich beim **Bergabgehen**: Dabei geraten unerfahrene Wanderer oft in Rückenlage, neigen also den Oberkörper leicht nach hinten statt nach vorn – es droht eine erhöhte Sturzgefahr, die bei Abstiegen zurück ins Tal ohnehin am größten ist: Am Ende des Tages führen Müdigkeit, Nachlassen der Konzentration sowie ein zu hohes Tempo zu etwa zwei Dritteln aller Unfälle bei Bergtouren.

No. 57

Outdoor HACK

Gute PUSTE

Wird's unterwegs anstrengend oder auch heiß, hecheln viele mit offenem Mund nach Luft. Effektiver ist die Nasenatmung: Durch sie erreichen das Blut und damit auch die Organe zehn bis 15 Prozent mehr Sauerstoff, was uns zusätzliche Energie schenkt. Die Technik bringt etwas Umgewöhnung mit sich, bei der Umsetzung hilft der richtige Rhythmus: beim ersten Schritt durch die Nase einatmen, bei den folgenden beiden jeweils stoßweise ausatmen.

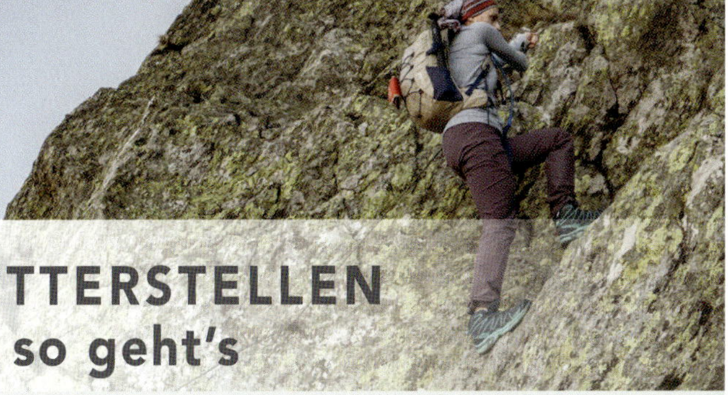

No. 58

LEICHTE KLETTERSTELLEN überwinden – so geht's

Nicht nur im Gebirge, sondern zum Beispiel auch in Schluchten oder zerklüfteten Küstenregionen heißt es öfters mal: anpacken!

Nämlich dann, wenn Schrofengelände oder Felsstufen den Einsatz der Hände zum Weiterkommen erfordern. Dass es dabei – an der Grenze zwischen Wandern und (gesichertem) Klettern – ohne die angebrachten Vorsichtsmaßnahmen heikel werden kann, ist klar.

Besonders bei längeren Kraxelpassagen mit ernstzunehmender Absturzgefahr und ohne vorgegebenen Weg spielt die richtige **Routenwahl** die wichtigste Rolle. Im besten Fall hat man sich bereits zuvor alle relevanten Informationen eingeholt, andernfalls fragt man entgegenkommende Wanderer oder verschafft sich, wenn möglich schon aus der Ferne, einen Überblick.

Geht es dann in die (hoffentlich) einfachste und sicherste Aufstiegsroute, sollte ein zwar langsamer, aber konstanter Anstieg möglich sein, als sicherste Technik kommt die **Drei-Punkt-Regel** zum Einsatz, bei der immer drei der vier Gliedmaßen Kontakt zum Fels haben. Dies erleichtert nicht nur die Kontrolle des Gleichgewichts, sondern verringert bei einem Ausrutscher oder bei Wegbruch eines Griffs/Tritts die Absturzgefahr.

Ganz wichtig: Immer nur so weit aufsteigen wie du auch sicher wieder absteigen kannst – auf keinen Fall den **Point of no Return** überschreiten, also eine knifflige Stelle, hinter der ein gefahrloser Rückzug nicht mehr möglich ist. Droht dies, heißt es: sofort umkehren!

No. 59

So kommst du SICHER über ALTSCHNEEFELDER

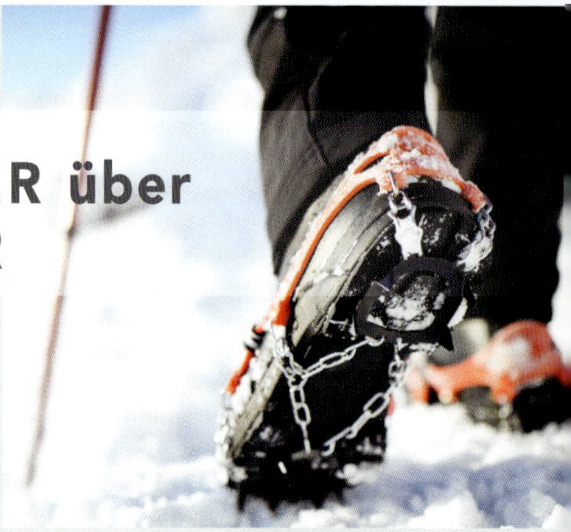

Besonders nach schneereichen Wintern treffen Wanderer im Gebirge auch bei schönstem Sommerwetter oft noch auf weiße Flecken: Altschneefelder, die sich mitunter das ganze Jahr halten.

Die größte Gefahr, die von ihnen ausgeht: unterschätzt zu werden. Denn auch vermeintlich harmlose, nur mäßig abfallende Passagen enden bei einem Fehltritt schnell mit einer unkontrollierbaren Rutschpartie Richtung Tal. Welches enorme Tempo dabei erreicht werden kann, zeigten Testversuche in einem 42 Grad steilen Firnfeld: Wer in solchem Terrain ausrutscht, schlittert bald mit 98 Prozent der freien Fallgeschwindigkeit in die Tiefe.

Das A und O, um unnötige Risiken zu vermeiden, ist eine gewissenhafte **Tourenplanung**. Zwar informieren Wegbeschreibungen in der Fachliteratur und im Internet oft über Passagen, an denen mit Altschnee gerechnet werden muss, doch allein auf diese Quellen sollte man sich nicht verlassen. Ein Studieren des Routenverlaufs auf der Karte hilft nicht nur, potenzielle Risikostellen wie schattige Winkel und nordexponierte Steilhänge oberhalb der Baumgrenze zu identifizieren, sondern gibt auch Auskunft, ob und auf welchen Wegen im Bedarfsfall umgangen werden können. Am wichtigsten ist es natürlich, sich möglichst genau über die aktuellen Verhältnisse zu erkundigen – etwa bei den Touristeninformationsstellen, Hüttenwirten oder entgegenkommenden Wanderern.
Ob sich ein Schneefeld sicher überqueren lässt oder zum Abbruch der Tour zwingt, hängt in hohem Maße von der mitgebrachten **Ausrüstung** ab. Die absolute **Grundvoraussetzung** bilden Bergschuhe mit steifen Sohlen, die bei hartem (aber nicht festgefrorenem!) Schnee das Anlegen von Trittstufen ermöglichen. Trekkingstöcke helfen, das Gleichgewicht zu halten, am besten eignen sich Exemplare mit großem Teller, die nicht so leicht durch die Schneedecke brechen. Da beim Queren von Schnee damit gerechnet werden muss, dass im Notfall die Hände zum Einsatz kommen, gilt prinzipiell: Vorher die Handschuhe anziehen, um Verletzungen durch etwaige scharfe Eiskanten vorzubeugen.

Entpuppt sich die Oberfläche als zu heikel, um nur mit »blankem« Schuhwerk sicher betreten werden zu können, geht es nur mit Zusatzausrüstung weiter. Für einen besseren Grip sorgen etwa leichte **Spikes**, die sich wie eine zusätzliche Sohle mit kurzen Metallstiften über die Schuhe streifen lassen. Geht es allerdings über Eis, kommt man zumindest um vier- bis sechszackige **Grödel** nicht herum. Wird es dazu auch noch steil, müssen **Steigeisen** samt geeigneten Bergstiefeln sowie ein **Eispickel** mit ins Gepäck – allerdings sprechen wir hier von hochalpinem Gelände, in das Bergwanderer ohnehin nicht vordringen.

Um ein Altschneefeld sicher zu überwinden, muss jedoch nicht nur die Ausrüstung stimmen. Ist der anschließende Weiterweg bereits erkennbar, sollte man ihn prinzipiell auf der **kürzesten Route** ansteuern – wenn möglich leicht ansteigend. Bereits vorhandenen Spuren folgt man nur in weichem Schnee direkt, bei festem findet man daneben oft besseren Halt. Auch wenn es dem Instinkt widerspricht: Beim Queren ist Bedächtigkeit statt Geschwindigkeit gefragt. Langsame, kleine und in steilem Gelände sich nicht kreuzende Schritte sorgen für ein kontrolliertes Vorankommen, durch eine aufrechte Körperhaltung liegt der Gewichtsschwerpunkt auf dem talseitigen Fuß. Ist der Untergrund vereist, muss eine Umkehr jederzeit möglich sein. Wer mit Stöcken unterwegs ist, setzt sie immer auf der Bergseite.

Kommt es zu einem Sturz, muss es schnell gehen: Nach fünf bis zehn Metern lässt sich das Abrutschen nicht mehr bremsen oder kontrollieren. Nur eine sofort eingeleitete **Liegestütztechnik** schafft Abhilfe. Dabei wird der Körper in Bauchlage gebracht, worauf die leicht abgespreizten Arme und Beine in den Schnee gestemmt werden.

No. 60

WETTERKUNDE UNTERWEGS I – Empfange die Botschaften aus dem Himmel

Auch beim Thema Wetterprognosen hast du ein As im Ärmel, wenn du dich nicht nur auf die Auskunft per Smartphone verlässt, sondern die Zeichen der Natur unterwegs zu deuten weißt, sprich: frühzeitig erkennst, wenn ein etwa Unwetter naht, anstatt plötzlich mittendrin zu stehen.

Zwar sind die dem Wettergeschehen zugrundeliegenden physikalischen und chemischen Prozesse äußerst kompliziert, doch mit etwas Basiswissen können auch Laien ein Stück weit in die klimatische Zukunft sehen.

Besondere Aufmerksamkeit gilt dabei – wenig erstaunlich – dem Himmel, genauer: den **Wolken**. Die Wissenschaft unterscheidet zehn verschiedene Wolkengattungen, die wiederum in Wolkenarten und -unterarten eingeteilt werden – ein hochkomplexes Thema also. Für den Hausgebrauch reicht es, die häufigsten und wichtigsten Himmelsboten zu kennen.

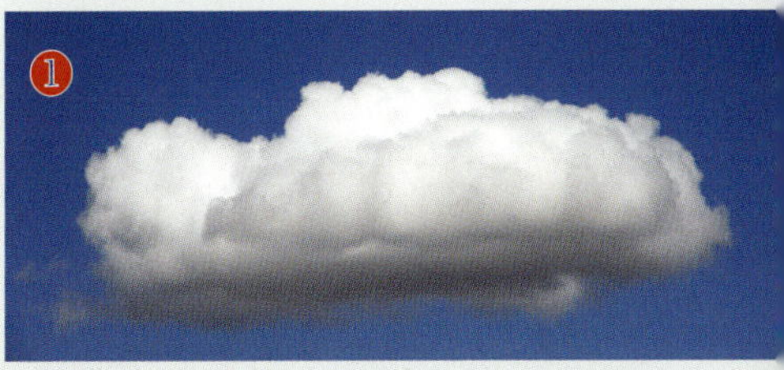

Am bekanntesten sind wohl die **Cumulus-Wolken** ❶, die der Volksmund auch als Schäfchenwolken oder Schönwetterwolken bezeichnet. Man erkennt sie an ihrer scharf abgegrenzten Form, der glatten Unterseite sowie dem darüberliegenden weißen »Wattebausch«.

Behalten die Cumuli ihre geringe Ausdehnung oder lösen sich auf, bleibt das Wetter in der Regel stabil und sonnig.

Anders sieht es aus, wenn sich die »Wattebäusche« von Cumuli rasch und sehr hoch in den Himmel türmen: Dann spricht man von **Cumulonimbus-Wolken** ❷, die ein Gewitter

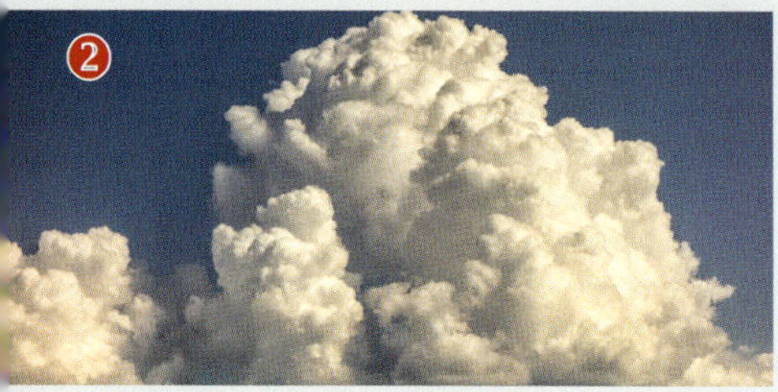

ankündigen. Hat sich der Wolkenoberrand bereits ambossförmig ausgebildet, stehen Blitzschlag und Donner kurz bevor.

Einen Wetterumschwung bringen oft auch **Altostratus-Wolken** ❸ mit sich. Als mittelhohe, konturlose Schichtwolken bedecken sie den Himmel ganz oder teilweise. Bleibt die

Wolkendecke dünn genug, dass die Sonne hindurchschimmert, droht meist kein Regen, doch verschwindet sie ganz, ist in den nächsten Stunden mit Niederschlag zu rechnen. Niedrige **Stratus-Wolken** liegen nur ein paar hundert Meter über der Erdoberfläche und bedeuten oft gute Neuigkeiten für jene, die aus dem trüben und kühlen Tal in die Berge steigen möchten, denn oberhalb der Wolkendecke strahlt dann gern die Sonne – die sogenannte **Inversionswetterlage**.

Im Gebirge solltest du zudem auch noch die Wolkenart **Altocumulus lenticularis** ❹ erkennen – die sogenannten »Föhnwolken« mit ihrer markanten Linsen- oder UFO-Form. Was dich dann erwartet: Niederschlag auf der

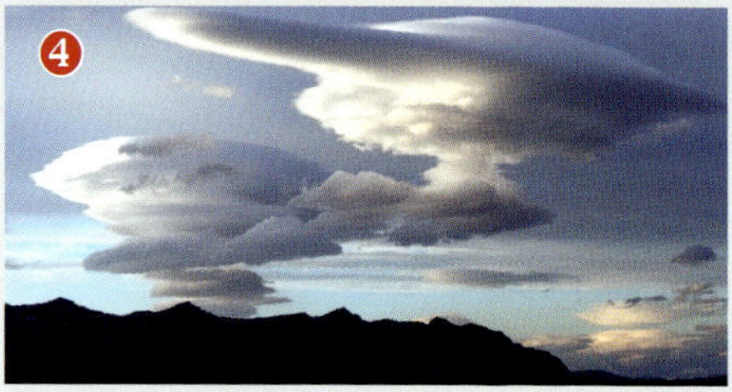

windzugewandten Seite des Gebirges sowie heftiger Wind an Bergkämmen, meist sonniges und warmes Wetter hingegen an der windabgewandten Seite. Ziehen die Wolken aber dunkler auf und verlieren sie ihre linsenartige Form, ist das ein Warnzeichen für den bevorstehenden **Zusammenbruch des Föhns** – dann besteht Unwettergefahr.

Die **Himmelsfärbung** als Wetterprognose kennen viele wahrscheinlich aus der alten Bauernregel »Abendrot Schönwetterbot – Morgenrot, schlecht Wetter droht«. Beherzigen sollte man allerdings nur den ersten Teil, und das auch nur dort, wo sich das Wettergeschehen in der Regel vom Westen her entwickelt – wie in unseren Breitengeraden. Denn die rote Verfärbung entsteht nur dann, wenn der Himmel im Westen wolkenfrei ist. Auch an **Sonne und Mond** lässt sich manchmal ein Wetterbote blicken: eine ringförmige Lichterscheinung, die als Halo bezeichnet wird. Zeigt sich die optische Erscheinung, ist meist ein Tief im Anmarsch und du musst mit Regen in den folgenden 24 bis 48 Stunden rechnen.

No. 61

WETTERKUNDE UNTERWEGS II –
Es liegt was in der Luft

Neben den beobachtbaren Wetterzeichen gibt es Indikatoren, die sich nicht sehen, dafür aber spüren oder messen lassen: die Stärke und Richtung des Windes sowie der Luftdruck.

Wenn der **Wind** weht, lassen sich zumindest tendenziöse Vorhersagen machen. Generell gilt: Zunehmende, starke Winde, die womöglich auch ihre Richtungen ändern, prophezeien meist eine Wetterveränderung. Ob gut oder schlecht liegt daran, wo du auf Tour bist. In Mitteleuropa befinden wir uns etwa in der Westwindzone, was bedeutet, dass Wind aus den Richtungen Südwest bis Nordwest meist wechselhaftes, kühles und nasses Wetter mit sich bringt. Bläst er aber aus Ost oder Nordost, kommen im Winter kalte, im Sommer warme Zeiten auf dich zu.

Besonders aussagekräftig im Hinblick auf mögliche Wetterveränderungen ist der **Luftdruck**, der Prognosen schon zulässt, bevor sich die Zeichen am Himmel zeigen. Ob und wie er sich verändert, kannst du heutzutage jederzeit checken, vorausgesetzt, du hast eine **Multifunktionsuhr** mit entsprechender Funktion oder ein **Barometer** im Hosentaschenformat dabei. Seit mehreren Jahren haben auch viele Smartphones einen Barometer-Sensor an Bord. Egal, welches Gerät man auch benutzt: Die regelmäßige Überprüfung macht nur dann Sinn, wenn man sie auf ungefähr gleicher Höhe vornimmt – oder mit einberechnet, dass der Luftdruck alle zehn Höhenmeter um ein Hektopascal (hPa) bzw. ein Millibar (mbar) abnimmt. Achtung bei einer rapiden Abnahme des Luftdrucks (1–2 hPa/mbar pro Stunde): Es kündigt sich ein nahendes Tief an und es kann unvermittelt zu starken Böen und Sturm kommen.

No. 62

DAS KAFFEE-BAROMETER

Outdoor

Wer seinen Kaffee mit Zucker trinkt, kann das bei der Wettervorhersage zu seinem Vorteil nutzen: Denn der Luftdruck beeinflusst das Verhalten der aufsteigenden Bläschen. Ist er hoch, wölbt sich die Oberfläche des Kaffees leicht nach unten – die Bläschen sammeln sich in der Tassenmitte und das Wetter wird schön. Steigen sie hingegen am Rand auf, kann das Regen bedeuten. Bei gleichmäßiger Verteilung musst du dich auf wechselhaftes Wetter einstellen.

No. 63

WETTERKUNDE unterwegs III – Achte auf die Informanten aus der Tierwelt

Während sich unsere Spezies vielleicht hilflos bemüht, die Zeichen der Wolken zu entziffern oder auf Messgeräte zurückgreift, haben viele Tiere ein untrügliches Gespür dafür, wie das Wetter wird. Ihr Verhalten in freier Wildbahn zu beobachten, macht daher nicht nur Spaß, sondern kann durchaus lehrreich sein.

Der bekannteste Meteorologe ist fraglos der **»Wetterfrosch«**. Zwar gehört das bemitleidenswerte Exemplar auf der Leiter im Einmachglas als zuverlässiger Wetterprophet ins Reich der Mythen, doch wenn Frösche besonders laut Quaken und das Wasser verlassen, kündigt das oft Regen an. Auch **Kühe** bemerken bevorstehendes Unwetter. Sie nehmen dann auf der Wiese Platz. Geschieht dies grüppchenweise, stehen die Zeichen für Niederschlag besonders hoch. Gleiches gilt, wenn du sie im Gebirge von Almweiden bergabwärts steigen siehst. Zu den weiteren Boten von feuchtem Wetter gehören etwa **Schwalben**, die ihre tieffliegenden Futterinsekten jagen.

Andere Begegnungen deuten darauf hin, dass die Regenjacke im Rucksack bleiben kann, etwa **Steinböcke**, die sich unbekümmert im Hochgebirge aufhalten. Auch durch die Luft schwirrende **Bienen** geben Entwarnung, ebenso **Spinnen**, die an ihren Netzen arbeiten: Stünden zerstörerischer Sturm oder Regen bevor, wären ihre Mühen schließlich umsonst.

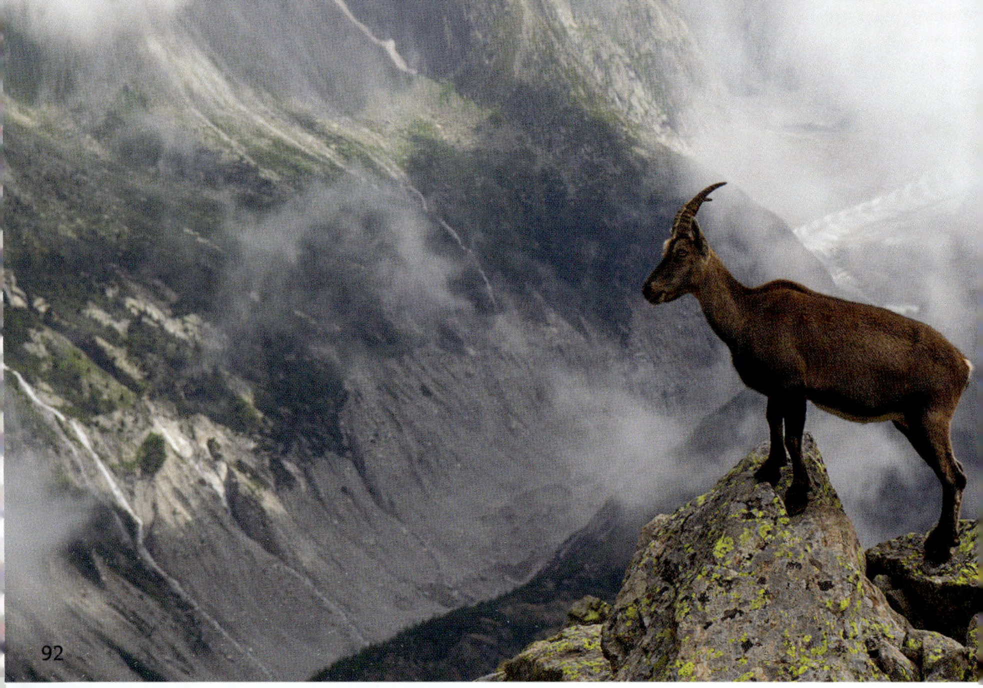

No. 64

SCHÜTZE deine AUSRÜSTUNG vor NÄSSE!

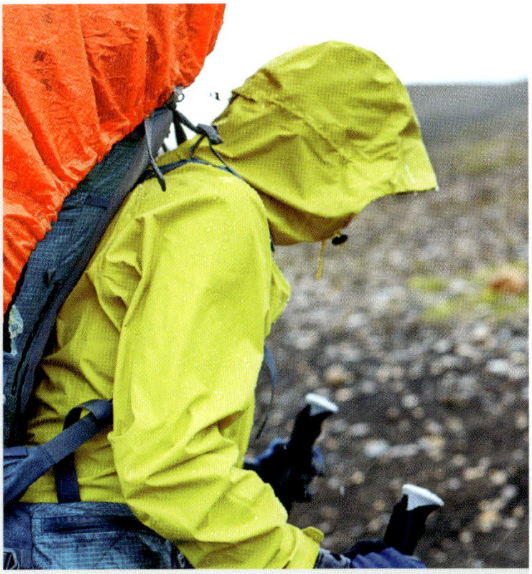

Es liegt in der Natur der Sache: Jeder, der gern draußen unterwegs ist, kommt zwangsläufig auch mal in den Regen. Solange es nur nieselt oder leichte Schauer gibt, tut das dem Spaß keinen Abbruch.

Mit der **richtigen Kleidung** und einem im Idealfall **wasserabweisend imprägnierten Rucksack** bleiben du und die Ausrüstung weitestgehend trocken. Auch auf notorische Schlechtwettergebiete kann man sich vorbereiten: mit einer Regenhülle für den Rucksack und **wasserdichten Packsäcken** für die Ausrüstung. Für kleinere Gegenstände in der Deckel- oder den Seitentaschen eignen sich auch einfache **Zip-Lock-Gefrierbeutel** aus dem Supermarkt.

Zwar ist eine gute Vorbereitung die halbe Miete, doch wenn es unerlässlich wie aus Eimern schüttet und die Etappe im Zelt endet, muss man die beste Strategie kennen, um seine Sachen wieder trocken zu kriegen. Am wichtigsten ist das bei den **Wanderschuhen**, von denen man ja – anders als bei Socken, Unterwäsche und Shirt – nur ein Paar dabei hat. Damit du am nächsten Tag trockenen Fußes weiterziehen kannst, solltest du die Schuhe als erstes **auseinandernehmen**, also die Schnürsenkel entfernen, die Einlegesohlen herausnehmen und die Zunge nach außen klappen. So kommt überall genügend Luft ran und die Feuchtigkeit kann verdunsten. Um den Prozess zu beschleunigen, hilft es, die Schuhe im nächsten Schritt mit Zeitungspapier, Taschentüchern oder einem anderen saugfähigen Material auszustopfen. Auch wiederverwendbare **Schuhkissen mit feuchtigkeitsabsorbierender Aktivkohle** erledigen den Job. Hast du die Schuhe so gut es geht aktiv getrocknet, platzierst du sie über Nacht im Idealfall an einem warmen Platz, durch den Zugluft weht.

Um **feuchte Bekleidung** möglichst schnell zu trocknen, wird die Nässe zuerst **ausgewrungen** oder – im Fall von empfindlicheren Stoffen wie Merinowolle – **ausgedrückt**. Um möglichst viel Restfeuchtigkeit zu entfernen, hilft es auch, das Kleidungsstück fest in ein **Mikrofaser-Handtuch** einzurollen. Anschließend macht es durchaus Sinn, etwa ein nur noch leicht feuchtes Shirt vor dem Schlafengehen noch einige Zeit anzuziehen, um den Trocknungsvorgang durch die eigene Körperwärme zu beschleunigen.

Kapitel 5

UNTERWEGS – Verpflegung

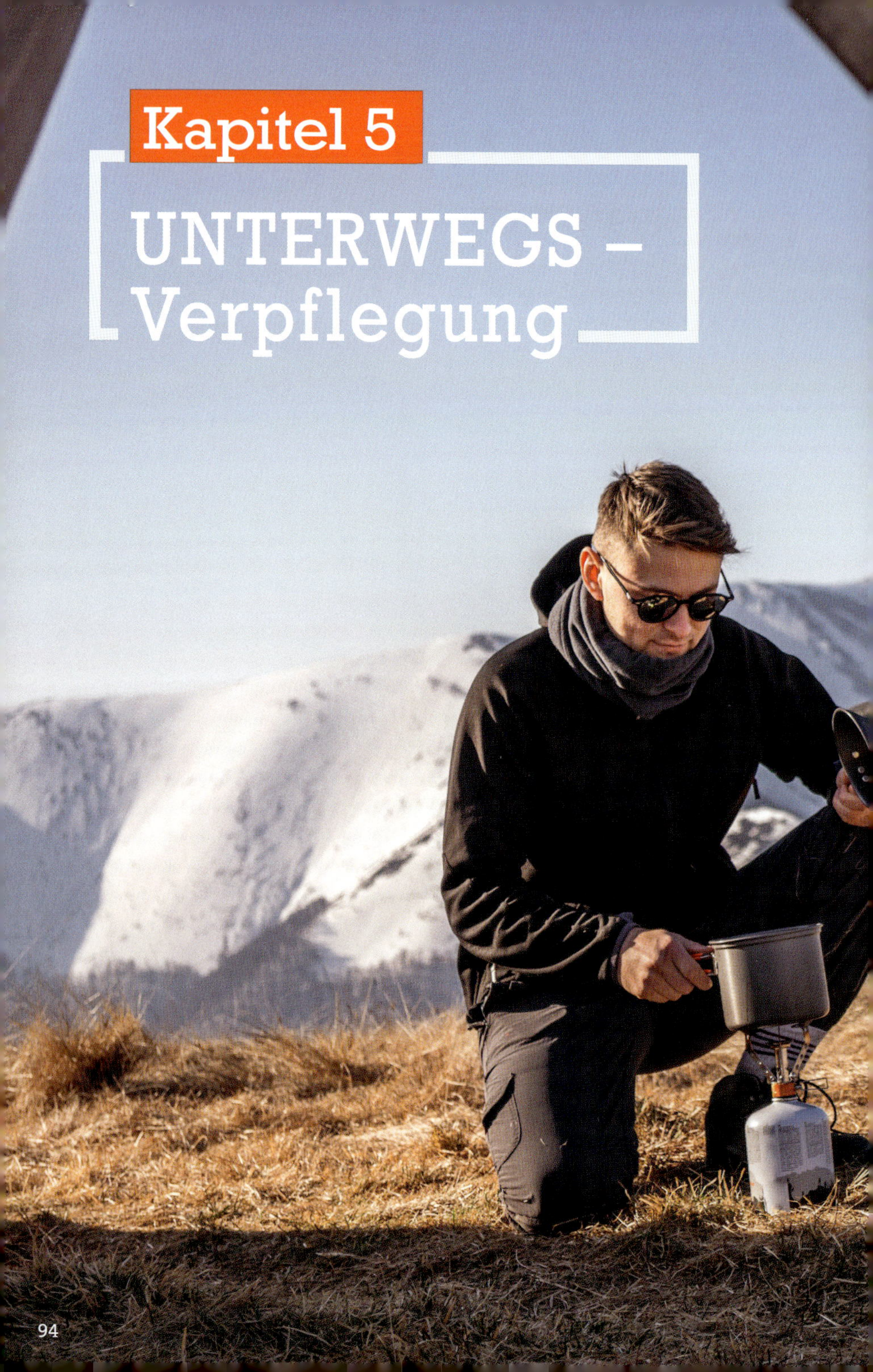

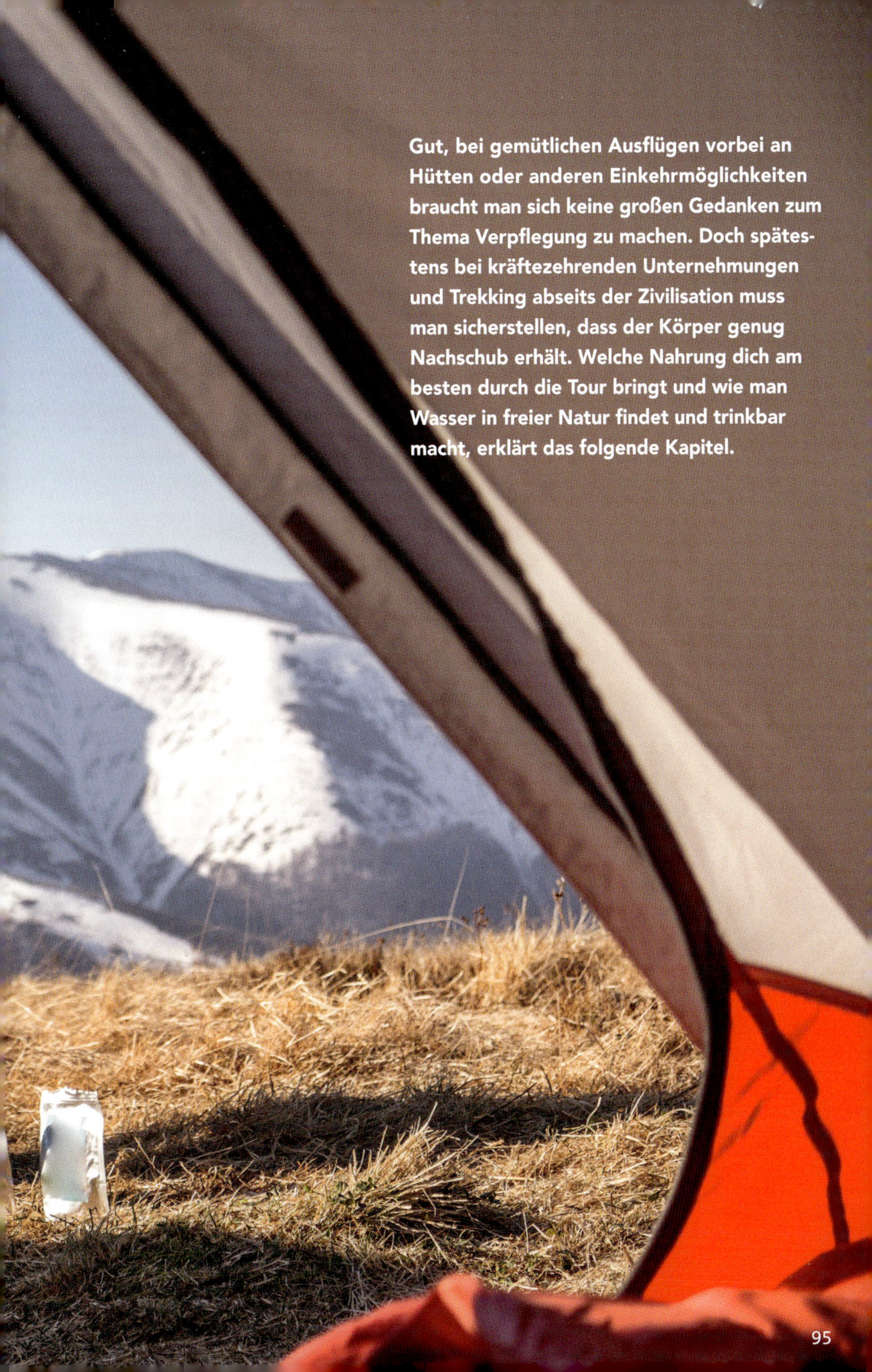

Gut, bei gemütlichen Ausflügen vorbei an Hütten oder anderen Einkehrmöglichkeiten braucht man sich keine großen Gedanken zum Thema Verpflegung zu machen. Doch spätestens bei kräftezehrenden Unternehmungen und Trekking abseits der Zivilisation muss man sicherstellen, dass der Körper genug Nachschub erhält. Welche Nahrung dich am besten durch die Tour bringt und wie man Wasser in freier Natur findet und trinkbar macht, erklärt das folgende Kapitel.

No. 65

So kommst du SATT und GESUND DURCH JEDE TOUR

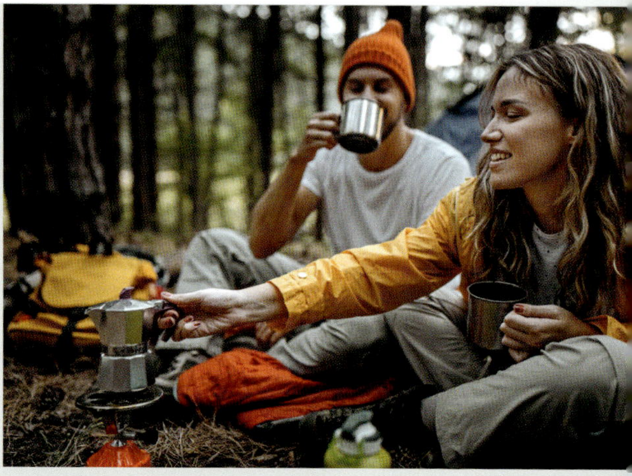

Ob man es gemütlich oder sportlich angeht: Bei Outdoor-Aktivitäten verbraucht der Körper bedeutend mehr Energie als im Alltag.

Schon beim normalen Wandern verbrennst du durchschnittlich etwa 250 Kalorien pro Stunde, bei Touren durchs steile Gebirge, mit schwerem Rucksack oder in großer Kälte kommt auch mal das Doppelte zusammen – an anstrengenden Tagen kann sich der Gesamtumsatz also leicht auf 4000 Kalorien und mehr summieren.

Bevor wir uns mit den besonderen Ansprüchen bei mehrtägigen Touren befassen, geht es um die Frage, mit welcher Nahrung man am besten durch den Tag kommt.

Beim **Frühstück** füllst du den Tank optimalerweise ein bis zwei Stunden vor dem Tourstart mit einer üppigen Portion, die reich an komplexen Kohlenhydraten ist – sie sind der wichtigste Energielieferant als Grundlage für die bevorstehende Anstrengung. Ideal ist etwa eine große Schale Müsli mit Nüssen und frischen Obst, an kalten Tagen schwören viele auf Porridge. Wer Brot oder Brötchen bevorzugt, sollte zu Produkten aus Vollkorngetreide greifen – sie sättigen länger als die Weißmehl-Varianten.

Unterwegs kommt es darauf an, den Kohlenhydratspeicher auf Pegel zu halten, um Leistungsabbrüche und Unterzuckerung zu vermeiden. Gerade bei kräftezehrenden Touren trumpfen **kleine, regelmäßige und leicht verdauliche Zwischenmahlzeiten** gegenüber einem klassischen Mittagessen. Zirka hundert Kalorien Nachschub pro Stunde sind eine gute Richtlinie, als Snacks eignen sich etwa Müsliriegel, Nüsse und Trockenobst. Auf Tagestouren kannst du auch frisches Obst mitnehmen, zum Beispiel Bananen als besonders vitamin- und mineralstoffreiche Sattmacher.

Wer es herzhafter mag, braucht auf seine Vollkornbrotstullen nicht zu verzichten, nur sollten sie nicht zu fettreich belegt sein – dann liegen sie schwer im Magen. Als Belag bieten sich magerer Schinken, Pute, Käse oder Quark an – ideal, um auch die Eiweißzufuhr nicht zu vernachlässigen.

Reich an Proteinen und leicht verdaulichen Kohlenhydraten sollte auch das **Abendessen** sein, zum Beispiel Nudeln, Kartoffeln oder Reis in Kombination mit Fleisch, Tofu oder Linsen.

No. 66

Die MOBILE VORRATSKAMMER für MEHRTAGESTOUREN FÜLLEN

Bei Tagestouren kannst du am Morgen und am Abend aus dem Vollen schöpfen, und auch bei Strecken entlang an Ortschaften oder Hütten gestaltet sich die Nahrungsversorgung problemlos. Anders sieht es bei tage- oder sogar wochenlangen Unternehmungen abseits der Zivilisation aus: Alles, was man nicht zwischendurch besorgen kann, muss der Rücken tragen – zumindest, wenn man zu Fuß und nicht auf dem Rad oder im Kanu loszieht.

Um sich energiereich und ausgewogen zu ernähren, ohne Platz zu verschwenden und überflüssige Lasten zu tragen, empfiehlt es sich, den Kalorienverbrauch möglichst genau zu ermitteln (dabei helfen Online-Rechner) und den Proviant vorab in **Tagesrationen** zu kalkulieren.

Beim **Frühstück** bleiben Müsli und Porridge die beste Wahl, die Milch kommt allerdings in Pulverform hinzu. Wer keine mag oder Geschmacksabwechslung braucht, kann auch Ovomaltine oder Fruchtpulver hineinmischen.

Nüsse, Trockenfrüchte und Müsliriegel sind auch auf Langstrecken die beste Option für **schnellen Energienachschub** – sie bieten maximale Power bei minimalem Gewicht. Frisches Obst, Brot und Gemüse verderben hingegen schnell und kommen höchstens für die ersten paar Tage in Frage.

Besondere Beachtung verdienen die **warmen Mahlzeiten**, die man sich unterwegs gönnen möchte. Den Spagat aus kleinem Gewicht und Packmaß, langer Haltbarkeit, energiesparender und schneller Zubereitung sowie einem idealen Kohlenhydrat-Protein-Fett-Verhältnis (zirka 80–20–20) schaffen spezielle **Trekking-Mahlzeiten aus der Tüte**: Dabei wird etwa Pasta, Kartoffelpüree oder Reis durch Gefriertrocknung sämtliche Flüssigkeit entzogen, während ihre gesunden Inhaltsstoffe erhalten bleiben. Dieser Prozess wird durch die Zugabe von heißem Wasser umgekehrt, und schon ist das Abendessen im Beutel fertig.

Gewichts- und brennstoffsparender kann man auf Tour kein warmes Abendessen zubereiten, auch bei der Fülle an Gerichten auf dem Markt ist wohl für jeden Geschmack etwas dabei. Aber die praktischen Sattmacher haben auch ihre Nachteile: Die Kosten von meist vier bis zehn Euro pro Portion belasten auf Dauer die Reisekasse, und da jede Mahlzeit einzeln verpackt ist, kommt eine Menge Müll zusammen. Oft macht es also Sinn, auch ein paar günstigere Fertigprodukte aus dem Supermarkt mitzunehmen, etwa Instant-Kartoffelbrei, Nudel- und Reisgerichte und Tütensuppen. Zur Abwechslung dürfen auch gern ein paar Snacks in den Rucksack, Schokolade und Co. gibt's dann zur Belohnung.

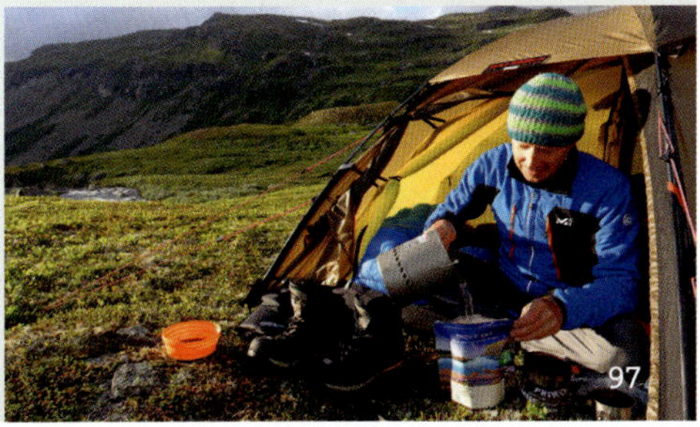

No. 67

VORSICHT vor wilden BEEREN?

MYTH Buster

Viele vermeiden es, niedrig hängende Waldfrüchte zu ernten. Denn da, so die Befürchtung, lauern die Eier des potenziell tödlichen Fuchsbandwurms. Falsch ist diese Annahme zwar nicht, doch das Risiko einer tatsächlichen Infektion auf diese Weise halten Experten für weniger unwahrscheinlich, als vom Blitz getroffen zu werden. Wer trotzdem auf Nummer sicher gehen möchte, pflückt seine süßen Früchtchen erst ab Hüfthöhe – oder wäscht sie vor dem Verzehr gründlich ab. Nicht immer praktikabel, aber immer die keimfreieste Lösung: das Erhitzen der Ausbeute über 60 Grad.

No. 68

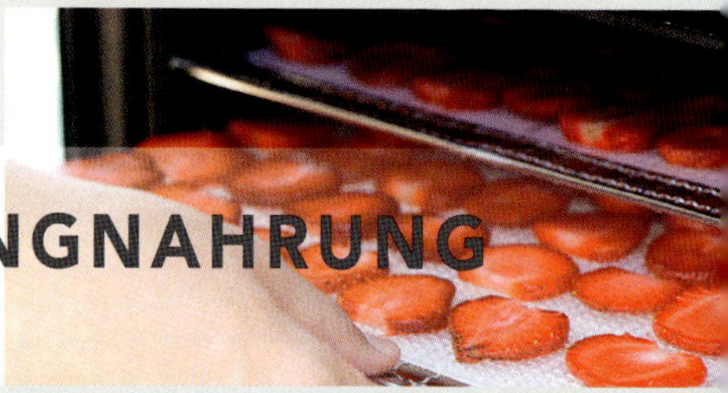

Mach deine TREKKINGNAHRUNG SELBST!

Wer bei vorproduzierter Trekkingnahrung partout nicht auf den Geschmack kommt, sich mehr Abwechslung wünscht oder die recht hohen Kosten scheut, kann sich die praktischen Mahlzeiten auch selbst zubereiten.

Der Kniff dabei: Man muss den Zutaten möglichst viel Wasser entziehen, um sie nicht nur deutlich leichter und kleiner, sondern auch länger genießbar zu machen. Die Technik für den Hausgebrauch zählt zu den ältesten Konservierungsmethoden überhaupt: das Dörren, also die Lufttrocknung.

Am effizientesten geht das mit einem **Dörrautomaten**, dessen Anschaffungspreis sich schon nach wenigen Selbstversorgertouren amortisiert. Der Apparat trocknet die Lebensmittel durch die Zufuhr von warmer Luft, bis diese mit dem verdunsteten Wasser gesättigt ist. Dann setzt frisch zugeführte Luft diesen Prozess so lange fort, bis die Nahrungsmittel kaum noch Feuchtigkeit enthalten. Wer sich auf diese Art viele Gerichte für unterwegs vorbereiten möchte, muss rechtzeitig anfangen: Pilze dörren teils schon in zwei Stunden, Gemüse, Obst und Fleisch brauchen auch mal zehn Stunden und mehr.

Wer die Zutaten vorher kleinschneidet, spart Zeit – auch beim späteren Rehydrieren, also dem Zubereiten durch Zufuhr von heißem Wasser.

Das Dörren funktioniert prinzipiell auch im **Backofen:** Auf Umluft gestellt bleibt die Tür leicht geöffnet, um den Luftaustauch zu ermöglichen. Allerdings bringt diese Methode nicht nur längere Dörrzeiten mit sich, sondern auch einen höheren Stromverbrauch.

No. 69

So kochst du EFFIZIENT und SICHER

Die Zeit als Selbstversorger in der Natur hat ihre Tücken: Neben dem Proviant und dem Kochzubehör bringt auch der Brennstoff ein Mehr an Gewicht und Platzbedarf mit sich, und ein Outdoor-Kocher kippt nun mal leichter um als ein Küchenherd.

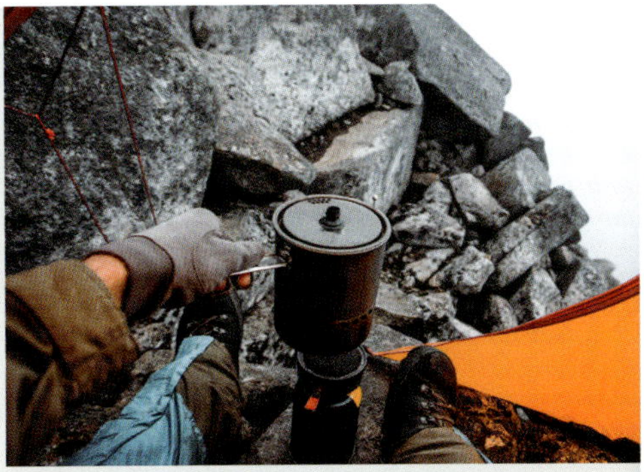

Doch mit dem richtigen Know-how kannst du deine Ressourcen sparsam nutzen sowie Schäden an Körper und Ausrüstung vermeiden. Zu den grundlegenden Maßnahmen, um **effizienter** zu kochen, gehört der Windschutz: Eine stabile und konstante Flamme bringt Wasser und Nahrung am schnellsten auf Temperatur. Gehört der **Windschutz** nicht schon zur Ausrüstung deines Kochers, solltest du einen separaten mitbringen – oder improvisieren. Für den Selbstbau eignet sich Alufolie, die auch unter dem Kocher als Hitzereflektor einen guten Dienst leisten kann. Alternativ baust du dir einen kleinen Ringwall aus Steinen oder dicken Ästen.

Auch die Wahl der **Topfgröße** beeinflusst die Kochzeit – wer allein unterwegs ist und sich nur gefriergetrocknete Trekkingnahrung zubereiten möchte, braucht keinen 1000-ml-Topf aufzuheizen, sondern kommt mit der halben Größe aus. Die **Verwendung von Deckeln** (oder einer improvisierten Abdeckung) macht immer Sinn, denn ohne entweicht unnötig Hitze aus dem Topf.

Die Garzeit lässt sich auch durch den **geschickten Einsatz der Lebensmittel** verkürzen: Schneller geht es, wenn du Gemüse vor der Zubereitung kleinschneidest. Beim Reis lohnt der Griff zur Parboiled-Variante, die nicht nur mehr Nährstoffe als weißer Reis enthält, sondern auch weniger Kochzeit beansprucht. Ebenfalls eine gute Wahl sind Sattmacher, die du erst gar nicht kochen, sondern nur quellen lassen musst – etwa Couscous, Bulgur und Mie-Nudeln.

Das Thema Sicherheit fängt vor der Tour an: Schon zuhause solltest du deinen Kocher auf Schäden checken, insbesondere an Ventilen und Verbindungsschläuchen. Beim **Kochen unter freiem Himmel** brauchst du nur einen stabilen, ebenen und auch möglichst feuerfesten Untergrund, **direkt im Zelt** sollte man auf die Zubereitung einer warmen Mahlzeit besser verzichten: Nicht nur die offene Flamme stellt eine Gefahr dar, sondern es droht auch eine Vergiftung mit Kohlenmonoxid. Wenn es partout nicht anders geht, sind Gaskocher wesentlich sicherer zu kontrollieren als Spiritus- oder Benzinverbrenner, der sicherste Platz ist die Apsis, mit mindestens 30 Zentimeter Abstand zu den Zeltwänden. Aber auch dann sollte man seinen Kocher in- und auswendig kennen und wirklich nie aus den Augen lassen.

No. 70

So findest du SICHERE WASSERQUELLEN

Die Wasserversorgung gehört gerade bei längeren Touren abseits von Unterkünften zu den wichtigsten und manchmal auch logistisch kniffligsten Aufgaben: Den Tagesbedarf kannst du noch ohne Probleme im Rucksack mitnehmen, doch viel mehr ist vom Gewicht her nicht drin.

Also heißt die Devise: Nachtanken, wo immer es geht – und das wiederum hängt vom Terrain und der Streckenführung ab.

Streift die Route regelmäßig **Ortschaften**, brauchst du dir um den Nachschub von sauberem Wasser kaum Sorgen zu machen. Auch wenn es keine Einkaufsmöglichkeiten gibt oder diese geschlossen sind, helfen zum Beispiel öffentliche Einrichtungen, Brunnen, freundliche Bewohner oder der Gang zum Wasserhahn am Friedhof.

Geht es aber durch kaum oder gar nicht besiedelte Landschaften, musst du **natürliche Gewässer** anzapfen. Wo welche zu finden sind, solltest du schon vor dem Tourstart recherchiert haben, doch kleinere Quellen und Wasserläufe sind auf Wanderkarten nicht immer eingezeichnet, andere könnten versiegt sein. Wo du auch fündig wirst: Vor dem Durstlöschen kommt die Frage, ob das Wasser bedenkenlos trinkbar ist.

Ein erster Check gilt der **Umgebung**: Unterhalb und in direkter Nachbarschaft von Siedlungen, Hütten und Viehweiden besteht die Gefahr der **mikrobiologischen Verunreinigung** durch Bakterien, Protozoen, Viren & Co sowie der **chemischen Verunreinigung** durch Pestizide und Düngemittel. Kann man aber sichergehen, dass man sich oberhalb bzw. in großer Entfernung von Menschen & Tierhaltung befindet, stehen die Chancen auf sicheres Trinkwasser deutlich besser.

Ob das nasse Gut tatsächlich frei von gefährlichen Erregern ist, lässt sich nie mit hundertprozentiger Sicherheit sagen – ein Restrisiko besteht immer. Wie groß dieses ist, kannst du aber anhand von einigen Faktoren abwägen.

Den Idealfall bildet **schnell fließendes, kaltes und klares Wasser** aus einer quellnahen Entnahmestelle, um sichergehen zu können, dass flussaufwärts kein Wildtierkadaver im Wasserlauf liegt. Auch ein **leichter Säuregehalt** (pH-Wert zwischen 5 und 6,5) ist ein gutes Zeichen – und lässt sich mit Teststreifen aus der Apotheke leicht feststellen. Weitere Indikatoren für unbedenkliches Wasser bietet die Flora und Fauna darin: Moosbewachsene Steine und ein lebhaftes Tierleben deuten auf **reine Verhältnisse**.

Im Umkehrschluss heißt das: Bei **langsam fließenden** oder **stehenden Gewässern**, bei **Trübheit** und bei **schlammigen Böden** besteht erhöhte Gefahr auf unerwünschte Nebenwirkungen. Auch ein basischer pH-Wert (über 7), **Algenbildung** und mit **Brennnesseln und/oder Pestwurz** bewachsene Ufer sind keine guten Neuigkeiten für Durstige.

Aus welcher natürlichen Quelle du auch schöpfst, gilt im Zweifel immer: Wenn möglich das Wasser mindestens fünf Minuten lang sprudelnd abkochen.

No. 71

TRINKEN ist bei HITZE wichtiger als bei KÄLTE?

Auch wenn man im Herbst und Winter nicht ganz so viel schwitzt (oder es zumindest weniger stark wahrnimmt) und bei vielen das subjektive Durstgefühl sinkt: Den Wassernachschub darf man auch bei kalten Temperaturen nicht vernachlässigen. Denn in der kalten, trockenen Luft verliert der Körper dann durch die Atmung besonders viel Flüssigkeit.

No. 72

Nutze FILTER, CHEMIE und UV-STRAHLEN zur WASSERAUFBEREITUNG

Spätestens, wenn es in Regionen geht, in denen nur wenige Wasserquellen zur Verfügung stehen oder hohe Temperaturen ein Getümmel an Bakterien, Protozoen, Parasiten und anderen Plagegeistern begünstigen, kommst du um Hilfsmittel zur Wasseraufbereitung kaum herum.

Abkochen tötet zwar alle biologischen Krankheitserreger, hat aber entscheidende Nachteile: Es dauert relativ lange, verbraucht viele Brennstoffreserven, die Schwebestoffe bleiben im Wasser. Praktischere Alternativen bieten drei andere Methoden: das mechanische Filtern, die UV-Bestrahlung sowie die chemische Behandlung.

Im Outdoor-Bereich steht eine ganze Reihe an **mechanischen Filtern** zur Wahl. Dabei wird das Wasser meist durch eine **mikroporöse Keramikkerze** geleitet, die Bakterien, Protozoen, Mikroben und – anders als alle anderen Reinigungsmethoden – auch Sedimente abfängt. Ist das Wasser chemisch verunreinigt oder geschmacklich nicht einwandfrei, helfen Modelle mit **Aktivkohleschicht**. Unterschiede gibt es auch bei der Handhabung und dem Gewicht: Sehr leicht sind **Direktfilter**, die wie ein Strohhalm funktionieren, sowie **Quetschfilter**, bei denen das Wasser aus einem Beutel mit Druck durch den Filter gepresst wird. Bei Touren mit einer kleinen Gruppe empfiehlt sich eher ein etwas schwererer **Pumpfilter**, der eine größere Durchlaufleistung bietet. Extrem feinporige, aber entsprechend wartungsintensive und teure Modelle schützen sogar vor Viren.

Letzteres schafft auch die **Bestrahlung mit UV-Licht**, die Bakterien und Protozoen effektiv den Garaus macht – allerdings nur, wenn das Wasser klar ist. Bist du in südlichen oder gar (sub-)tropischen Gefilden unterwegs und hast ausreichend Zeit, reicht es, eine durchsichtige, wassergefüllte PET-Flasche waagerecht in die Sonne zu legen. Bei intensiver Einstrahlung dauert es etwa sechs, bei Bewölkung aber bis zu 48 Stunden, um gefährliche Keime wie E. coli, Salmonellen, Cholera-Vibrionen, Rotaviren und Giardia auszumerzen. Deutlich schneller geht es mit leichten, **batteriebetriebenen UV-Filtern** wie dem SteriPEN: In nur 90 Sekunden tötet er 99,9 Prozent aller Krankheitserreger in einem Liter Wasser – doch die Schwebstoffe bleiben zurück. Auch die **chemische Behandlung** eignet sich nur dann, wenn optisch klares Wasser vorhanden ist. Zum Einsatz dabei kommen Chlor oder Jod in Tabletten- oder Tropfenform. Mit geschmacklichen Einbußen muss man also ohne Zusatz weiterer Mittel rechnen, zu den Nachteilen zählt auch der Zeitaufwand: Das sichere Eliminieren von Bakterien sowie bedingt auch Viren dauert 30 Minuten, die Bekämpfung des Dünndarm-Parasiten Giardia nimmt allerdings ganze zwei Stunden in Anspruch. Da die Mittel zur chemischen Wasseraufbereitung fast nichts wiegen, eignen sie sich bestens für Touren, auf denen man trotz eigentlich guter Wasserversorgung auf Nummer sicher gehen möchte.

No. 73

BAU deinen WASSERFILTER SELBST!

Der Durst ist groß, deine einzige Wasserquelle brackig, aber du hast keinen Filter dabei? Mit ein paar Hilfsmitteln kannst du dir ein Do-it-Yourself-Modell bauen, das die Brühe zumindest vom groben Schmutz befreit.

Alles, was du dafür brauchst: eine **1,5-Liter-PET-Flasche, ein scharfes Messer, Baumwollstoff sowie etwas Kohle, Sand und Kies** ❶. Zuerst schneidest du die PET-Flasche sauber in zwei Teile. Der größere obere Teil bildet den **Filterbehälter**, das untere Drittel dient später als **Schöpfbecher**. Am einfachsten benutzt man ihn hängend, hast du keine Schnur dabei, nimmst du einen Schnürsenkel. Hast du drei Löcher zum Aufhängen unterhalb der Schnittkante des Filterbehälters gebohrt, **füllst du ihn Schicht für Schicht aus** ❷: Erst eine Lage Baumwolle in den Hals, dann zwei Handvoll Asche, wieder Baumwolle und zum Schluss je eine Handvoll Sand und Kies.

Nun hängst du den improvisierten Filter gerade und mit 20 bis 30 Zentimetern Abstand über einen Topf und **schöpfst nach und nach das schmutzige Wasser hinein** ❸. Auch wenn die Flüssigkeit im Auffangbehälter nun schon **klar aussieht** ❹: Bakterien und Viren schwimmen noch drin. Also noch mindestens **fünf Minuten lang abkochen** ❺, und aus muffigem Brack- ist genießbares Trinkwasser geworden.

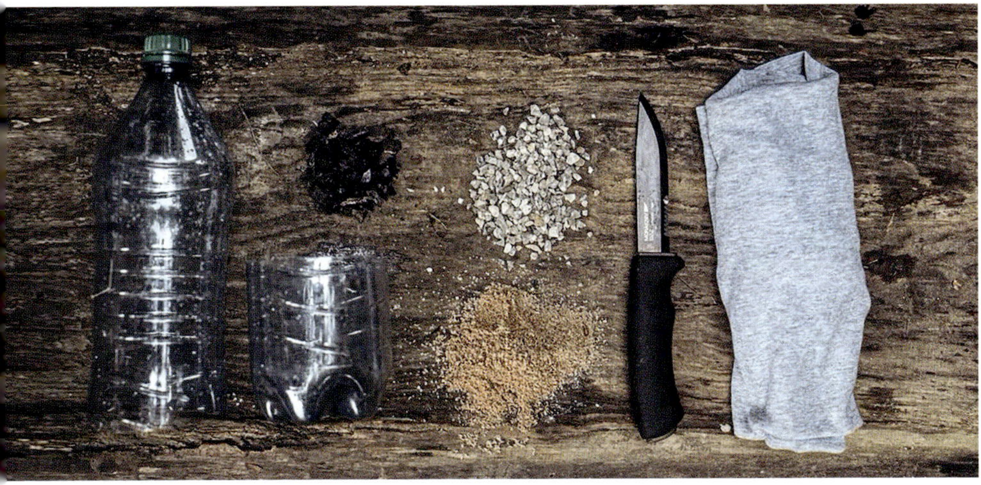

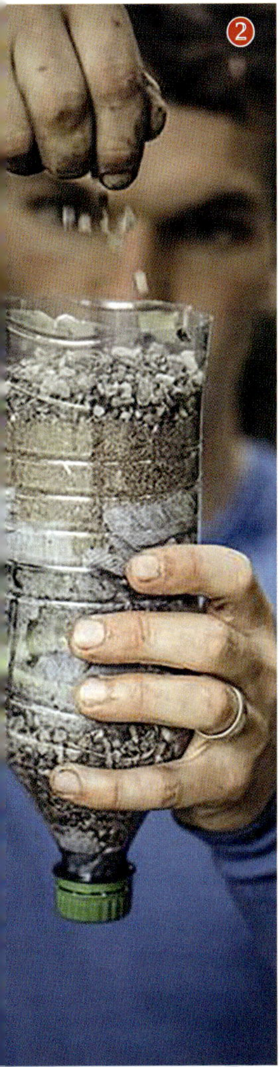

2

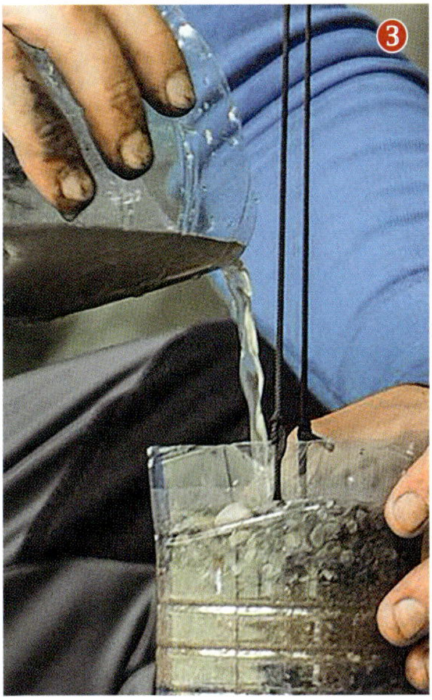

3

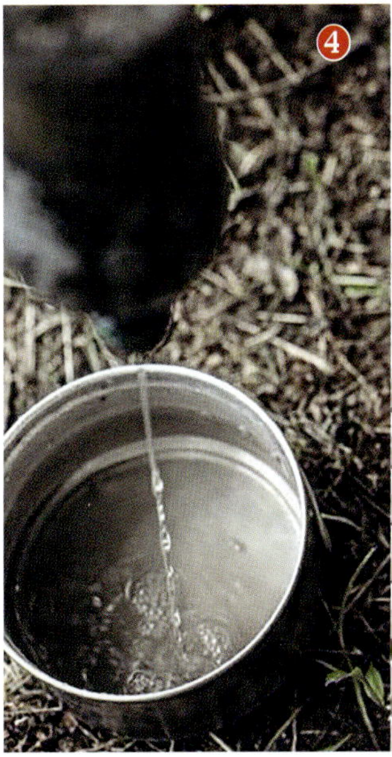

4

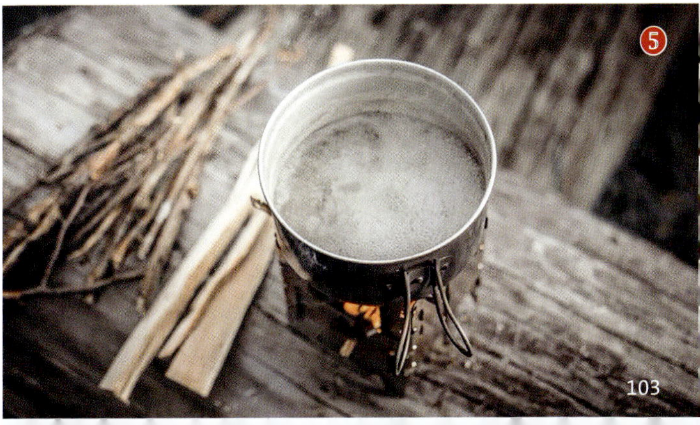

5

Kapitel 6

UNTERWEGS – Übernachten

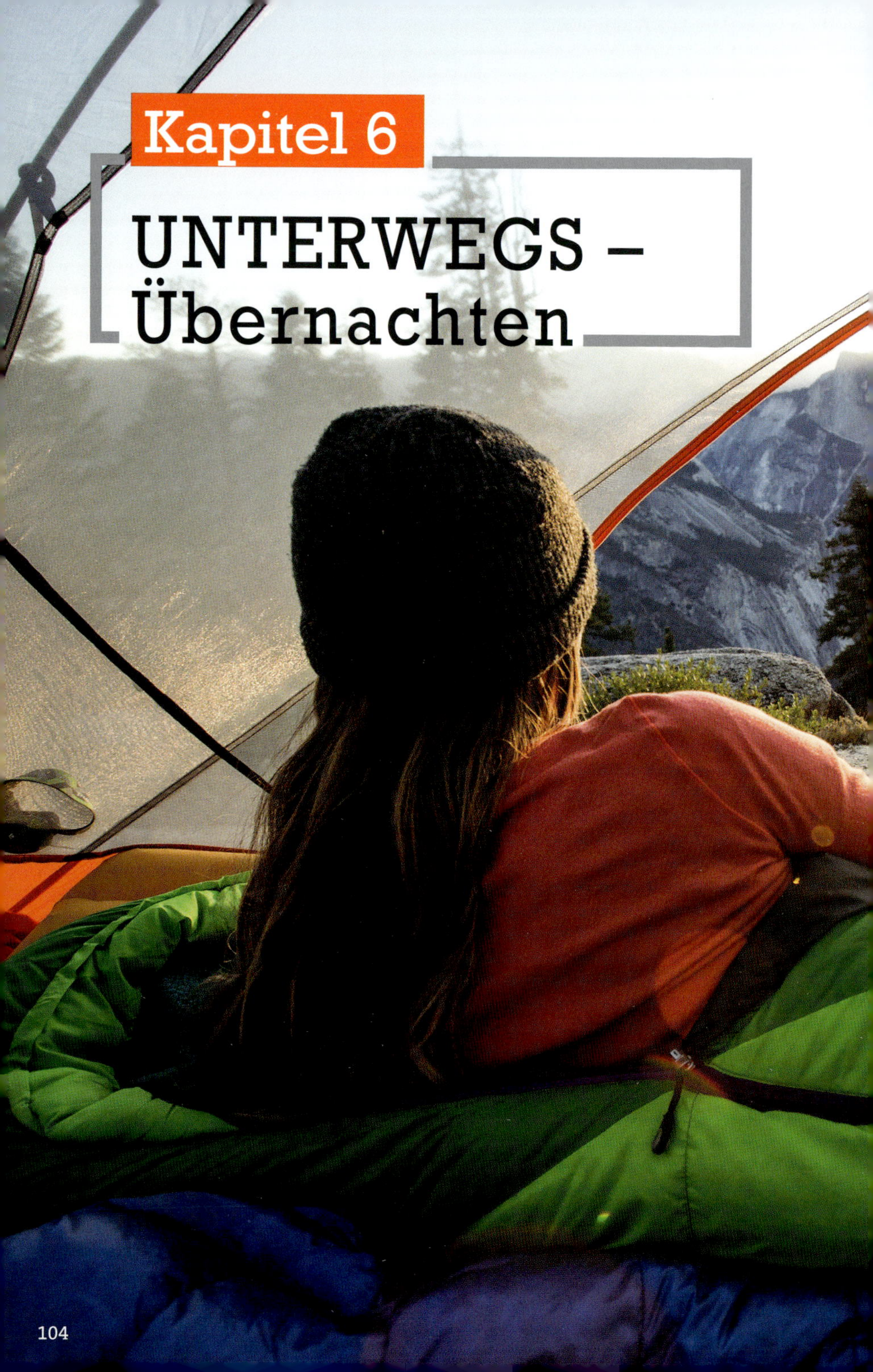

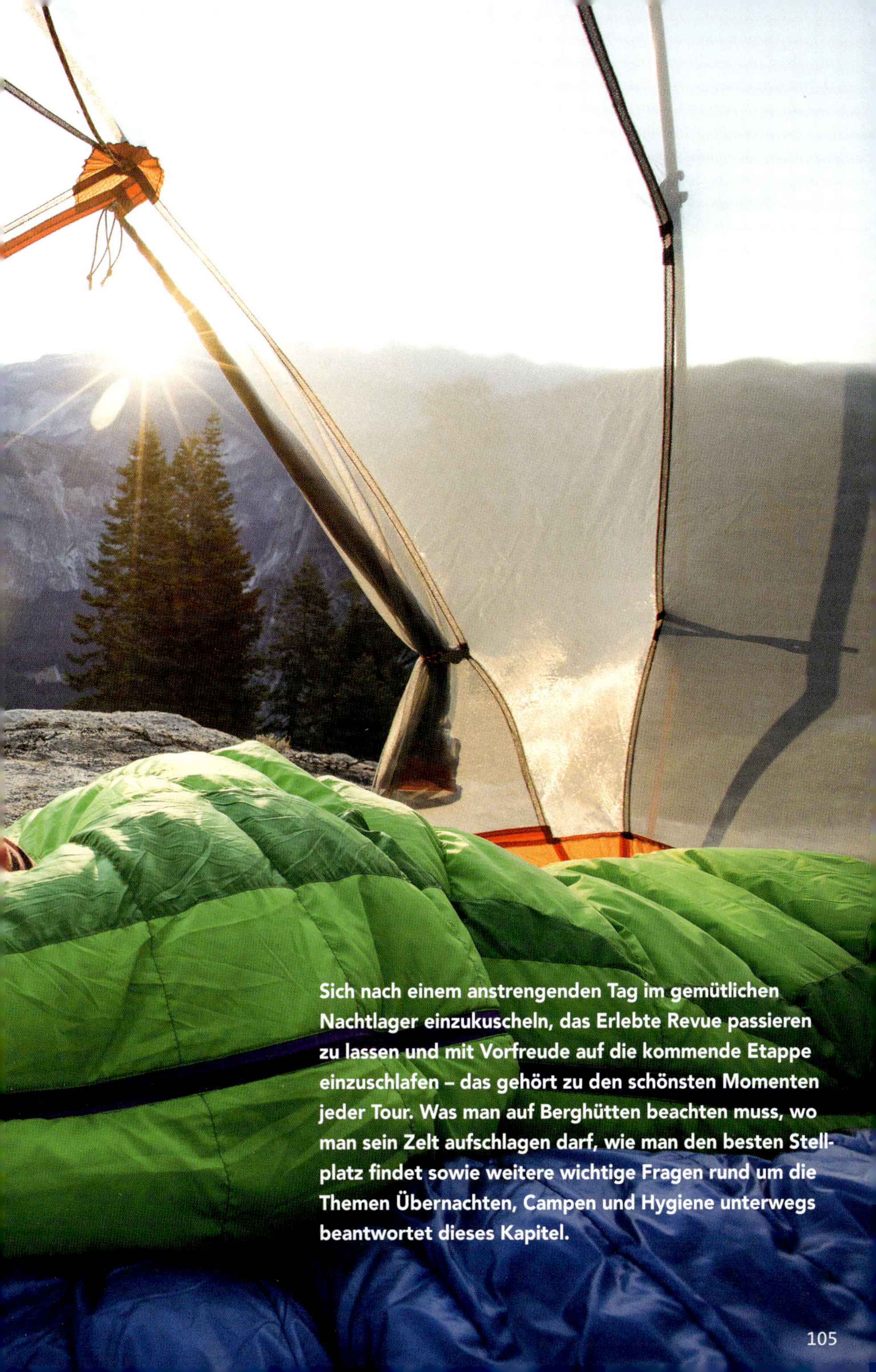

Sich nach einem anstrengenden Tag im gemütlichen Nachtlager einzukuscheln, das Erlebte Revue passieren zu lassen und mit Vorfreude auf die kommende Etappe einzuschlafen – das gehört zu den schönsten Momenten jeder Tour. Was man auf Berghütten beachten muss, wo man sein Zelt aufschlagen darf, wie man den besten Stellplatz findet sowie weitere wichtige Fragen rund um die Themen Übernachten, Campen und Hygiene unterwegs beantwortet dieses Kapitel.

No. 74

Das musst du für ÜBERNACHTUNGEN in der BERGHÜTTE WISSEN

Berghütten locken mit uriger Gemütlichkeit, deftiger Kost, geselligen Abenden und komfortablen Nächten – im besten Fall, denn um den Aufenthalt in einer Hütte auch zu genießen, sollten Besucher sich einige Regeln und Ratschläge zu Herzen nehmen.

Es gibt wohl kaum etwas Frustrierenderes, als nach einem anstrengenden Tag endlich das ersehnte Heim im Gebirge zu erreichen – und dann bei Vollbelegung abgewiesen oder ins spartanische Notlager verwiesen zu werden. Eine **frühzeitige Reservierung** ist dringend anzuraten, insbesondere, wenn man in einem Mehrbettzimmer statt im Matratzenlager übernachten möchte.

Bei der Ankunft sollte man die **Wanderschuhe** schon im Eingangsbereich ausziehen und dort deponieren – zwar sind sie nur in den Schlafräumen untersagt, doch Matschklumpen bieten auch in der Gästestube keinen schönen Anblick. Gleiches gilt für andere stark verdreckte Klamotten, die man draußen zumindest von grobem Schmutz befreien oder am besten gleich wechseln sollte – auch bei miefigen Socken ist das eine gute Idee. Hat man bei der Anmeldung seinen Schlafplatz zugewiesen bekommen und ist über die Essenszeiten informiert worden, steht nach schweißtreibenden Aktivitäten wohl die **Körperpflege** an – im Speisesaal sollte es später schließlich nur nach leckerem Essen riechen. Stehen Duschen zur Verfügung, aber nur begrenzt Wasser und Strom, wäscht man sich ressourcenschonend, ansonsten tut es auch eine Katzenwäsche mit dem feuchten Lappen.

Auch wenn man vielleicht noch eine Stulle von unterwegs übrig hat: Lieber für die Rast am nächsten Tag aufheben, denn die **Selbstversorgung** auf der Terrasse oder in der Hütte ist im Normalfall unerwünscht oder wird in Rechnung gestellt – besser also etwas von der Karte bestellen.

Im **Schlafraum** braucht man oft zwingend einen Hüttenschlafsack oder ein entsprechendes Inlett, dazu eine Stirnlampe für den Weg zur Toilette und Ohrenstöpsel gegen Schnarcher. In der Regel gilt von 22 bis 6 Uhr Bettruhe, die man auch einhalten sollte – besonders auf Hütten im Hochgebirge, wo manche vielleicht schon um 4 Uhr zum Gipfelsturm aufbrechen wollen. Gehört man selbst dazu, packt man bereits am Abend die Ausrüstung, um unnötiges Gepolter zu vermeiden.

Bevor man dann weiterzieht, sollte man sich im Hüttenbuch eingetragen haben – inklusive Handynummer und der Info, welches Ziel als nächstes ansteht, denn das kann im Notfall das Aufspüren von Verunglückten oder Vermissten erleichtern.

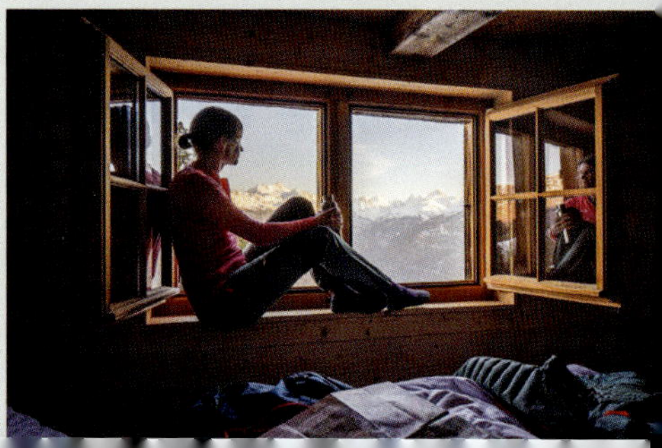

No. 75

Wo du ZELTEN und BIWAKIEREN DARFST – und WO NICHT

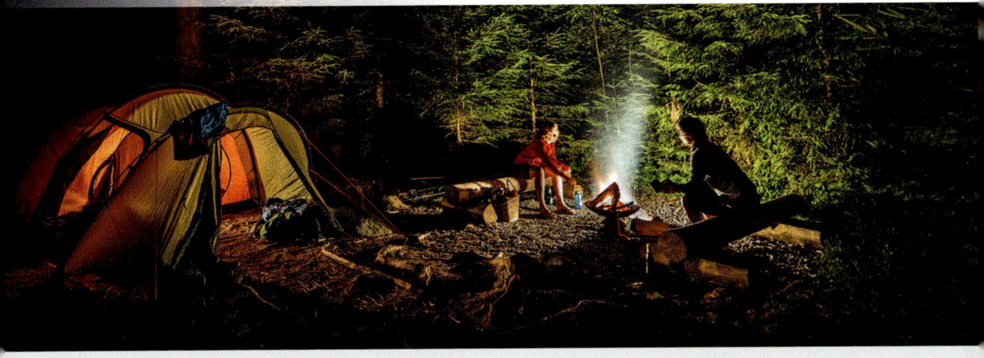

Die Wanderschuhe schnüren, den Trekkingrucksack schultern und losziehen, dann am Abend sein Zelt einfach da aufschlagen, wo es einem gefällt – so stellen sich viele die ultimative Freiheit bei Mehrtagestouren vor.

Ob der Traum vom einsamen Campen inmitten der Natur aber zur Realität werden kann, hängt in erster Linie davon ab, wo es hingehen soll.

Bevor wir uns die rechtliche Lage in Deutschland und den erweiterten Nachbarländern genauer ansehen, muss eine oft sehr **relevante Differenzierung** zum Thema »Schlafen in freier Natur« klargestellt werden. Vereinfacht gesagt: Schlägst du dort, wo es nicht explizit erlaubt ist, dein Zelt auf, brichst du in der Regel die örtlich geltenden Gesetze. Schläfst du aber unter freiem Himmel oder auch unter einem Tarp, biwakierst du nur. Und das ist auch in Deutschland (außerhalb von Naturschutzgebieten) nicht verboten – jedoch streng genommen nur dann nicht, wenn eine Notsituation vorliegt.

Eins vorweg zur Problematik des Wildzeltens: Da in den meisten Ländern die Gesetzeslage alles andere als einheitlich geregelt ist, kann im Rahmen dieses Buches keine allgemein gültige, juristisch belastbare Übersicht gegeben werden. Wer also ganz sicher gehen will, keinen nächtlichen Besuch vom Förster oder Ranger zu bekommen und eventuell ein saftiges Bußgeld zu bezahlen, muss sich im Vorfeld genau über die Rechtslage vor Ort informieren.

Was **Deutschland** betrifft, ist Wildcampen grundsätzlich verboten. Besonders strikt gilt dies im Wald, der in einigen Bundesländern nachts außerhalb der Wege noch nicht mal betreten werden darf. Eine völlig legale Möglichkeit, sein Zelt zwischen Bäume aufzuschlagen, bieten allerdings vielerorts **Trekkingcamps** – meist etwas abseits der Wanderwege eingerichtete Naturlagerplätze, die üblicherweise Platz für zwei bis vier Zelte bieten und mit einfachen Sitzgelegenheiten, einem Klohäuschen und oft auch einer Feuerstelle ausgestattet sind. Die so einfache wie geniale Idee entstand 2007 in der Pfalz, mittlerweile haben viele andere Wanderregionen nachgezogen.

In freier Landschaft, also in Gebieten außerhalb von Wäldern und Ortschaften, ist die Gesetzeslage weniger eindeutig. Da man sich dort ohnehin meist auf Privatbesitz befindet, spricht nichts dagegen, den Besitzer einfach um Erlaubnis zu bitten.

In **Österreich** gelten im Prinzip die gleichen Regeln wie in Deutschland: Laut Forstgesetz ist das Zelten und Lagern in Waldbereichen grundsätzlich verboten, es sei denn, es liegt eine ausdrückliche Erlaubnis des Grundbesitzers vor. Anders sieht es oberhalb der Baumgrenze aus, im sogenannten alpinen Ödland: Hier gelten je nach Bundesland unterschiedlich strenge Regeln. Am restriktivsten sind die Gesetze in Kärnten, Niederösterreich und Tirol, wo Zelten außerhalb von Campingplätzen illegal ist. In Oberösterreich, Salzburg, der Steiermark und Vorarlberg herrscht zwar kein grundsätzliches Verbot, doch das letzte Sagen haben die entsprechenden Gemeinden.

Wo ist Wildcampen erlaubt?
Grundsätzlich erlaubt:
Albanien, Estland, Finnland, Lettland, Litauen, Norwegen, Rumänien, Schweden, Schottland
Grundsätzlich verboten:
Belgien, Bosnien, Bulgarien, Deutschland, Dänemark, Frankreich, Griechenland, Großbritannien (außerhalb Schottlands), Island, Irland, Kroatien, Luxemburg, Mazedonien, Niederlande, Österreich, Polen, Portugal, Serbien, Slowakei, Slowenien, Spanien, Tschechien, Ungarn
Keine einheitliche Gesetzeslage, vorher genau informieren:
Moldawien, Montenegro, Schweiz

Vorsicht auch beim Biwakieren: Durch eine Notsituation erzwungenes Biwakieren lässt sich nicht vermeiden und wird auch nicht geahndet, vorsätzliches Biwakieren entspricht im juristischen Sinne einer Zeltübernachtung und kann wie diese – je nach Bundesland – mit einer Buße von bis zu 14500 Euro geahndet werden.

Auch in der **Schweiz** muss man sich vorab genau informieren, wo man sein Zelt aufschlagen darf. Zwar ist das Wildcampen abseits von unkultiviertem Land außerhalb von Naturschutzgebieten und militärischen Sperrzonen gemäß des Schweizer Jedermannsrechts nicht verboten, das heißt jedoch nicht, dass es erlaubt ist – die genauen Gesetze sind zwar kantonal geregelt, doch die Hoheit liegt letzten Endes bei den jeweiligen Gemeinden. Die größte Freiheit herrscht über den Bäumen: Im Gebirge oberhalb der Waldgrenze dürfen Wanderer (aber keine großen Gruppen) ihr Zelt für einzelne Übernachtungen in der Regel bedenkenlos aufschlagen. Die gelobten Länder fürs Trekking ohne Grenzen in Europa liegen im Norden: In **Schweden, Norwegen und Finnland** kannst du dank des Jedermannsrechts dein Zelt fast überall in der Natur für eine Nacht beziehen – allerdings sollte man einen Mindestabstand von 150 Meter zum nächsten Haus einhalten. Tabu sind jedoch Parkplätze, landwirtschaftlich genutzte Flächen und entsprechend reglementierte Naturschutzgebiete. Ähnlich sieht es etwa auch in **Schottland** aus: Hier beherzigen Outdoorer den Scottish Outdoor Access Code, eine Art Verhaltenskodex für »das Benehmen in der freien Natur«, der das Zelten und Biwakieren für eine Nacht genehmigt.

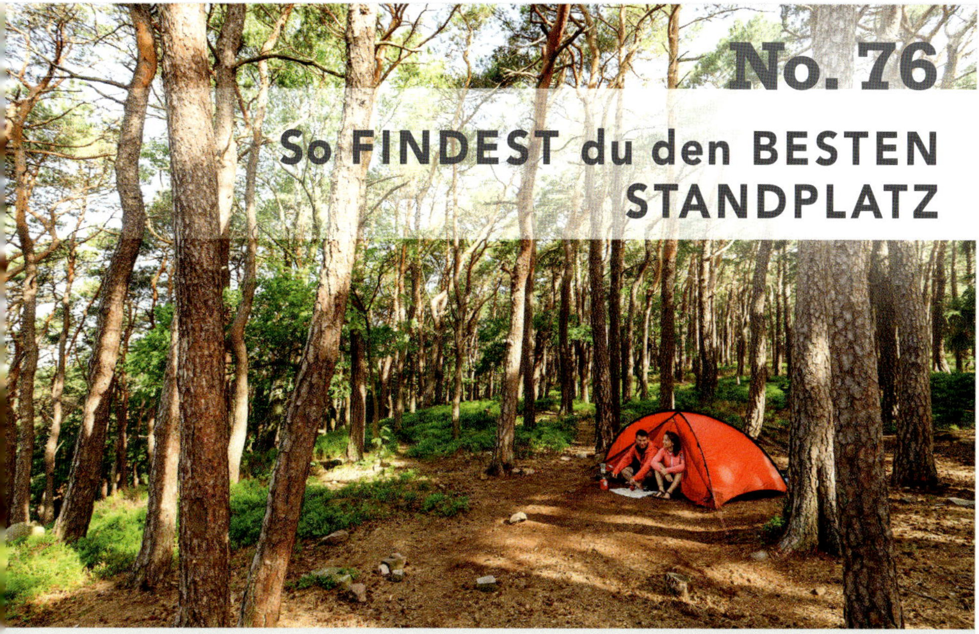

No. 76

So FINDEST du den BESTEN STANDPLATZ

Neigt sich die Etappe dem Ende zu und spricht nichts dagegen, das Zelt an einer beliebigen Stelle aufzuschlagen, gehst du bei der Suche nach dem idealen Standplatz am besten pragmatisch vor, statt einfach den landschaftlich schönsten Platz zu nehmen.

Die wichtigsten Kriterien sollten immer die **Sicherheit** und der **Schutz vor den Elementen** sein.

So praktisch ein guter Zugang zu einer Wasserquelle auch ist: **Gebirgsflüsse** können nicht nur bei Starkregen, sondern auch durch die Schneeschmelze oder das Öffnen von Staustufen innerhalb kürzester Zeit stark anschwellen. Das Zelt platziert man also in gebührendem Abstand und idealerweise auf einer mindestens zwei Meter höhergelegenen Stelle. Gleiches gilt am **Meeresrand** – hier erkennt man die Hochwasserlinie meist deutlich, zum Beispiel an von den Gezeiten angespülten Dingen wie Muschelschalen, Algen oder Treibgut. Auch von **stillstehenden Gewässern** sollte man sich ein Stück weit fernhalten, zumindest dort, wo mit Mücken oder anderen herumschwirrenden Plagegeistern zu rechnen ist.

Dass einem das nasse Element auch abseits von Wasserläufen die Nacht vermiesen kann, weiß, wer schon mal bei Unwetter in einer Senke übernachtet hat, also dort, wo sich das Wasser sammelt. Doch auch an ebeneren Standpunkten lohnt es sich, bei andauernden Regenfällen einen Abflussgraben rund um das Zelt zu ziehen.

Erlaubt es die Geländestruktur, bietet ein Standplatz zwischen Felsblöcken oder unter Felsvorsprüngen Schutz vor **starkem Wind** und Sturm, direkt an Felswänden kann allerdings Steinschlag drohen. Auch dicht stehende Büsche und Bäume halten den Wind ab, doch letztere sollte man sich genau ansehen: Abgestorbene, schiefstehende oder schon teils entwurzelte Bäume nennen amerikanische Holzfäller nicht umsonst »Widowmaker«, also »Witwenmacher« – um der Gefahr durch umstürzende Exemplare zu entgehen, baut man sein Zelt also mindestens eine Baumlänge entfernt auf.

Auch bei **Gewittern** gilt es, einen gebührenden Abstand von Bäumen zu halten, um der Gefahr eines Blitzeinschlags zu entgehen. Vermeiden sollte man insbesondere einen Platz direkt am Waldrand und an kleinen Baumgruppen, auch exponierte Stellen wie Hügel, Bergkämme oder -gipfel sind keine gute Idee.

Das zweite Kriterium bei der Standplatzsuche betrifft die **Bodenbeschaffenheit**. Am wichtigsten ist eine möglichst horizontale Fläche, da schon kleine Neigungen reichen, um den Schläfer von der Isomatte rollen zu lassen. Finden sich nur geneigte Oberflächen, ist es deutlich bequemer, mit dem Kopf nach oben zu liegen. Idealerweise ist die Standfläche auch möglichst glatt. Wurzeln, spitze Steine und dornige Pflanzen stören nicht nur den Schlaf, sondern können auch den Zeltboden beschädigen. Sie sollten also unbedingt vermieden oder entfernt werden. Geht es nicht anders, bessert man mit **Polstermaterial** aus dem Pflanzenreich nach. Auch kleine Mulden lassen sich damit schnell nivellieren.

Stehen am Etappenziel sowohl geeignete Fels- wie auch Grasflächen zur Verfügung, stellt zweitere nicht nur die **weichere Variante** dar – auch das Abspannen und die Verankerung gestaltet sich wesentlich leichter, da die Heringe tief im Boden versenkt werden können. Wer durch Terrain mit primär hartem, felsigem Untergrund zieht, hat mit einem selbststehenden Zelt also klare Vorteile.

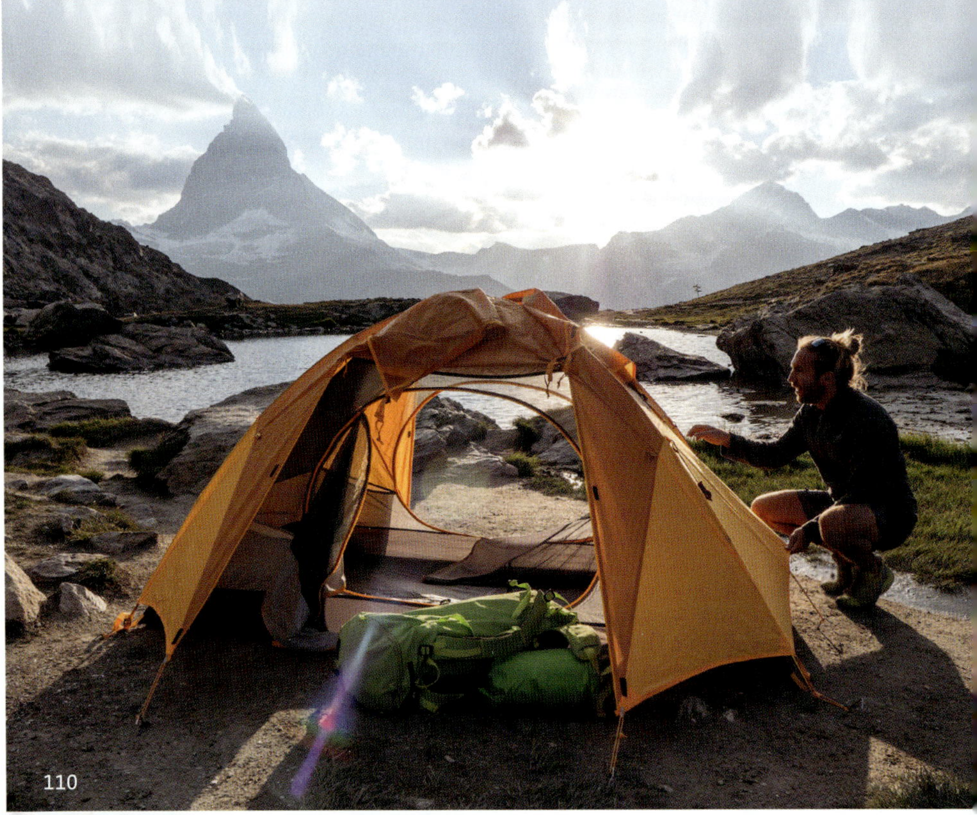

No. 77

Wie du dein ZELT aufbauen solltest und wo du es am besten POSITIONIERST

Hat man einen sicheren, möglichst komfortablen und hoffentlich auch noch traumhaft gelegenen Platz gefunden, kann der Aufbau beginnen.

Er fängt mit der **Ausrichtung** des Zelts an: Der Eingang (oder einer der Eingänge) sollte an der windabgewandten Seite liegen – dies erleichtert nicht nur den Aufbau, sondern erhöht auch die Stabilität bei Sturm und vermindert das Eindringen von schräg fallendem Regen. Stimmt die Positionierung, beginnt man mit der **Verankerung** durch die Heringe an der windzugewandten Seite und fixiert anschließend die gesamte Grundfläche.

Der genaue **Aufbau** des Zelts hängt von der Konstruktion ab, grundsätzlich unterscheidet man zwei Arten: Entweder beginnt er mit der Errichtung des Innenzelts, über das dann die Außenhaut gespannt wird, oder die Außenhülle wird mit dem bereits eingehängten **Innenzelt** aufgestellt. Erstere Variante trumpft in wärmeren, **trockenen Gefilden** mit einer Extraportion Luftigkeit. Welchen Zelttyp man auch mitnimmt: Der Aufbau sollte leicht und schnell von der Hand gehen, damit das mobile Heim auch bei **Schlechtwetter** oder im Dunkeln schnell bezugsfertig ist. Gerade bei neu gekauften oder länger nicht mehr benutzten Zelten sollte man den Auf- und Abbau schon vor der Tour geübt haben – auch um zu checken, ob die Ausstattung komplett und funktionsfähig ist.

No. 78

BAU dir dein ZELTLICHT SELBST

Outdoor HACK

Du hast keine Lust, eine Campingleuchte mitschleppen, möchtest abends aber trotzdem gern im stimmungsvoll erleuchteten Zelt sitzen? Ist genug Akkupower vorhanden, legst du einfach das Smartphone mit eingeschalteter Taschenlampe unter eine mit Wasser gefüllte PET-Flasche. Auch eine Stirnlampe funktioniert, wenn du sie mit der Birne nach innen um die Flasche herumschnallst.

No. 79

WARME NÄCHTE – PIMP deine SCHLAFSTELLE

Fröstelnd und ungemütlich irgendwie bis zum Morgen aushalten oder kuschelig und warm durchschlafen – die Qualität der Nachtruhe entscheidet, ob du gerädert oder mit voller Energie in die nächste Etappe startest.

Die wichtigsten Dinge – also die Wahl einer ausreichend isolierenden Isomatte und eines zum örtlichen Klima passenden Schlafsacks – hat man hoffentlich schon bei der Tourenplanung berücksichtigt. Doch was, wenn die Kälte vielleicht doch größer ist als erwartet? Was, wenn man keinen angenehm ebenen Stellplatz gefunden hat?

»Wie man sich bettet, so liegt man« ist bei Zelttouren mehr als eine Binsenweisheit, denn wer einige Ratschläge beherzigt und den ein oder anderen Kniff kennt, holt aus der Ausrüstung das Maximum an Komfort und Wärmeleistung heraus.

Steht das Zelt, kümmert man sich zuerst um die richtige **Grundlage**. Mit Wechselklamotten, Packsäcken oder auch Tütenfutterpackungen lassen sich nicht nur Unebenheiten wie Dellen, Mulden, Wurzeln und Steine im Untergrund ausgleichen: Die Isomatte ist für bis zu 50 Prozent der Wärmeleistung verantwortlich – ist sie zu dünn, hilft eine zusätzliche Schicht darunter beim Abwehren der Bodenkälte, besonders im Rumpfbereich. Bei selbstaufblasenden und komplett luftgefüllten Isomatten solltest du zudem darauf achten, dass diese prall gefüllt sind.

Damit der Schlafsack sein ganzes Potential erreicht, sollte er mindestens 30 Minuten vor dem Zubettgehen aufgeschüttelt und ausgelegt werden – nur dann können die Daunen oder Kunstfasern ihre volle **Bauschkraft** entfalten (»loften«) und maximal isolieren.

Um das Füllmaterial vor körperproduzierte Feuchtigkeit – sprich: Schweiß – zu schützen, gibt es sogenannte Vapor Barrier Liner (Dampfsperren), die als Inlett die Wärmeleistung des Schlafsacks um drei bis fünf Grad erhöhen. Die Mitnahme macht aber nur dann wirklich Sinn, wenn es tagelang durch kalte, feuchte Regionen geht, in denen der Schlafsack nicht richtig getrocknet werden kann. Die gemütlichere Alternative für etwas Extrawärme: ein Seideninlett.

Für eine angenehme **Temperatur im Innern** sorgt übrigens nicht der Schlafsack selbst: Er speichert lediglich die vom Körper abgegebene Wärme. Also nicht fröstelnd in die Schlaftüte steigen, sondern erst »vorheizen«: Eine sättigende Mahlzeit vor der Nachtruhe sorgt für genügend Brennstoff, um nachts weiter Wärme zu produzieren. Auch ein heißes Getränk vor dem Schlafengehen ist eine gute Idee. Friert man trotzdem, hilft es, den Körper durch Bewegung auf Temperatur zu bringen – also Kniebeugen und Hampelmänner zu machen oder ein paar Mal ums Lager zu laufen. Übertreiben sollte man es aber nicht, denn Schwitzen im Schlafsack ist kontraproduktiv, weil Verdunstungskälte entsteht.

Als **Bettkleidung** eignen sich kurze oder lange Funktionsunterwäsche sowie Socken

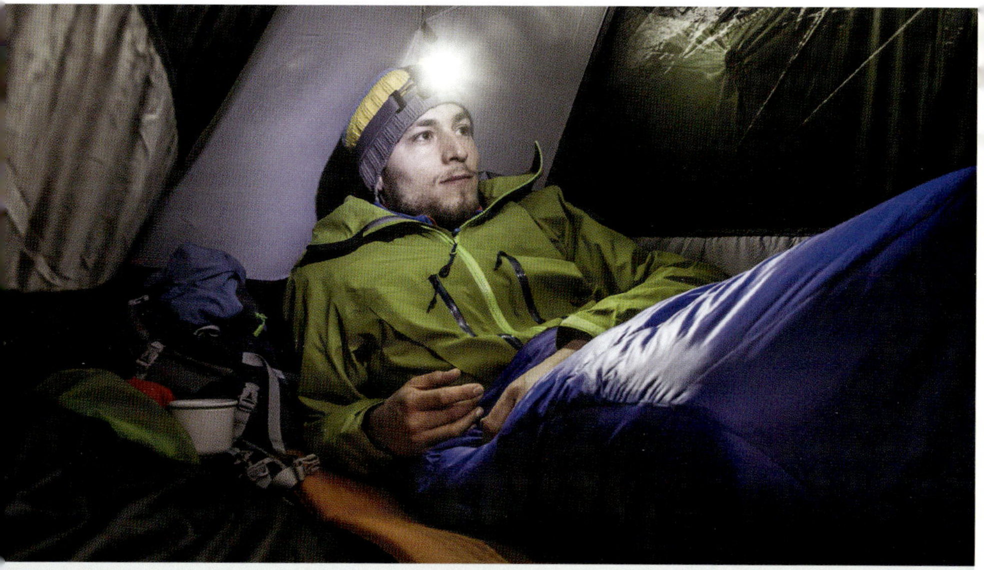

aus Merinowolle am besten, auch bei Schlafsäcken mit Kapuze schläft es sich mit einer Mütze auf dem Kopf oft angenehmer. Damit das Haupt auch weich liegt, stopft man Wechselkleidung in die Schlafsackhülle – ein brauchbarer Kopfkissenersatz. Auch die Füße verdienen oft etwas mehr Aufmerksamkeit: Hier frieren viele am meisten, zudem besteht die Gefahr, damit an die vom Kondenswasser feuchte Zelthaut zu stoßen. Abhilfe für beide Probleme schafft etwa eine Fleece- oder Daunenjacke, die über das Fußteil gelegt und seitlich unter der Isomatte fixiert wird, damit sie in Position bleibt.

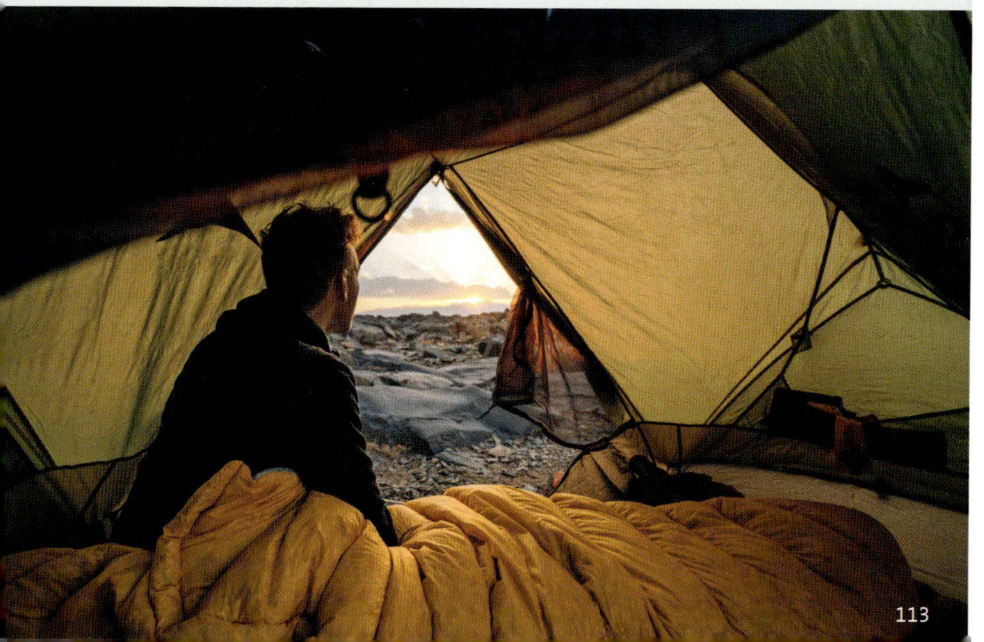

No. 80

Je mehr Kleidung im Schlafsack, desto WÄRMER?

MYTH Buster

Viele Unerfahrene machen den Fehler, sich zu dick verpackt in den Schlafsack zu legen. Der Grundgedanke dahinter scheint logisch, aber zu viele Bekleidungsschichten verhindern die Wärmeabstrahlung des Körpers – und die heizt den Raum im Schlafsack erst auf. Die Funktionswäsche reicht meistens aus und verhindert auch unnötiges Schwitzen, das wiederum zu Verdunstungskälte führt und kontraproduktiv ist.

No. 81

FEUER FREI

Wohlige Wärme spüren, den Flammen beim Lodern zusehen und vielleicht noch was Leckeres grillen – am knisternden Lagerfeuer klingen anstrengende Tourentage am schönsten aus.

Doch wie beim Wildcampen gilt auch hier: Wer dieses Vergnügen genießen will, muss sich vorher genau über die gesetzlichen Bestimmungen sowie über die aktuellen Sicherheitsbestimmungen bei erhöhter Waldbrandgefahr informieren.

Auch wenn geklärt ist, dass man ein offenes Feuer (dazu zählen vielerorts übrigens auch Kerzen, Fackeln und flammenbetriebene Kocher) bedenkenlos entfachen darf, braucht man etwas Know-how, um dies effizient und vor allem sicher hinzukriegen.

Der erste Schritt dabei ist, einen **geeigneten Platz** zu suchen. Am besten eignet sich ein nicht brennbarer, wurzelfreier **Untergrund** aus Erde, Stein, Kies oder Sand, auf grasigen Flächen solltest du Soden ausstechen und am nächsten Tag wieder sorgfältig einsetzen. Auch die **Lage** in Relation zum Zelt und anderen brennbaren Gegenständen ist wichtig: Die Feuerstelle gehört mit gebührendem Abstand an die **windabgewandte Seite** – im Wald am besten auf eine kleine Lichtung.

Für zusätzliche Sicherheit sorgen – wenn vorhanden – grüne Zweige, die das Fundament bilden, sowie ein **Schutzring** aus größeren Steinen. Zudem sollten Laub, Moos, Äste und andere organische Materialien aus dem direkten Umfeld der Feuerstelle entfernt werden.

Stimmt die Basis, geht es ans Sammeln der **Brennmaterialien** ❶. Um das Feuer in Gang zu bekommen, brauchst du zuerst mal **Zunder**. Dazu eignet sich jedes trockene,

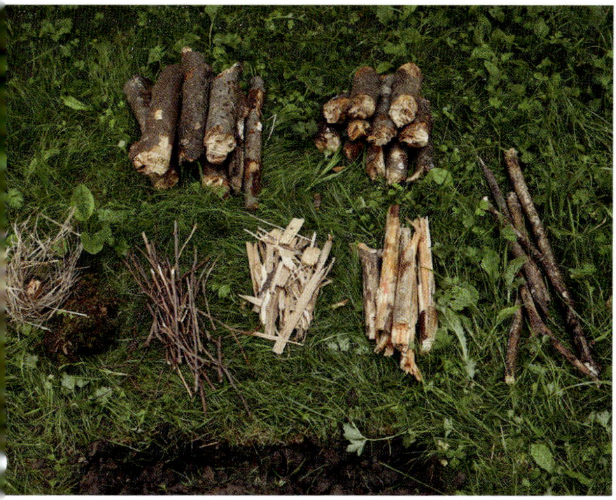

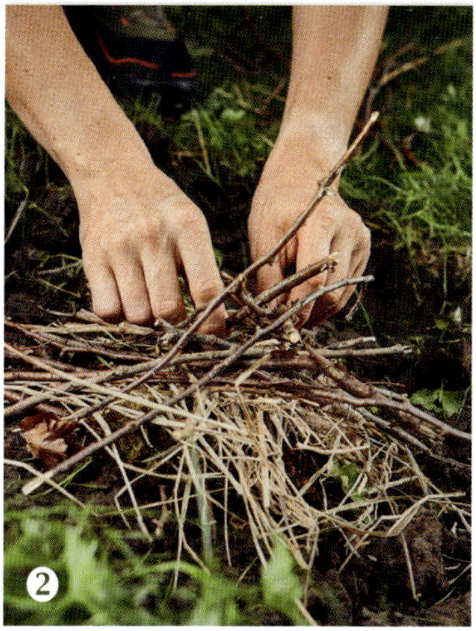

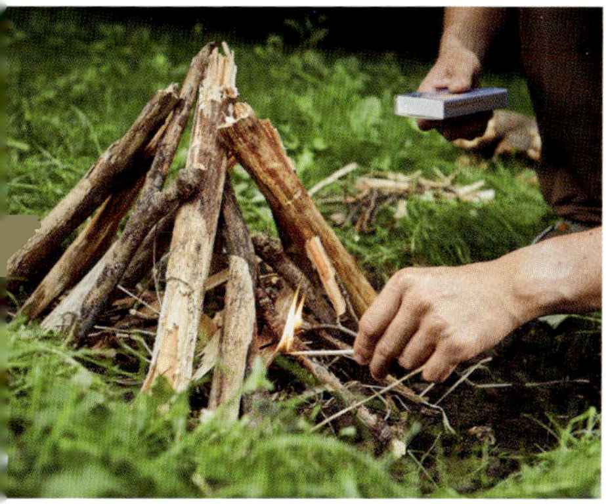

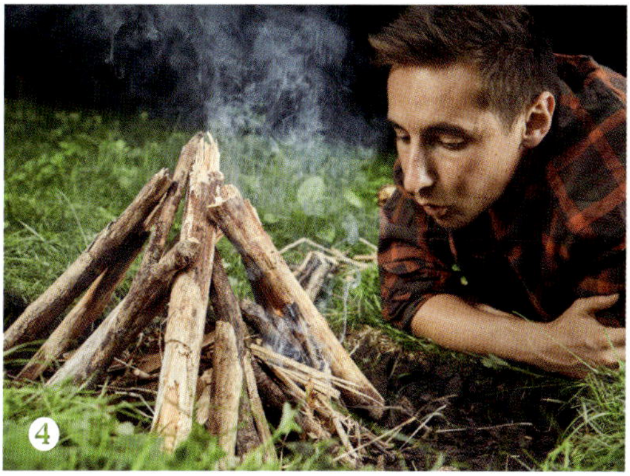

feine und lockere Pflanzenmaterial, also etwa verdorrtes Gras, Moos, Laub oder auch Birkenrinde. Papierfetzen tun es natürlich auch. Für das eigentliche **Brennholz** benötigst du trockenes Holz (im Idealfall noch stehendes oder hängendes Totholz) in verschiedenen Stärken, also dünne Zweige, finger- bis armdicke Äste sowie massivere Scheite.

Für den Aufbau des Feuers empfiehlt sich in den meisten Fällen die klassische Pyramidenform. Dabei werden um den mittig locker platzierten Zunder herum erst die dünnsten, dann die nächstdickeren Zweige vorsichtig aufgeschichtet, **ohne das Zunderbüschel zusammenzudrücken** ❷.

Als nächstes stellst du die Äste in **Pyramidenform** ❸ darüber auf, auch dabei werden die voluminöseren weiter nach außen platziert. Dabei bleibt eine etwa handgroße Stelle an der windzugewandten Seite offen, durch die dann der Zunder möglichst weit unten entfacht wird – gut geht das zum Beispiel mit einem dünnen brennenden Zweig. **Vorsichtiges Pusten** ❹ hilft dann, die Sauerstoffzufuhr und Angriffsfläche der Flamme zu vergrößern. Stehen schließlich alle Schichten des Feuers in Flammen, legst du die dicken Scheite nach – am besten Harthölzer wie Eiche, Buche oder Esche, die eine langanhaltende und kräftige Glut bilden.

No. 82

So KNISTERT es auch unter ERSCHWERTEN BEDINGUNGEN

Nicht immer funktioniert alles wie im Lehrbuch, und gerade beim Feuermachen können widrige äußere Umstände für vergebene Mühen und Frust sorgen – es sei denn, man kennt einige Kniffe.

Bei **Sturm** wird die eben beschriebene Holzpyramide in alle Winde verweht – allerdings nicht, wenn man sie in Form eines **Wallfeuers** errichtet. Dafür baust du aus größeren Steinen eine etwa 50 Zentimeter hohe, leicht U-förmige Mauer, die der Holzpyramide Schutz bietet. Nach starkem **Regen** baut man sein Feuer auf einer Basis aus kreuzartig gestapelten nassen oder schlecht brennenden Ästen – und trickst so die Bodenfeuchtigkeit aus. Brennbares Geäst findet man dann etwa in den unteren, relativ gut geschützten Lagen von Nadelbäumen. Auch ein anderer Aufbau des Feuers hilft, wenn es an trockenem Brennholz mangelt: Hier bewährt sich ein **Sternfeuer**. Dabei werden vier Äste in Kreuzform auf das zentrale Feuernest platziert und immer nur nach Bedarf nachgeschoben. So brennt nur eine kleine Fläche konzentriert und heiß – vielleicht nicht das gemütlichste Lagerfeuer, dafür aber das effizienteste.

No. 83

BLEIB SAUBER!

Klar, draußen unterwegs sein bedeutet, sich eins mit der Natur zu fühlen – aber komplett verdrecken und verwahrlosen möchte man natürlich auch nicht.

Aus Rücksicht auf die eigene Gesundheit und das Wohlbefinden sowie die Nasen der Mitwanderer ist wenigstens ein Mindestmaß an Körperpflege angebracht. Wie gründlich man sich waschen kann, hängt jedoch entscheidend vom Zugang zu sauberem Wasser ab.

Klare Seen, zahme Flüsse und kleinere Wasserfälle bieten natürlich das Nonplusultra für eine erfrischende **Ganzkörperreinigung**, aber auf Seife oder Shampoo sollte man dabei unbedingt verzichten: Auch biologisch abbaubare Produkte können der Flora und Fauna schaden und haben in Gewässern nichts zu suchen – zumal ihre Verwendung auf Tour auch wirklich nicht nötig ist. Eine **Ausnahme** bilden die Hände, die regelmäßig von Bakterien und Keimen befreit werden sollten – dafür reicht eine kleine

Naturseife, die du aber nur sparsam einsetzen und einige Meter abseits des Wassers abspülen solltest.

Fließt nur ein kleines Bächlein in Campnähe vorbei, reichen einige Liter in Plastikflaschen oder in einer speziellen **Outdoor-Dusche** (einem wasserdichten Packsack mit Duschventil), um den ganzen Körper kurz abzuspülen. Hast du aber keine dabei, tut's auch eine **Katzenwäsche** des Gesichts und der Problemzonen wie Füße, Achseln und Intimbereich.

Auf einer Strecke mit Abschnitten, an denen überhaupt kein Waschwasser zur Verfügung steht, machen sich **Desinfektionsmittel** für die Hände sowie Feuchttücher für das Nötigste nützlich. Auch der Rauch eines Lagerfeuers hat eine gewisse reinigende und desinfizierende Wirkung – allzu viel sollte man vom so einem »Dampfbad« aber nicht erwarten.

Auch bei der **Kleidung** kommt man auf längeren Touren um eine Wäsche nicht herum – was sich aber eigentlich nur auf die erste

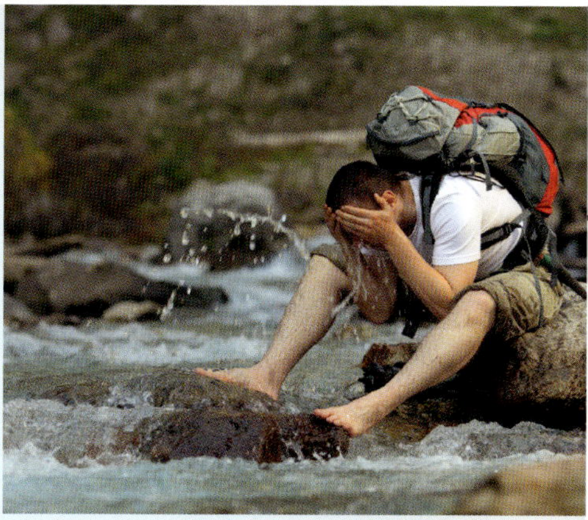

Lage bezieht, also die Socken, die Unterwäsche und das Funktionsshirt, eventuell noch aufs Fleece-Oberteil. Wer viel schwitzt, spült die Sachen einfach abends mit klarem Wasser aus und freut sich am nächsten Morgen über ein frisches Set. Nach einer Wäsche entlang der Strecke trocken die Klamotten bei gutem Wetter außen am Rucksack befestigt schnell, dabei vernichten die UV-Strahlen zudem noch Keime und Bakterien. Ist – etwa nach einem Sturz in den Schlamm – aber ein intensiverer Waschgang nötig, hilft es, die dreckigen Sachen über Nacht in strömendem Wasser zu fixieren.

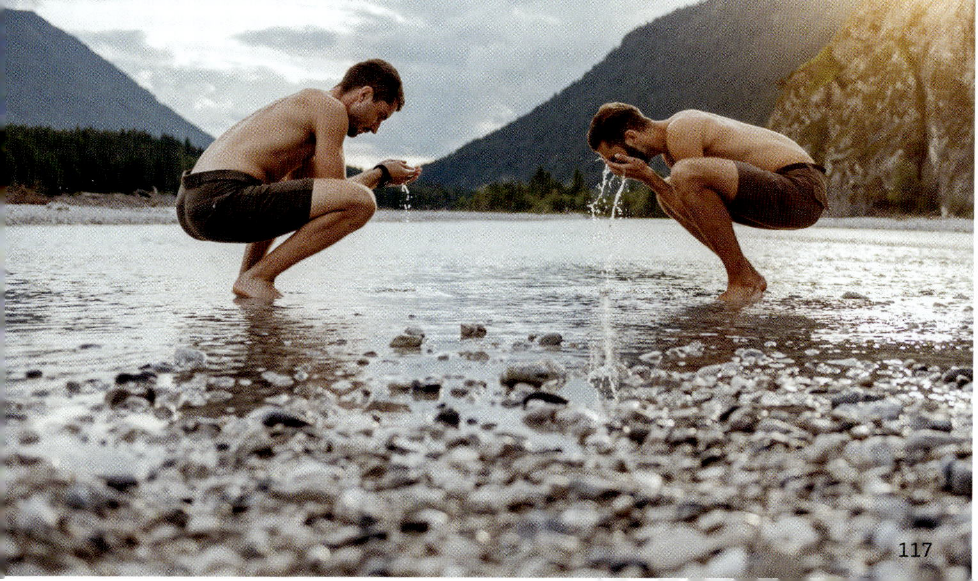

No. 84

Das ZAHNPUTZ-MITTEL aus dem FEUER

Outdoor HACK

Wer seine Zahnpasta vergessen hat, findet Abhilfe am erloschenen Lagerfeuer: einfach die leicht angefeuchtete Zahnbürste in die Holzasche dippen und losschrubben. Dank winziger Kristalle werden die Zähne so zwar gründlich von Belag befreit, doch einen frischen Geschmack darf man nicht erwarten – ist genügend Wasser da, hilft gründliches Ausspülen.

No. 85

So ERLEDIGST du elegant dein GESCHÄFT

Zwar sollte man auch auf Tagestouren darauf vorbereitet sein, doch bei Trekkingtouren abseits von Hütten gehört die Situation zum Alltag: Man muss, aber weit und breit gibt es keine Toilette.

Manche mögen bei dem Thema schmunzeln, doch wer auf den Ruf der Natur unbedacht antwortet, hinterlässt unappetitliche Spuren und schadet dem Ökosystem. Dabei reichen ein wenig Wissen und Vorbereitung, um seine Notdurft mit gutem Gewissen zu verrichten.

Zuerst suchst du dir ein wortwörtliches **stilles Örtchen**, sprich: eine Stelle, die mindestens 50 Meter abseits des Wegs, des Camps und etwaiger Gewässer liegt. An viel frequentierten Strecken sollte sie natürlich auch nicht einsehbar sein, im Gebirge nicht absturzgefährdet. Ideal sind Stellen mit lockerer, dunkler Erde, die besonders viele Bakterien und Mikroorganismen beheimatet. Dort, wo es möglich ist, gräbst du mit einem Stock, Stein oder mitgebrachten Klappspaten eine **Grube** – oder nutzt eine vorhandene Mulde aus. Schwerstarbeit brauchst du dabei nicht zu leisten: eine Tiefe von 10 bis 15 Zentimetern reicht, um die Hinterlassenschaft anschließend ausreichend abzudecken: So verbleibt sie oberflächlich genug, um von den Mikroorganismen der obersten Bodenschichten möglichst rasch zersetzt zu werden. Auf felsigen oder anderen harten Böden bedeckst du den Haufen – wenn möglich – großflächig mit einem oder mehreren schweren Steinen. Geht das nicht, reiben ihn wirklich Verantwortungsbewusste auf einem sonnenexponierten Felsen flach und lassen die UV-Strahlung ihre Arbeit machen.

Geht es ans **Abwischen**, sind natürliche Hilfsmittel wie Blätter oder Steine die ökologisch unbedenklichste Variante – aber wohl nicht die angenehmste oder effektivste. Auf Taschentücher solltest du aber in jedem Fall verzichten: Sie bestehen meist aus Zellstoff und haben deutlich längere Abbauzeiten als normales Klopapier. Keine Rolle spielt die Papierart, wenn man die Wischutensilien nicht mit eingräbt, sondern in luftdicht verschließbaren Plastikbeutel mitnimmt – die sensibelste Lösung, an der in manchen besonders geschützten Gebieten auch kein Weg vorbeiführt.

Der Toilettengang entlang der Strecke ist das eine, doch was, wenn man mit einer Gruppe auf Tour ist und vielleicht auch mehrere Tage am selben Lager verweilt? Damit niemand in eine »Tretmine« stapft, stehen zwei Möglichkeiten zur Wahl: Entweder man spricht sich ab und bricht zum Toilettengang in unterschiedliche Himmelsrichtungen auf. Lassen dies die örtlichen Begebenheiten nicht zu, muss man eben den Radius vergrößern.

Oder man einigt sich auf eine stille Stelle, die alle nutzen – um Gestank und Insektenschwärme zu vermeiden, braucht es dann eine tiefere Grube, die im »Schichtwechsel« befüllt und zugeschüttet wird. Sinn macht das aber wirklich nur bei längeren Aufenthalten am selben Ort – und dann lohnt eventuell auch der Bau eines »Donnerbalkens«.

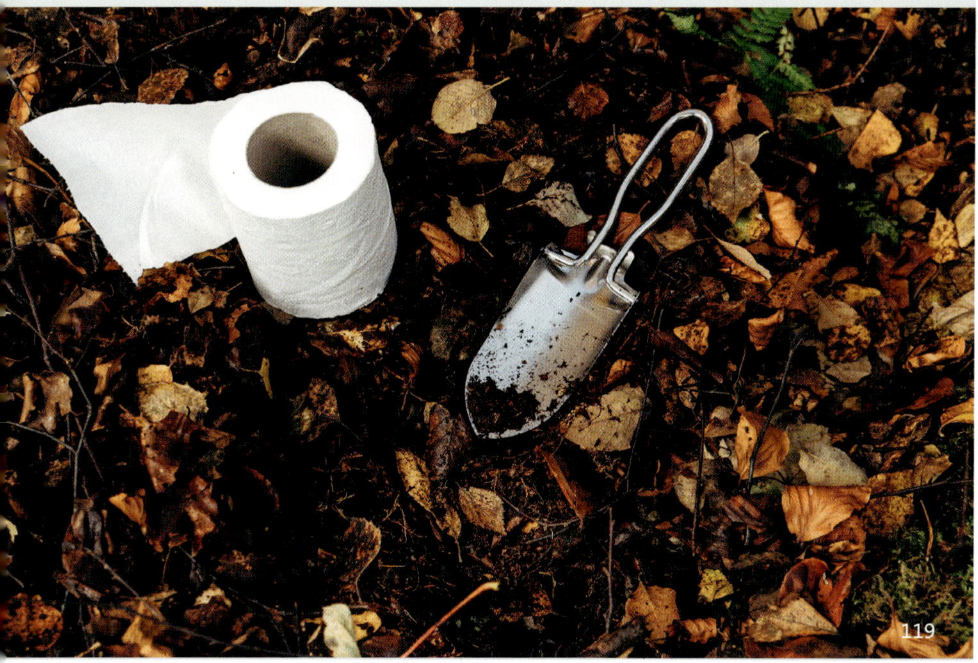

Kapitel 7

UNTERWEGS – Sicherheit und Erste Hilfe

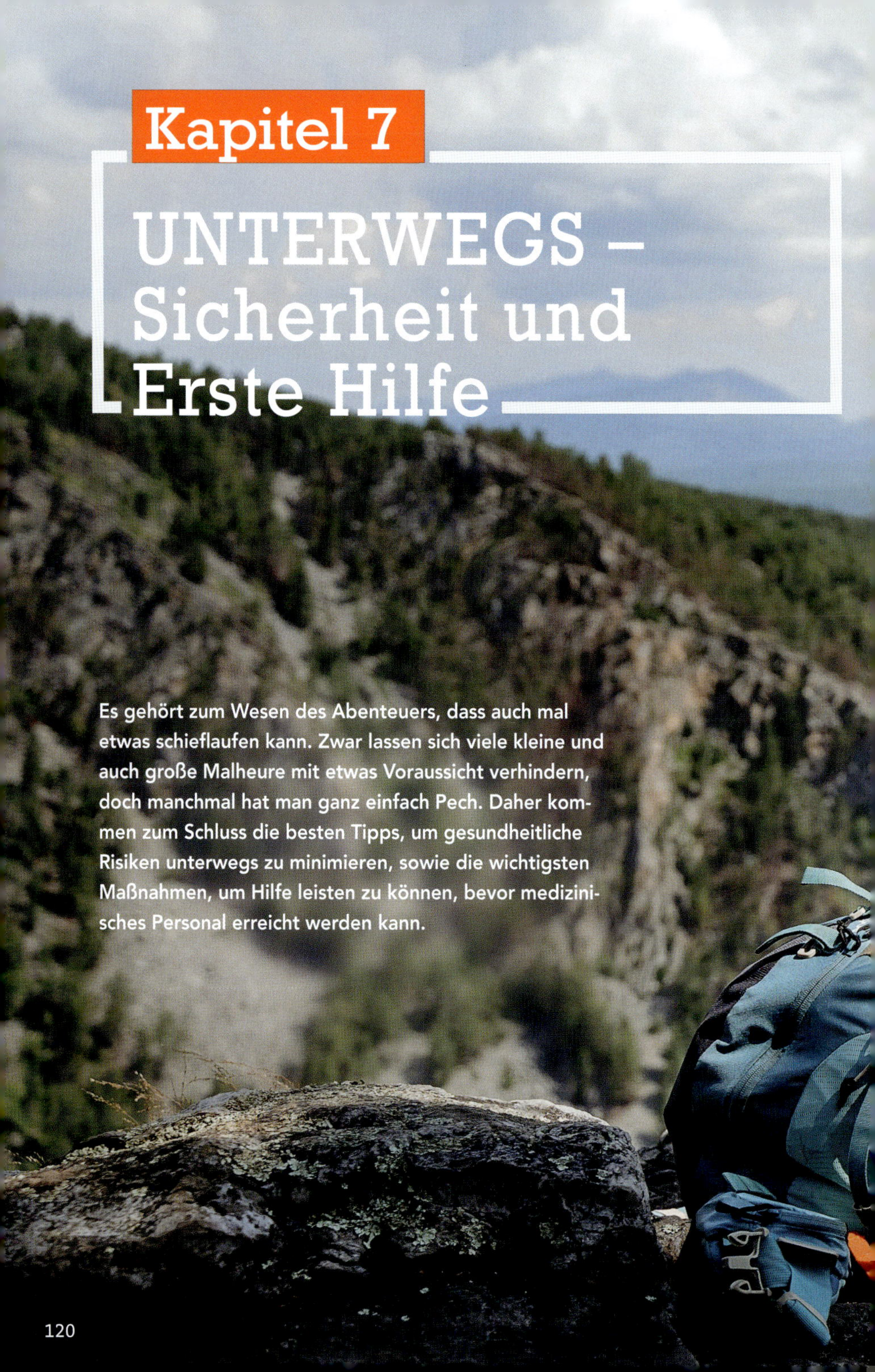

Es gehört zum Wesen des Abenteuers, dass auch mal etwas schieflaufen kann. Zwar lassen sich viele kleine und auch große Malheure mit etwas Voraussicht verhindern, doch manchmal hat man ganz einfach Pech. Daher kommen zum Schluss die besten Tipps, um gesundheitliche Risiken unterwegs zu minimieren, sowie die wichtigsten Maßnahmen, um Hilfe leisten zu können, bevor medizinisches Personal erreicht werden kann.

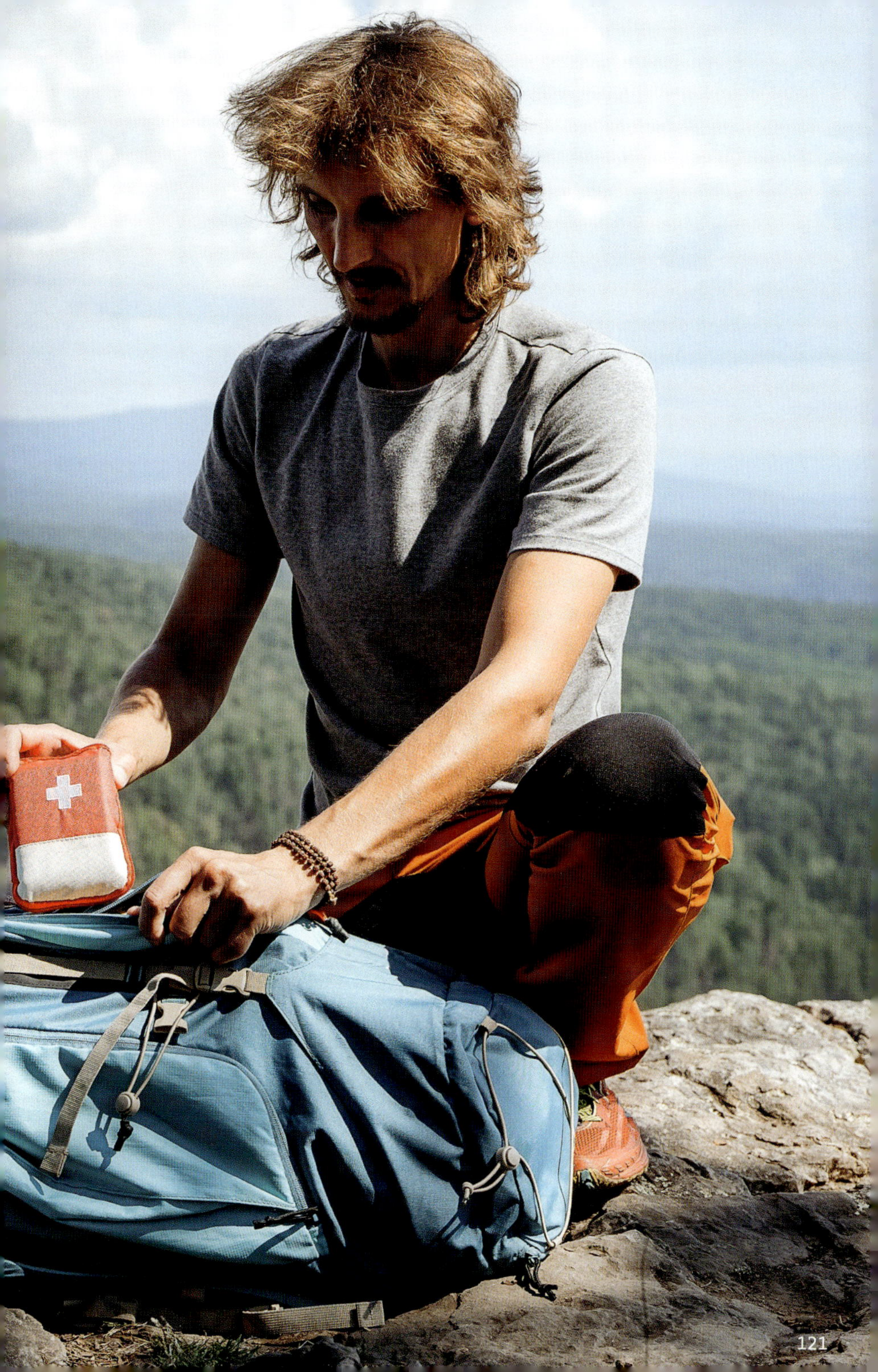

No. 86

DAS HILFT bei BLASEN und SCHEUERSTELLEN

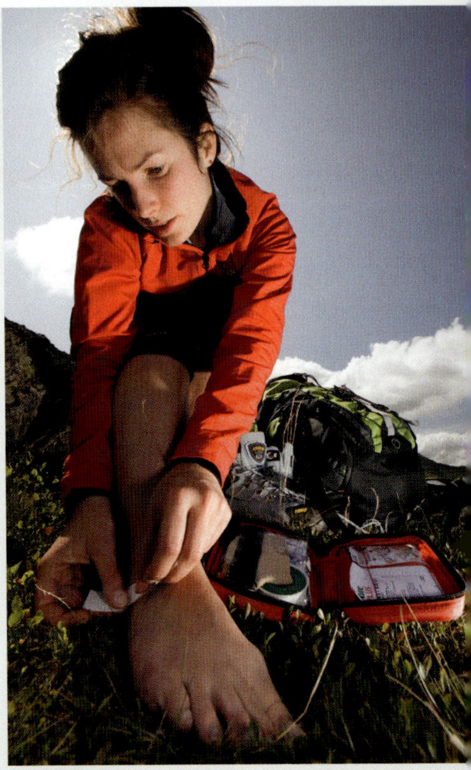

Die meisten Outdoor-Sportler dürften es kennen: Blasenbildung und Scheuerstellen können einem trotz gut sitzender, korrekt geschnürter Schuhe und passender Funktionskleidung manchmal die Tour verhageln.

Viele Querelen lassen sich bereits mit der richtigen Vorbeugung vermeiden, aber passieren sie doch, muss man wissen, wie man den Schaden kleinhält.

Die größten Problemstellen lauern dort, wo man sie am wenigsten gebrauchen kann: an den Füßen. Während der Tourensaison – und besonders vor und auf längeren Unternehmungen – zahlt es sich aus, ihnen mit **sorgfältiger Pflege** eine Extraportion Aufmerksamkeit zukommen zu lassen. Viele schwören auf das regelmäßige Eincremen mit **Hirschtalg**, das die Haut vor Blasenbildung und Wundwerden schützt und sie widerstandsfähiger gegen Risse macht.

Auch kurze, gerade geschnittene Zehnägel sind auf Tour Pflicht, andernfalls kann es durch Anstoßen an der Schuhfront schnell zu sehr schmerzhaften Hämatomen am Nagelbett kommen.

Neigst du generell zu Blasenbildung an einer bestimmten Stelle oder merkst du unterwegs, dass etwas zu drücken, scheuern oder brennen beginnt, solltest du die Problemzone abkleben. An Fersen, Ballen und Vorfuß hilft großzügig angebrachtes Gewebeband (z. B. Leukotape) oder – bei akuten Problemen effektiver – **Polsterpflaster**. Beim Zuschneiden solltest du die Kanten abrunden, damit sie besser halten. Auch für die Zehen gibt es spezielle Blasenpflaster, einen Rundumschutz inklusive der Nägel bieten zudem dünne und atmungsaktive **Zehenkappen**.

Bemerkt man die Blasenbildung rechtzeitig, genügt oft das Abkleben und -polstern, um sie klein und unscheinbar zu halten. In solchen Fällen bleibt das Blasenpflaster einfach über mehrere Tage kleben, bis die Wundstelle abgeheilt ist. Anders sieht es aus, wenn sich viel Wundwasser zwischen den voneinander gelösten Hautschichten bildet.

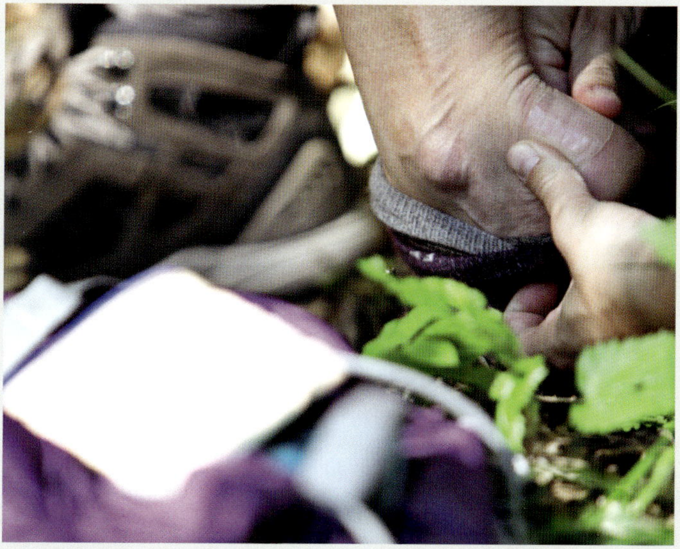

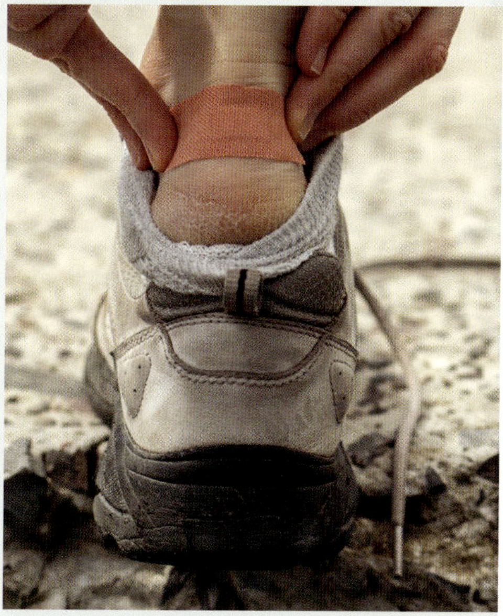

Die **prall gefüllte Blase** drückt dann schmerzhaft auf die darunterliegenden Nervenenden, und die Tour wird zur Tortur.

An dieser Stelle trennen sich Theorie und Praxis: Oft heißt es, man soll Blasen prinzipiell nicht aufstechen, doch wie sieht die Alternative aus? Unter Qualen weitergehen, bis sie wahrscheinlich unkontrolliert aufplatzt – auch keine Lösung. Besser ist es also, eine oberflächlich sitzende Blase mit einer Nadel (vorher desinfizieren oder erhitzen) vorsichtig seitlich einzustechen und die Flüssigkeit sanft mit einer Kompresse oder einem sterilen Tuch herauszudrücken. Die nun lose obere Hautschicht darf auf keinen Fall entfernt werden, sondern muss einige Zeit abtrocknen, bevor man die Wundstelle desinfiziert und mit einem Pflaster abklebt.

Nicht nur an den Füßen besteht die Gefahr des Wundscheuerns: Mechanische Reibung durch die falsche Kleidung und starkes Schwitzen macht auch den Innenflächen der Oberschenkel zu schaffen. Wer dazu neigt, sich den berüchtigten **»Wolf«** zu laufen, achtet auf Funktionswäsche mit längerem Beinansatz oder greift präventiv zu schützenden Cremes wie **Hirschtalg**. Passiert es doch, gilt Zinkpaste als das beste Mittel zur Behandlung.

No. 87

VORSICHT BEI GEWITTER

Wenn sich eine Gewitterwolke entlädt und ein Blitz in die Erde schlägt, demonstriert die Natur ihre Kräfte auf faszinierende, aber auch erschreckende Art:

Es entstehen Spannungen von bis zu 100 Millionen Volt und eine Hitze von 20000 bis 30000 Grad. Obwohl die Gefahr, vom Blitz getroffen zu werden, sehr gering ist, verlieren etwa im Alpenraum jedes Jahr durchschnittlich sieben Menschen dadurch ihr Leben. Um nicht Teil der traurigen Statistik zu werden, muss man wissen, wie man das Risiko minimiert.

Heute gelingt es den **Wetterprognosen** zwar, das Eintreffen der meisten Gewitter mit hoher Treffsicherheit vorauszusagen – weniger aber ihre genaue Entwicklung, den zeitlichen Ablauf und die Ausprägung. Kündigt der Wetterbericht (den man grundsätzlich vor jeder Tour einholen sollte) eine Gewitterneigung an, muss man abwägen, ob sich das geplante Vorhaben sicher durchführen lässt – besonders, wenn es ins Gebirge geht. Deuten die Zeichen dort auf ein **Wärmegewitter**, minimieren ein früher Start und das zeitige Eintreffen am Ziel das Risiko, denn anders als die besser vorhersagbaren **Frontgewitter** treten Wärmegewitter in der Regel nachmittags und abends auf. Da Blitze aber auch deutlich vor (oder nach) einem Gewitter auftreten können, sind Bergtouren über luftige Grate, Gipfel und andere exponierte Stellen bei Gewitteransage in jedem Fall Tabu, ebenso Klettersteige und Passagen mit Drahtseilversicherungen.
Nicht nur der Check der Wetterprognose am Morgen mindert die Gefahr, plötzlich von einem Gewitter überrascht zu werden: Unterwegs gilt die Aufmerksamkeit dem Himmel, um etwaige Vorboten rechtzeitig zu bemerken und darauf reagieren zu können.

Doch was tun, wenn unterwegs Blitze durch den Himmel zucken und Donner ertönt? Wie nah man am Gewitter dran ist, lässt sich durch die Dauer zwischen Lichtstrahl und Knall bestimmen: Der Schall legt jede Sekunde etwa 340 Meter zurück. Ob Gefahr droht oder nicht, lässt sich mit der **30-30-Regel** abschätzen: Vergehen weniger als **30 Sekunden** zwischen Blitz und Donner, ist das Gewitter schon relativ nah und es wird Zeit, Schutz zu suchen. Hat es dann 30 Minuten nicht mehr geblitzt und gedonnert, kann man bedenkenlos weiterziehen. Beträgt die Zeitspanne allerdings nur noch zehn Sekunden oder weniger, befindest du dich bereits in der **Gefahrenzone** – und musst sofort **Schutzmaßnahmen** ergreifen.

Generell gilt: Blitze schlagen vorzugsweise in die höchste Stelle ein – die man auf **freien Flächen** wie Wiesen, Feldern und Hochebenen oft selbst darstellt. Liegen kein Haus und keine Hütte, keine Mulde oder Höhle in der Nähe, lautet die Devise: Keinesfalls Schutz unter einem alleinstehenden Baum suchen sowie Abstand von anderen Personen, exponierten Gegenständen und Wasser halten. Was dann noch hilft: sich kleinmachen, also in die Hocke gehen, die Beine umklammern und den Kopf senken – am besten auf einer isolierenden Schicht wie der Isomatte oder dem Rucksack. Sich flach hinzulegen wäre

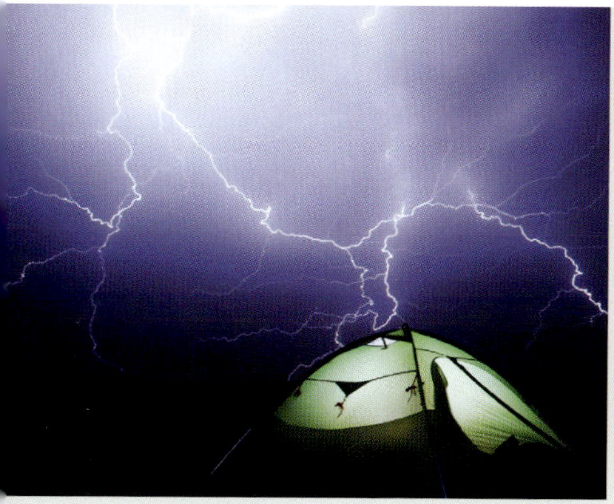 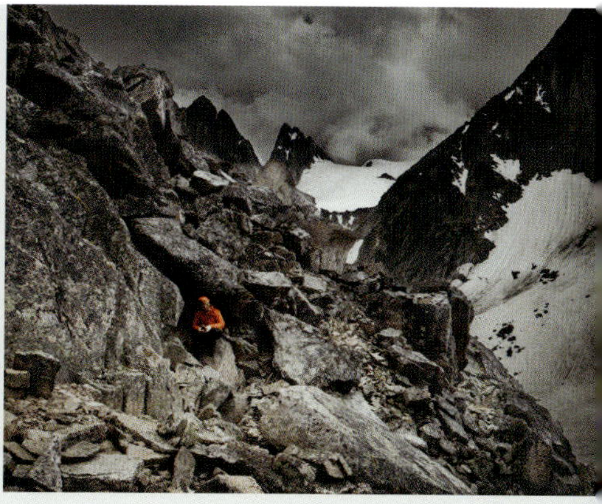

allerdings ein Fehler: Bei einem Blitzeinschlag fließt der Strom am Boden in alle Richtungen und sucht sich dabei den Weg des geringsten Widerstands – und das wäre in diesem Fall eben nicht der Boden, sondern dein Körper.

Nicht nur Bäume in Alleinlage oder kleinen Gruppen sind eine No-Go-Zone, auch am Rand eines **Waldes** steht man denkbar ungünstig – mittendrin sieht es da schon besser aus, da sich die Einschlaggefahr verteilt. Am effektivsten entgehst du ihr dort zwischen locker gruppierten, jungen Baumbeständen: Sie sind weniger hoch und daher eher nicht das Ziel von Blitzen, und auch die Gefahr von hinabfallendem Totholz durch Windwurf ist zwischen ihnen deutlich geringer. Was letzteren Punkt betrifft, geht von Nadelhölzern generell ein geringeres Risiko aus als von Laubbäumen.

Die heikelsten Aufenthaltsorte bei Blitz und Donner sind topografisch exponierte Stellen wie **Berggipfel, Hügel und Grate** – schon bei den kleinsten Anzeichen eines Gewitters sollte man die Tour dorthin umgehend abbrechen. Wird man oben überrascht, hilft nur ein sofortiger Rückzug in sichereres Gelände. Wenn das Gipfelkreuz, Drahtseile und anderes Metall zu »singen« beginnen und sich die Haare aufstellen, droht das Worst-Case-Szenario: ein unmittelbarerer Blitzeinschlag.

No. 88

METALL zieht BLITZE an?

MYTH Buster

Man hört es immer wieder: Metallteile – und auch elektronische Geräte wie das Handy – ziehen Blitze an. Das stimmt zwar nicht, denn sie schlagen bevorzugt an hohen, spitzen und isolierten Stellen ein, doch trotzdem solltest du bei Gewittern von metallischen Strukturen wie Zäunen und Geländern Abstand nehmen: Sie könnten den Strom eines Blitzanschlags in der Nähe zu dir weiterleiten.

No. 89

SO SCHÜTZT DU DICH VOR HITZE

Angenehmer Sonnenschein schön und gut, doch wenn das Thermometer unterwegs in unerträgliche Höhen klettert, leidet nicht nur der Spaß, sondern im Ernstfall auch die Gesundheit – ein Punkt, den gerade unerfahrene Outdoor-Sportler oft unterschätzen.

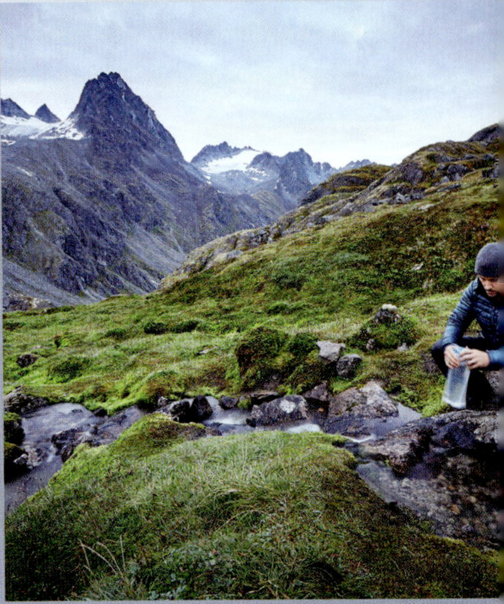

Gegen Kälte hilft einfach eine weitere Bekleidungsschicht, doch beim Kampf gegen hohe Temperaturen kommen andere Taktiken in Spiel.

Sagt die **Wetterprognose** Spitzenwerte von 30 Grad oder aufwärts voraus, ist es am besten, Aktivitäten unter direkter Sonneneinstrahlung zu vermeiden. Was aber nicht heißt, dass der Tagesplan komplett ausfallen muss. Mit einem **frühen Start** schlägst du der **Mittagshitze** (und auch eventuellen Wärmegewittern) ein Schnippchen, bei ganztägigen Etappen entgehst du ihr durch eine ausgedehnte Siesta im Schatten – aber Vorsicht: Oft werden die höchsten Tagestemperaturen erst zwischen 16 und 18 Uhr registriert, am späten Nachmittag sollten also keine sportlichen Höchstleistungen mehr anstehen. Neben längeren bzw. mehreren Pausen muss man beim Zeitmanagement auch ein gedrosseltes Tempo einplanen, denn ein zu schneller Energieverbrauch und unnötiges Schwitzen sind kontraproduktiv.

Schattige Abschnitte lassen sich auch bei der **Streckenführung** ausnutzen: Bei Rundtouren bieten sich meist mehrere Ausgangspunkte an, bei Streckentouren lässt sich oft die Richtung beliebig wählen. Geht es durch gemischtes Terrain wie Offenflächen und Wald oder unterschiedlich sonnenexponierte Berghänge, legst du die **heißeren Abschnitte an den Morgen oder Abend**.

Lässt sich große Hitze partout nicht vermeiden, gilt es, sie möglichst angenehm und sicher zu überstehen. Dass **lockere, luftige Bekleidung** angesagt ist, versteht sich von selbst. **Naturfasern** haben dabei den Vorteil, dass sie die aufgenommene Körperfeuchtigkeit nur langsam abgeben und die Verdunstungskühlung so länger erfrischt. Geht es in extreme Gefilde, kommt auch Bekleidung mit integriertem UV-Schutz in Betracht. Ansonsten sorgt ein regelmäßiges Eincremen mit **Sonnenschutzmittel** für Sicherheit gegen die Strahlung. Auch eine **Schirmmütze mit Nackenschutz**

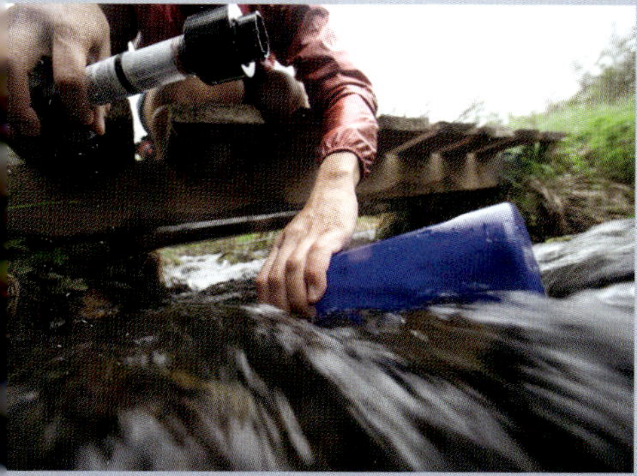

oder ein Hut mit breiter Krempe sind Pflicht, ebenso eine **Sonnenbrille**.
Die wichtigste Maßnahme gegen Überhitzung kommt allerdings von innen und wird von vielen vernachlässigt: ein ausreichender **Wasserhaushalt im Körper**. Regelmäßiges Trinken in kleinen Mengen beugt der Dehydrierung vor. Um dabei nicht immer die Flasche hervorkramen zu müssen, hilft eine im Rucksack integrierte oder gelagerte **Trinkblase**: Dank eines am Schultergurt festgeklemmten Schlauchs kannst du beim Gehen jederzeit nachtanken – und das am besten, bevor Durst überhaupt entsteht.

Als ebenfalls sehr praktischer Begleiter bewährt sich ein dünnes **Baumwolltuch**, denn mit ihm lässt sich die Erfrischung von Gewässern am Weg »mitnehmen«: als nasse Kühlung für Kopf und Nacken. Der Effekt hält eine ganze Weile an, denn beim allmählichen Trocknen entsteht durch die Verdunstung weiterhin angenehme Kälte.

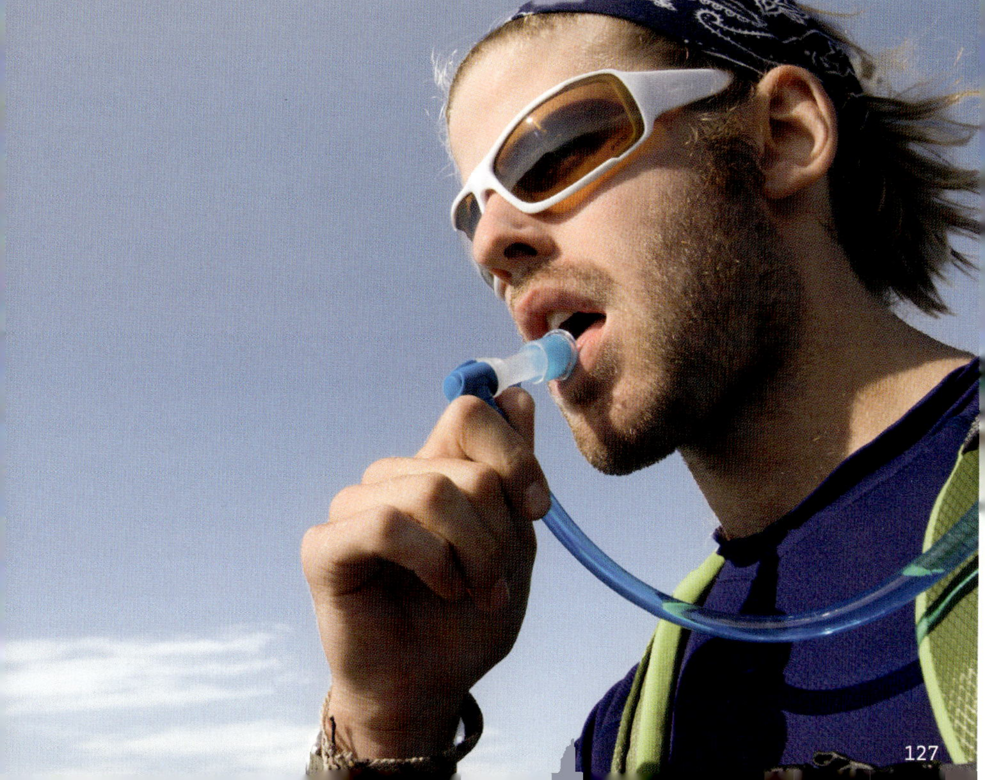

No. 90

So VERHÄLTST du dich RICHTIG, wenn du TIEREN BEGEGNEST

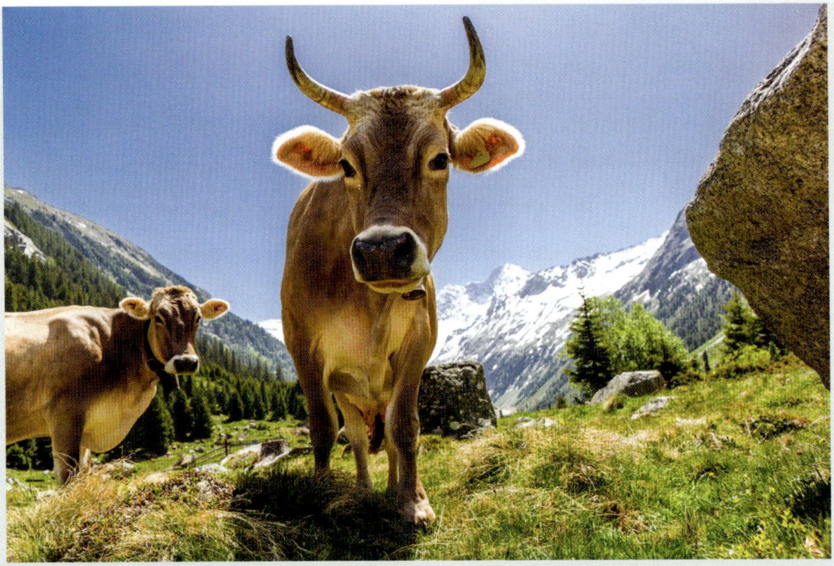

Sie wirken meist wie die Ruhe selbst, doch anders als ihre stallgehaltenen Artgenossen zählen Almkühe zu den Tieren, die einem im Alpenraum gefährlich werden können: Sie haben ihre Urinstinkte behalten und greifen bei Bedrohung furchtlos an.

Daher ist es wichtig, sich ruhig mit mindestens zehn Metern Abstand an ihnen vorbeizubewegen, insbesondere bei Muttertieren mit Kälbern. Hektische Bewegungen und Annäherungen von vorne sollten vermieden werden, Hunde gehören an die Leine. Zeigt eine Kuh Drohgebärden (gesenkter Kopf, Hufscharren, Schnauben), zieht man sich langsam und rückwärts zurück. Sollte das die Lage nicht entschärfen, können weit ausholende Bewegungen und Lärm den Fluchtinstinkt auslösen. Letztes Mittel der Wahl: ein Hieb mit dem Trekkingstock auf die Nase.

Auch **Wildschweine** sind eigentlich friedliche Tiere. Obwohl rund zwei Millionen durch die Natur Deutschlands streifen sollen, sind Begegnungen selten: Sie riechen und hören uns von Weitem. Vorsicht ist im Herbst und Winter geboten, wenn die Keiler auf Paarungssuche gehen, sowie im Frühjahr, wenn die Muttertiere ihren Nachwuchs verteidigen. Verletzte Tiere können ebenfalls aggressiv reagieren, und in Siedlungsnähe haben sie oft ihre natürliche Scheu verloren. Zu den typischen Drohgebärden zählen Schnaufen, das Aufstellen des Schwanzes und das Klappern mit den Zähnen. Dann heißt es: Ruhe bewahren, sich langsam rückwärts entfernen. Wird der Abstand gering oder bleibt das Tier

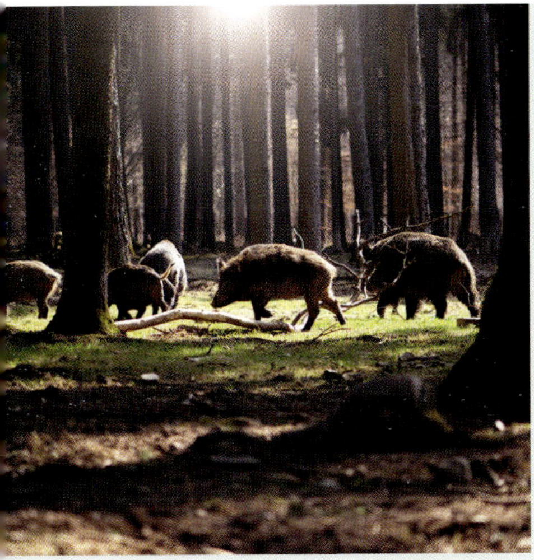

aggressiv, führt lautes Händeklatschen oder ein Schlag mit einem Ast gegen einen Baum oft zur Flucht.

Ein bedachter Rückzug und das Zeigen von Dominanz (Arme ausstrecken, lautes, aber nicht panisches Rufen) sind auch im unwahrscheinlichen Fall einer Begegnung mit einem **Wolf** ratsam. In der Regel meiden Wölfe die Nähe zum Menschen und sehen ihn nicht als Beute. Wenn sie nicht sofort fliehen, sollte das keine Panik auslösen, da Jungtiere manchmal neugierig sind und die Situation abschätzen, bevor sie weiterziehen. Wichtig: Eine Begegnung sollte unbedingt der zuständigen Wolfsberatung oder Behörde gemeldet werden, damit diese auf auffälliges Verhalten reagieren können.

Die Wahrscheinlichkeit, das größte Landraubtier Europas, den **Braunbären**, in freier Wildbahn zu treffen, geht gegen null. Die meisten leben in den rumänischen Karpaten, dem westlichen Balkan und Skandinavien, in den Alpen gab es angeblich nur acht Angriffe in den letzten 20 Jahren. Eine größere Gefahr besteht besonders in Russland, Kanada und den USA, wo lautes Reden und eine Bärenglocke am Rucksack dafür sorgen, dass Meister Petz weiß, dass er nicht allein ist – und auf Abstand bleibt. Auch wenn es schwerfällt: Im Falle einer Begegnung sollte man ruhig bleiben, durch lautes und selbstbewusstes Reden und langsame Bewegungen auf sich aufmerksam machen, nicht wegrennen und langsam zurückgehen. Wenn sich der Bär aufrichtet, ist das kein Grund zur Panik: Er will sich nur einen besseren Überblick verschaffen. Jetzt bloß keine Gegenstände werfen oder verscheuchend gestikulieren – das kann nach hinten losgehen. Kommt es zum Angriff, lautet die einzige Taktik: auf den Boden legen, die Hände im Nacken verschränken und hoffen, dass der Kraftprotz weiterzieht.

Im Vergleich mit **Elchen** wirken sogar Bären fast klein: Die größten Vertreter aus der Familie der Hirsche beeindrucken mit einer Schulterhöhe von bis zu 2,30 Metern und einem Gewicht von 800 Kilogramm. Bei uns sind Sichtungen von eingewanderten Tieren aus Polen oder Tschechien selten, in den borealen Wäldern Skandinaviens oder Nordamerikas trifft man die Kolosse jedoch recht häufig an. Besondere Vorsicht ist geboten, wenn man auf eine Elchkuh mit Kälbern trifft, vor allem gegen Ende Mai und im Juni. Im Herbst durchlaufen Elchbullen während der Brunftzeit eine aggressive Phase. Ein langsam auf dich zukommender Elch bedeutet keine Zutraulichkeit, sondern eine Drohgebärde, begleitet von angelegten Ohren, gesträubtem Nackenfell, gesenktem Kopf und Knirschen mit den Zähnen – Zeit, den Rückwärtsgang einzulegen. Im Wald findet man Schutz hinter Bäumen, auf freier Fläche kann man es mit Wegrennen im Zickzack-Kurs versuchen – die Tiere sind zwar bis zu 55 km/h schnell, wegen ihrer schlaksigen Beine aber nicht sehr wendig.

No. 91

Wie du dir MÜCKEN & CO. vom LEIBE HÄLTST

Ob in heimischen Gefilden oder skandinavischer Wildnis, ob unter mediterraner oder tropischer Sonne: Mücken quälen uns in vielen Regionen mit juckenden Stichen und ihrem nervigen Surren – und können überall dort, wo Malaria, Zika-Viren, Dengue- oder Gelbfieber vorkommen, zur echten Gefahr werden. Damit dir die kleinen Plagegeister nicht die Tour vermiesen, musst du wissen, wie du ihnen Paroli bieten kannst.

Die einfachste Taktik dabei lautet: **Meide ihren Luftraum!** Das heißt nicht unbedingt, dass man auf sein Traumreiseziel verzichten muss – sondern es am besten abseits der Mückenhochsaison erkundet. Also nicht dann, wenn die Temperatur hoch und die Luft feucht ist. Lässt die zeitliche Planung das nicht zu, kannst du beim Zelttrekking auch in moskitoreichen Gebieten Abstand suchen – zumindest am Abend und in der Nacht, wenn die Blutsauger besonders stechlustig sind.

Denn dann entscheidet die **Wahl des Lagerplatzes** über entspannte Stunden oder nächtlichen Terror. Denkbar ungünstig sind Stellen, an denen sich Stechmücken wohlfühlen: im Schatten, in der Windstille und vor allem an trägen oder stillstehenden Gewässern, die ihnen als Brutstätte dienen. Lässt es das Gelände zu, schlägt man sein Zelt also nicht auf feuchten Wiesen, in Sumpfgebieten oder an Teichen und Seen auf, sondern idealerweise auf einem freien, luftigen Platz. Weiteren Schutz bieten bei vielen Zelten bereits intergierte Moskitonetze, die man vor der Tour auf Löcher überprüfen sollte. Ein **insektenabweisendes Inlett** lohnt sich besonders dann, wenn man unterwegs in einfachen Unterkünften schläft: Es verwehrt nicht nur Moskitos den Einlass, sondern auch Zecken, Flöhen und Wanzen.

Einen gewissen Schutz vor Stichen bietet zudem die **richtige Kleidung**. Sie sollte locker sitzen, die Beine und Arme vollständig bedecken und hell sein – auf dunkle Stoffe fliegen die Viecher. Übrigens auch auf Gelb, Orange und Rot. Da zirka 40 Prozent aller Stiche durch die Kleidung gehen, bietet der Outdoor-Markt auch in diesem Bereich Spezialausrüstung an. Zum Einsatz kommen etwa besonders **engmaschige Materialen** wie G-1000, das selbst die hartnäckigsten Moskitorüssel kaum durchstechen können.

Allerdings gibt es in warmen oder gar heißen Regionen deutliche Abstriche beim Tragekomfort. Dort helfen **imprägnierte Stoffe**, wozu meist der Wirkstoff **Permethrin** benutzt wird. Das Muskel- und Nervengift hält zuverlässig Mücken und andere Parasiten ab, ist für den Menschen jedoch völlig unbedenklich. Bereits behandelte Kleidung kann man zwar kaufen, doch die Imprägnierung lässt sich per Spray auch schnell und unkompliziert selbst durchführen. Sind ganze Schwärme an lästigen Vampiren zu erwartet, gewinnt man mit einem **Moskitohut** zwar keinen Schönheitswettbewerb – dafür aber seine Ruhe. Ein feinmaschiges Netz vor dem Gesicht gehört auch zum sogenannten **Bug Shirt**, einem

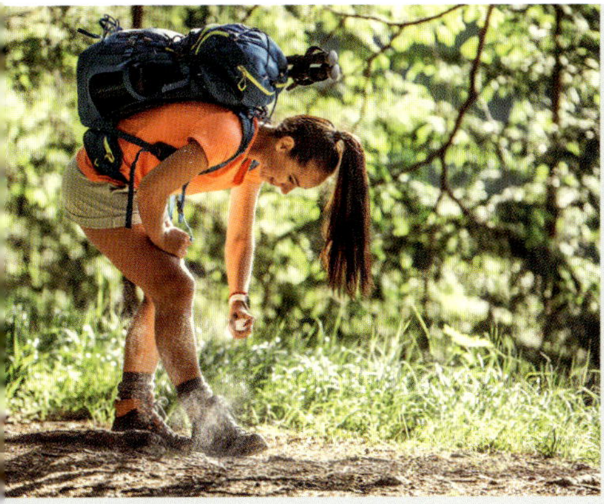

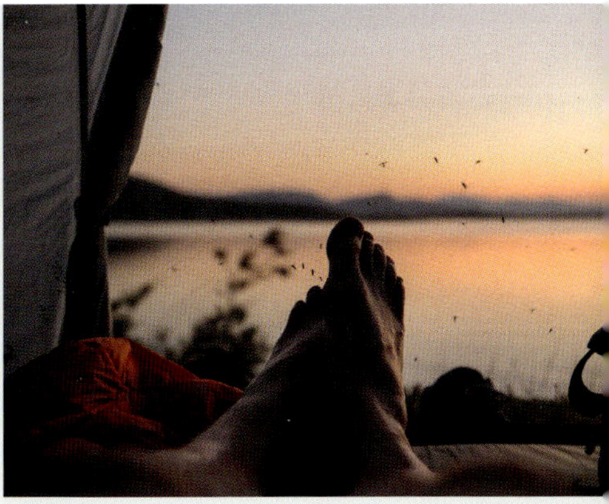

stichdichten und trotzdem atmungsaktiven Oberteil mit Kapuze – die effektivste Lösung für extreme Bedingungen.

Ob eine Mücke es auf dein Blut abgesehen hat, hängt primär von drei Dingen ab: **der Hauttemperatur, dem Kohlendioxid-Gehalt der Atemluft sowie dem Geruch von Milchsäure, Harnsäure und Ammoniak**. Auf die ersten beiden Faktoren hast du keinen Einfluss, auf den dritten teilweise schon: Die »Duftstoffe«, auf die Moskitos stehen, sind Bestandteile von Schweiß. Daher gehört eine regelmäßige **Körperpflege** – insbesondere der Füße – zum A und O in mückenreichen Gebieten, die verschwitzen Klamotten sollte man abends ebenfalls auswaschen.

Auch beim Insektenschutz gilt: Abwehr ist die beste Verteidigung, und diesen Job übernimmt in freier Natur ein **Repellent**, das von den Tierchen als unangenehmer bzw. gefährlicher Geruch wahrgenommen wird oder die körpereigenen Ausdünstungen überdeckt. Um die erwünschte Wirkung möglichst effektiv zu erreichen, kommst du um den Griff zur Chemiekeule nicht herum – pflanzenbasierte Mückensprays sowie Knoblauch- oder Vitamin-B-Präparate überzeugen in der Praxis weniger bis gar nicht. Vernünftige Repellents basieren in der Regel auf einem von zwei Wirkstoffen: **Diethyltoluamid (DEET)**, das 1946 von der US-Armee entwickelt wurde, oder **Icaridin**. DEET gilt nach wie vor als Goldstandard bei der Abwehr, je nach Konzentration (maximal 50 Prozent sind zugelassen) schützt es bis zu acht Stunden lang auch vor tropischen Stechmücken. Icaridin steht dem allerdings nur wenig nach, ist hautverträglicher und bietet besseren Schutz vor Zecken – außerhalb von Malariagebieten für viele wohl die bessere Wahl.

Letzten Endes kann man sich noch so gut schützen – dort, wo viele Quälgeister durch die Luft flattern, lassen sich Stiche schlicht nicht vermeiden. So unangenehm der Juckreiz dann auch sein kann: Kratzen hilft nur kurz und bringt ein Entzündungsrisiko mit sich. Falls dein Blut erfahrungsgemäß besonders verlockend auf Mücken wirkt und deine Haut stark auf die Piekser reagiert, kann ein **Insektenstichheiler** im Gepäck eine echte Offenbarung sein. Die kleinen, meist batteriebetriebenen Helfer heizen dem frischen Stich drei bis fünf Sekunden lang mit ungefähr 50 Grad ein. Das mag ein bisschen brennen, aber zersetzt die Eiweiße des Mückenspeichels, der ansonsten für das Jucken sorgt. Es gibt auch federleichte Modelle, die mit geringfügiger elektrischer Ladung statt Hitze arbeiten – nicht ganz so effektiv, aber selbst Ultralight-Fans werden sich an den paar Gramm mehr im Gepäck nicht stören.

No. 92

So VERSORGST du WUNDEN

Wunden, also Verletzungen des Gewebes, bringen vor allem zwei Probleme mit sich: die Infektionsgefahr und einen mehr oder weniger großen Blutverlust.

Wie man sie erstbehandelt, hängt von der Art und Größe der Wunde ab, prinzipiell kommen dabei Latexhandschuhe zum Einsatz.

Zu den häufigsten Blessuren beim Outdoor-Sport gehören **Schürfwunden** als Folge von Stürzen, meist an den Knien, Ellbogen und/oder Händen. Oft sind sie zwar großflächig und schmerzhaft, jedoch schnell und unkompliziert zu behandeln. Verunreinigungen wie Dreck oder kleine Steine sollten nur oberflächlich entfernt werden, dazu streift man sie mit einer sterilen Kompresse ab oder spült die Wunde sanft mit sauberem (!) Wasser aus. Auch eine Pinzette kann dafür hilfreich sein, allerdings nicht, um tiefliegende, festsitzende Partikel herauszupulen – das ist die Aufgabe des Arztes! Nach der Säuberung wird die Wunde desinfiziert und – je nach Größe – mit einem passenden Pflaster oder einer sterilen Kompresse samt elastischer Mullbinde abgedeckt.

Kleinere **Schnittwunden** dürfen ruhig eine kurze Zeit bluten – so reinigen sie sich von selbst. Da sie meist glatte Wundränder haben, lassen sich diese nach der Desinfizierung mit einem (Klammer-)Pflaster gut »aneinanderkleben«. Besorgniserregender sind tiefere Schnittwunden, bei denen Sehnen, Nerven und/oder größere Gefäße verletzt worden sein können. Das Stillen stärkerer Blutungen hat immer die höchste Priorität, oft reicht die Auflage einer keimfreien, weichen Kompresse, die der Ersthelfer oder Verwundete fünf bis zehn Minuten leicht auf die Schnittstelle drückt. Gegebenenfalls muss ein Druckverband angelegt werden. Nur wenn ein lebensbedrohlicher Blutverlust zu befürchten ist, darf – und muss – das verletzte Körperteil abgebunden werden. Da tiefe Wunden meist genäht werden müssen, steht so schnell wie möglich der Besuch eines Arztes an.

Auch **Platzwunden**, etwa durch einen Sturz oder Steinschlag, sind kritisch. Sie können an allen Körperstellen entstehen, wo die Haut direkt auf den Knochen liegt, also am Sprung- und Kniegelenk, an den Schienbeinen, den Schultergelenken, den Ellbogen, den Handgelenken und am Kopf. Kleinere Platzwunden, deren Ränder nicht mehr als fünf Millimeter auseinanderklaffen, lassen sich nach dem Spülen/Desinfizieren und dem Stillen der Blutung auch ohne ärztliche Hilfe mit einem Klammerpflaster verschließen. Größere und stark blutende Platzwunden werden noch vor der Säuberung mit einer Kompresse oder einem Druckverband abgedeckt. Etwaige Schwellungen sollten gekühlt werden. Da bei Platzwunden generell ein hohes Infektionsrisiko besteht und auch darunterliegende Strukturen – also etwa die Knochen – beschädigt sein können, heißt es in ernsten Fällen auch hier: Tour abbrechen und ab zum Arzt.

Gleiches gilt für **Stichwunden**, die durch das Eindringen spitzer Gegenstände entstehen – also etwa auch bei einem unglücklichen Sturz ins Geäst. Das sehr hohe Infektionsrisiko und potenziell gefährliche innere Blutungen erzwingen den schnellstmöglichen Arztbesuch. Den verursachenden Fremdkörper darf man – wenn möglich – nicht aus der Wunde ziehen, da dies zu noch größerem Blutverlust führt. Stattdessen wird dieser locker abgedeckt. Zur Fixierung rollt man etwa ein Dreiecktuch zu einem Ringpolster, legt dieses um den Gegenstand herum und befestigt es mit einer Mullbinde.

Ob streunender Hund, Fledermaus oder Reptil – wenn Tiere zuschnappen, droht immer die hohe Gefahr einer Infektion, denn vor allem durch den Speichel können fiese Krankheitserreger in die Blutbahn gelangen.

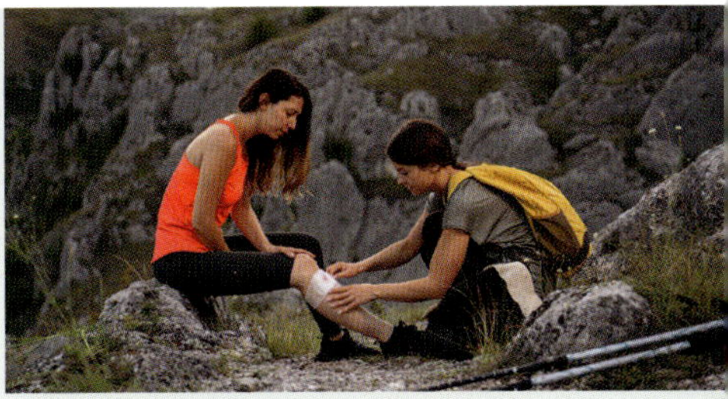

Bei **Biss- und auch Kratzwunden** spielt daher ein sofortiges und gründliches Reinigen und Desinfizieren die wichtigste Rolle, auch hier gilt: Vorher ruhig eine Zeit lang bluten lassen. Sobald es möglich ist, sollte man nach Bisswunden immer einen Arzt aufsuchen – spätestens, wenn sie sich warm anfühlt, eitert oder pochend schmerzt.

No. 93

So versorgst du KNIE- und KNÖCHELVERLETZUNGEN

Manchmal reicht schon ein unglücklich gesetzter Schritt, um sich den Knöchel umzuknicken oder das Knie zu verdrehen – eine der häufigsten Verletzungen bei Wanderungen und Bergtouren.

Sind auf diese oder andere Art weiche Strukturen wie Bänder, Sehnen, Muskeln oder Menisken in Mitleidenschaft gezogen, kommt die **PECH-Regel** zum Einsatz:
P = Pause machen, also nicht versuchen, den Schmerz zu unterdrücken und weiterzumarschieren, sondern hinsetzen oder -legen und mit …
E = Eis kühlen. Hat man kein Eisspray dabei, tut es etwa auch ein in kaltes Wasser getauchtes Tuch.
Anschließend steht die **C = Compression** auf dem Programm: das Anlegen eines elastischen Stützverbands, der eine weitere Schwellung verhindert. Bei Knöchelverletzungen übernimmt der Schuh diesen Job, er sollte also nicht ausgezogen werden. Es folgt das …
H = Hochlagern des verletzten Beins oder Arms, etwa auf dem Rucksack.

Mit diesen Maßnahmen lässt sich der Schmerz lindern sowie eine weitere Einblutung und Anschwellung reduzieren. Das anschließende Vorgehen hängt von der Ernsthaftigkeit der Verletzung und der Geländesituation ab: Der Weiterweg zur nächsten Hütte oder zum nächsten Ort sollte nur dann versucht werden, wenn sich der Betroffene sicher ist, dass dies möglich ist. Andernfalls hilft nur die Einleitung einer Rettungsaktion oder der Bau einer Notfalltrage.

No. 94

So VERSORGST du ARM- und BEINBRÜCHE

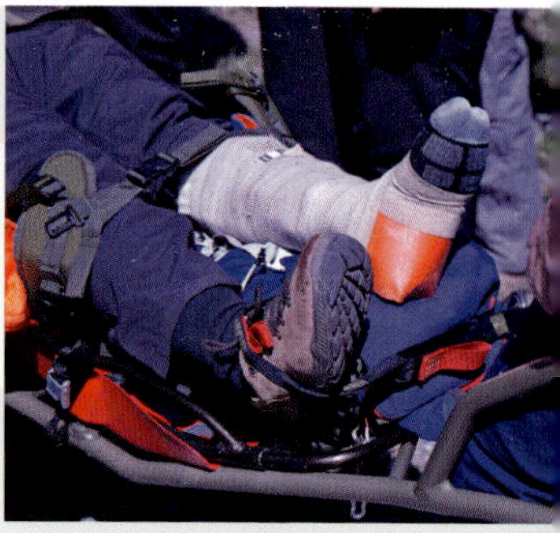

Bei offenliegenden Knochen oder offensichtlichen Fehlstellungen sind sie eindeutig, aber nicht immer lassen sich Knochenbrüche im Gelände ohne weiteres erkennen – schon gar nicht von Laien.

Klagt der Verunfallte über starke Schmerzen zwischen zwei Gelenken, über Kribbeln oder Taubheitsgefühle unterhalb der Verletzung oder lässt sich die betroffene Extremität kaum bewegen, heißt es: ruhigstellen. Bei einem Verdacht auf **Knochenbruch an einem Arm, der Hand oder dem Handgelenk** kommt das **Dreiecktuch** zum Einsatz. Man legt es mit der langen Seite senkrecht über den Oberkörper des Verunfallten, dabei zeigt die dritte Spitze in Richtung des verletzten Arms. Diesen platziert man in rechtem Winkel über das Tuch. Nun wird der untere Flügel des Tuchs über dem Arm nach oben geklappt und dort mit dem oberen Flügel, der am Oberkörper aufliegt, hinter dem Nacken verknotet. So entsteht eine »Tragetasche« für den verletzten Arm, in der auch der Ellbogen und die Hand aufliegen sollten.

Bei einem **Beinbruch** muss man improvisieren – es sei denn, im Gepäck befindet sich eine **Alu-Universalschiene** (SamSplint). An Ort und Stelle lässt sich das gebrochene Bein zum Beispiel zwischen zwei Rucksäcken stabilisieren, wird aber doch eine Schiene gebraucht, weil keine Hilfe von außen möglich ist, nimmt man etwa eine ums Bein gewickelte und mit Binden/Tape fixierte Isomatte oder mit Ästen verstärkte Kleidungsstücke.

No. 95

BAUMRINDE als ARMSCHIENE nutzen

Outdoor HACK

Muss ein gebrochener Arm geschient werden, aber man hat keine Alu-Universalschiene dabei, gibt es Ersatz aus der Notfallkammer der Natur. Besonders gut eignet sich ein dickes Stück Baumrinde, das man an der Unterseite des Arms anlegt und mit Tape oder Bandschlingen fixiert. Anschließend sorgt das Dreiecktuch für eine schonende Positionierung des Arms.

No. 96

Das TUST du bei UNTERKÜHLUNG

Wohl jeder, der öfters in kühlen Gefilden oder in den Bergen unterwegs ist, wird auf Tour schon mal gefroren haben – nicht gerade angenehm, aber an sich kein Problem. Kritisch wird es erst, wenn die Körpertemperatur unter 35° Celsius fällt: Dann beginnt der Zustand der Unterkühlung (Hypothermie), die in fortgeschrittenem Zustand ernsthafte Gesundheitsschäden mit sich bringt und im schlimmsten Fall zum Versagen lebenswichtiger Organsysteme führt.

Auch wenn sich die Gefahr durch die richtige Bekleidung und sorgfältige Tourenplanung weitestgehend dämmen lässt: Fern der Zivilisation reichen etwa ein Sturz ins kalte Wasser, ein unvorhersehbarer Wetterumschwung oder eine Verletzung, um auf einmal bedrohlicher Kälte ausgesetzt zu sein. Dann gilt es, erste Anzeichen der Unterkühlung sofort zu erkennen und zu handeln.

Zu den Symptomen einer **milden Hypothermie** (Körperkerntemperatur 35-32° Celsius) gehören Muskelzittern, ein erhöhter Puls sowie eine beschleunigte Atmung. In diesem Stadium sind Betroffene vielleicht aufgeregt oder etwas verwirrt, aber problemlos ansprechbar und bewegungsfähig. Was dann hilft: eventuell nasse Kleidung durch trockene ersetzten, aktive Bewegung sowie das Aufsuchen eines windgeschützten Orts, an dem die unterkühlte Person gegebenenfalls durch weitere Kleidungsstücke, eine (Rettungs-)Decke oder den Schlafsack geschützt wird. Auch die Wärmezufuhr durch nichtalkoholische (!) Heißgetränke, vorzugsweise gesüßt, hilft.

Der Grad der **moderaten Hypothermie** (Körperkerntemperatur 32–28° Celsius) beginnt, wenn sich das Zittern einstellt, die Atmung verflacht und der Puls unregelmäßig schlägt. Auch das Bewusstsein der betroffenen Person trübt sich zunehmend ein, sie wirkt apathisch und schläfrig, bleibt aber ansprechbar. Spätestens jetzt heißt es, die Rettungskette einzuleiten! Betroffene dürfen sich nicht mehr aktiv bewegen, sondern müssen langsam und vorsichtig in eine horizontale Lage gebracht werden – es besteht die Gefahr, dass kaltes Blut aus den Extremitäten zu schnell in den Körperkern fließt und einen Kreislaufschock auslöst, der bis zum Herzstillstand führen kann (der sogenannte **Bergungstod**). Auch nasse Kleidung darf aus diesem Grund nicht gewechselt werden. Stattdessen gilt es, die unterkühlte Person warm einzupacken und idealerweise den Körperkern ohne direkten Hautkontakt zusätzlich mit einer Wärmflasche oder einer Trinkflasche mit Heißgetränk zu bedecken.

Sinkt die Körpertemperatur noch weiter, also unter 28° Celsius, spricht man von einer **schweren Hypothermie**. Es kommt zu einem Verlust des Bewusstseins, Puls und Atmung können für die Ersthelfer bereits nicht mehr wahrnehmbar sein **(Scheintod)** und jederzeit zum Stillstand kommen. Tritt dies ein, sofort mit den Wiederbelebungsmaßnahmen (Herzdruckmassage und Mund-zu-Mund/Nase-Beatmung) starten und diese fortführen, bis medizinische Hilfe eintrifft.

No. 97

Bei UNTERKÜHLUNG wärmt ALKOHOL?

Ein Schluck aus der Schnapsflasche hilft, um innere Kälte zu lindern – noch so ein Trugschluss, der schnell gefährlich werden kann. Auch wenn es einem gefühlt kurzzeitig wärmer wird, ist das Gegenteil der Fall: Der Alkohol erweitert die Blutgefäße an der Hautoberfläche und bringt daher einen stärkeren Wärmeverlust mit sich. Daher gehört auch das berühmte Rumfässchen, das die Bernhardinerhunde der Schweizer Bergrettung angeblich mit sich führten, ins Reich der Märchen.

No. 98

Das tust du bei HITZEERSCHÖPFUNG, HITZSCHLAG und SONNENSTICH

Auch bei Hitze- und Sonnenschäden sind jene Maßnahmen die besten, welche die Schäden von vorneherein verhindern – also eine vernünftige Routenplanung, angemessene Kleidung samt Kopfbedeckung sowie eine ausreichende Flüssigkeitsversorgung.

Doch gerade Anfänger ziehen oft zu warm eingepackt und mit zu wenig Wasservorrat los, und besonders bei Bergtouren unterschätzen viele die großen Temperaturunterschiede und die Kraft der Sonne. Zum Beispiel, wenn es nach einem schattigen Waldaufstieg zum kühlen Gipfel durch aufgeheizte Südhänge hinab ins Tal geht.

Zu den typischen Anzeichen für eine **Hitzeerschöpfung** als Folge von Dehydrierung gehören zunächst auffallende Blässe, ein großes Schwächegefühl und kalter Schweiß, auch einhergehend mit Frösteln. Treten diese Symptome auf, heißt es: Sofort stoppen und Schatten suchen, dann reichlich Wasser und Elektrolyte in Form von Müsliriegeln, Nüssen oder Ähnlichem tanken. Meist reicht es, sich bzw. der betroffenen Person so eine ruhige Auszeit zu gönnen, bis die Beschwerden abklingen, um die Tour anschließend vorsichtig fortsetzen zu können. Ignoriert man allerdings die ersten Anzeichen, drohen Krampfanfälle, Bewusstseinseintrübungen und schließlich Ohnmacht – ein Fall für den Rettungsdienst!

Ein medizinischer Notfall ist immer auch der **Hitzschlag**, eine Überforderung der eigenen Wärmeregulation, bei der die Körpertemperatur auf über 40° Celsius steigt. Vor allem ältere und vorgeschädigte Menschen sind anfällig für den **klassischen Hitzschlag**, der meist von äußerer Hitze ausgelöst wird. Jüngere Menschen – und gerade auch Sportler – laufen Gefahr, durch große körperliche Belastung bei mangelnder Versorgung mit Flüssigkeit und Elektrolyten einen **Anstrengungshitzschlag** zu erleiden. Beide Formen machen sich bemerkbar durch gerötete, trockene und heiße Haut, vor allem im Gesicht, sowie einen schnellen, oft schwachen Puls. Des Weiteren kommt es häufig zu Bewusstseinstrübungen, Erbrechen, Krämpfen und Kopfschmerzen.

Neben denselben Maßnahmen, die bei einer Hitzeerschöpfung angebracht sind, sollte bei einem Hitzschlag die Wärme möglichst schnell aus dem Körper abgeleitet werden. Also: die Kleidung öffnen, wenn möglich den Kopf unter fließendes Wasser halten und kalte Wickel legen – am besten wirken sie an den Händen, den Füßen, im Nacken und an der Leiste. Da der Hitzschlag als gefährlichster aller medizinischer Hitzeschäden gilt, muss die Tour in jedem Fall abgebrochen und der Notarzt alarmiert werden.

Reizt die zu starke Strahlung der Sonne Teile der Hirnhaut oder des Hirngewebes, kann es zu einem **Sonnenstich** kommen. Man erkennt ihn häufig nur zeitverzögert, teils auch erst in der Nacht. Zu den Merkmalen zählen ein heißer, hochroter Kopf, Schwindel und Unruhe, Kopf- und Nackenschmerzen sowie Übelkeit bis zum Erbrechen. Unterwegs schaffen auch dabei Schatten, Ruhe, ein hochgelagerter Oberkörper und Kühlung Abhilfe. Leichte Symptome klingen in der Regel nach wenigen Stunden von selbst ab, nur bei sehr stark ausgeprägten Symptomen wie (drohender) Bewusstlosigkeit muss die 112 angerufen werden.

No. 99

EINMALHANDSCHUHE als KÜHLPACK nutzen

Outdoor HACK

Ob Knöchel geprellt oder Sonnenstich geholt: Bei manchen Beschwerden unterwegs ist Kühlung angesagt. Die nächsten Eiswürfel sind dann zwar meist kilometerweit weg, ein kalter Wasserlauf aber vielleicht nicht. Als Kühlpackung eignen sich dann gefüllte Einmalhandschuhe aus dem Erste-Hilfe-Set, die dank ihrer Flexibilität die betroffene Stelle rundum abdecken.

No. 100

So setzt du eine RETTUNGSKETTE in GANG

Ob plötzliches Unwetter in schwierigem Gelände, hilflos verirrt oder Sturz mit gefährlichen Folgen: Findet man sich in einer Situation wieder, aus der man sich allein nicht sicher retten kann, müssen die Profis ran.

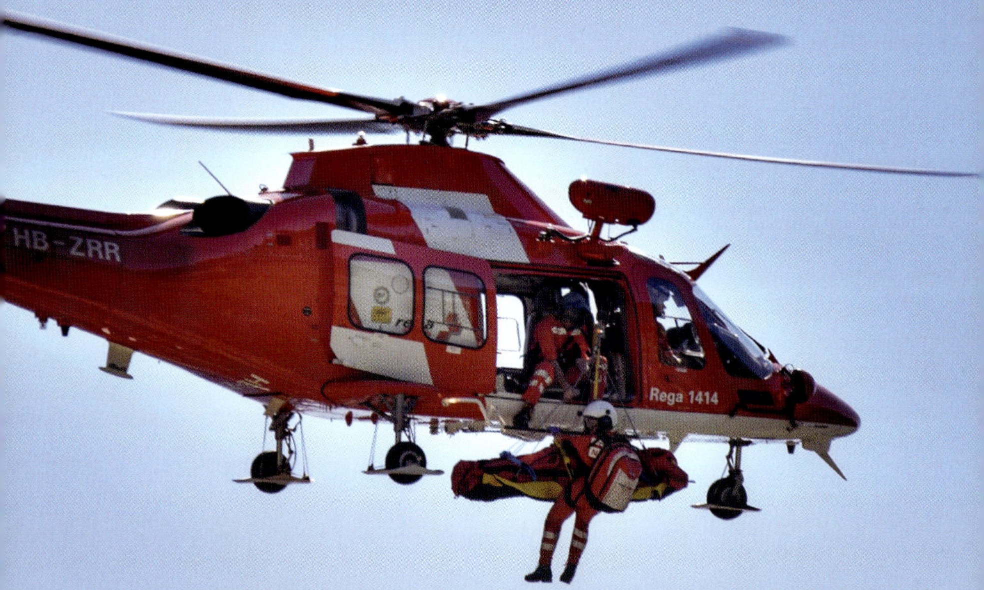

Der erste Griff geht zum Handy. Mit der **Nummer 112** erreichst du europaweit die zuständige Leitstelle, noch schneller geht es in den Alpen etwa über die österreichische **Bergrettung (140)** und die **schweizerische Rettungsflugwacht (1414)**. Ziehst du durch Regionen außerhalb Europas, solltest du die entsprechende Notrufnummer auswendig wissen und zusätzlich als Kurzwahl auf dem Handy gespeichert haben.

Kommt die Verbindung zustande, gilt es ruhig zu bleiben und die Gesprächsführung der Leitstelle zu überlassen. Bei Verständigungsproblemen (etwa durch eine schlechte Verbindung) kommt es auf die »fünf W« an:

- **Wer** ruft an?
- **Wo** ist der Notfallort?
- **Was** ist passiert?
- **Wie** viele Personen sind betroffen?
- **Warten** auf Rückfragen.

Zwar wird die Netzabdeckung immer besser, doch in tiefen Schluchten oder engen Tälern steht man manchmal im Funkschatten, auch Regen, Schnee oder Nebel können den Empfang stören. Was also tun, wenn die Verbindung nicht zustande kommt? Oft hilft es, den Standort zu wechseln und sich eine möglichst freie und hochgelegene Stelle zu suchen. Auch eine erzwungene Neueinwahl ins Netz kann Abhilfe schaffen, dazu wechselst du für 30 Sekunden in den Flugmodus oder schaltest das Handy aus und wieder ein.

Funktioniert alles nicht (und hat man kein Funkgerät oder satellitengestütztes Kommunikationsgerät dabei), musst du ein nonverbales **Notsignal** absetzen, also eine bestimmte Folge akustischer oder optischer Zeichen. Dabei helfen etwa eine Signalpfeife, die an vielen Rucksäcken bereits angebracht ist, der Spiegel des Peilkompasses oder nachts die Stirnlampe.

Das bekannteste und weltweit gültige Notsignal ist der ursprüngliche **Morsecode SOS**, dessen Buchstaben als Licht- oder Schallsignale durch drei kurze, drei lange und wieder drei kurze Zeichen **(***---***)** gesendet werden. In freiem Gelände kannst du das SOS auch großformatig im Schnee oder Sand »ausschreiben« oder mit Steinen auslegen.

Bei Bergnotfällen hat sich eine andere Maßnahme international etabliert: das **alpine Notsignal**. Dabei gibt der Alarmierende sechs Mal innerhalb einer Minute (also im Zehn-Sekunden-Takt) ein akustisches oder optisches Zeichen ab, wartet dann eine Minute und wiederholt es – so lange, bis eine Antwort erfolgt. Diese besteht aus drei Zeichen pro Minute und wird ebenfalls wiederholt, um klarzustellen, dass der Notruf empfangen worden ist. Selbstverständlich gilt: Wer unterwegs ein fremdes Notsignal bemerkt, beantwortet dieses und alarmiert die Bergrettung.

Kommt **die Hilfe aus der Luft**, müssen potenzielle Landeflächen frei von Personen, jeglicher Ausrüstung und anderen losen Gegenständen sein. Geeignet sind Flächen von zirka 25 mal 25 Metern Größe, die ein möglichst ebenes Zentrum haben. Benötigst du selbst Hilfe, solltest du den anfliegenden Helikopter auf die Unfallstelle aufmerksam machen, etwa durch das Schwenken einer Jacke, Rettungsweste oder Taschenlampe. Ob du tatsächlich derjenige bist, der Hilfe gerufen hat, signalisierst du durch Körpersprache: In **Y-Form** nach oben gestreckte Arme bedeuten **»Yes«**, ein seitlich nach oben sowie ein seitlich nach unten gestreckter Arm ähneln dem Querbalken des **N** – also **»No«** für Entwarnung. Kommt es zum Landeanflug, hältst du Blickkontakt zum Hubschrauber. Nach der Landung näherst du dich ihm erst nach einem eindeutigen Zeichen des Piloten – gebückt, ohne Rucksack und mit gebührendem Abstand vom schnell drehenden Heckrotor.

Auch die **Bodenrettung** kann man unterstützen: In unübersichtlichem Gelände sollten sich etwaige Gruppenmitglieder gut sichtbar platzieren, um den Helfern den Weg zu weisen.

Auf dem Zugang zum Verunfallten sowie in seinem Umfeld darf zudem keine störende Ausrüstung herumliegen.

No. 101

So gelingt der VERLETZTENTRANSPORT

Befindet sich der Verunfallte in einer unmittelbaren Gefahrenzone oder kann keine Hilfe von außen erreicht werden, muss er in Sicherheit gebracht werden – meist kein einfaches, aber im Notfall oft machbares Unterfangen.

Ziemlich problemlos und sicher gelingt der Verletztentransport mit mehreren Trägern. Schon ein **zweiter Helfer** genügt, um einen Verunfallten bei Bewusstsein auf einer **Sitzstange** zu tragen. Dazu reicht ein kräftiger Ast, den man durch die unteren Schlaufen der beiden Trägerrucksäcke führt. Bei **bewusstlosen Personen** konstruiert man aus einem Biwaksack, Schlafsack oder der Rettungsdecke ein **Tragetuch**, das man an einem dicken Ast aufhängt und dann gemeinsam schultert. Auch bei dem Bau einer behelfsmäßigen **Trage** ist etwas Improvisationstalent gefragt. Zu zweit kommt man um beidseitige Tragestangen nicht herum, neben starken Ästen funktionieren auch mindestens jeweils zwei mit Tape zusammengeklebte Trekkingstöcke. Als Unterlage eignen sich auch hier die Rettungsdecke, der Biwaksack oder Ähnliches. Noch stabiler wird die Konstruktion, wenn man ein Seil zu einem Tragenetz verknüpft – oder überschüssige Jacken oder Hosen dabeihat. In letzterem Fall schiebt man die Stöcke oder Stangen einfach durch die Bein- und/oder die nach innen platzierten Armöffnungen.

Mehr Helfer am Start? Bei drei Trägern an jeder Seite geht es auch ohne Stangengerüst, für mehr Gripp am Tragetuch sorgen etwa an den Ecken eingerollte Steine.

Schwieriger gestaltet sich das Unterfangen, wenn keine weiteren Helfer zur Verfügung stehen. Aber den Transport schaffst du selbst bei bewusstlosen Personen auch **allein** – vorausgesetzt, du hast ein zwei Meter langes Seil dabei oder kannst aus Pack- oder Umhängeriemen, einem langen Gürtel oder Ähnlichem eine entsprechende **Schlinge** improvisieren. Diese legst du auf Hüfthöhe **unter den Verletzten** ❶, legst dich rücklings zwischen seine Beine und schiebst die Arme unter die seitlichen Schlingenenden – **wie beim Schultern eines Rucksacks** ❷. Nun drehst du dich erst zur Seite, dann auf den Bauch, wobei du einen Arm des Bewusstlosen über deine Schultern legst und festhältst. Das stellt sicher, dass er in Position bleibt und nicht aus der Schlinge rutscht. Nun gehst du zuerst auf alle Viere, stellst dann ein Bein auf und **drückst dich hoch** ❸.

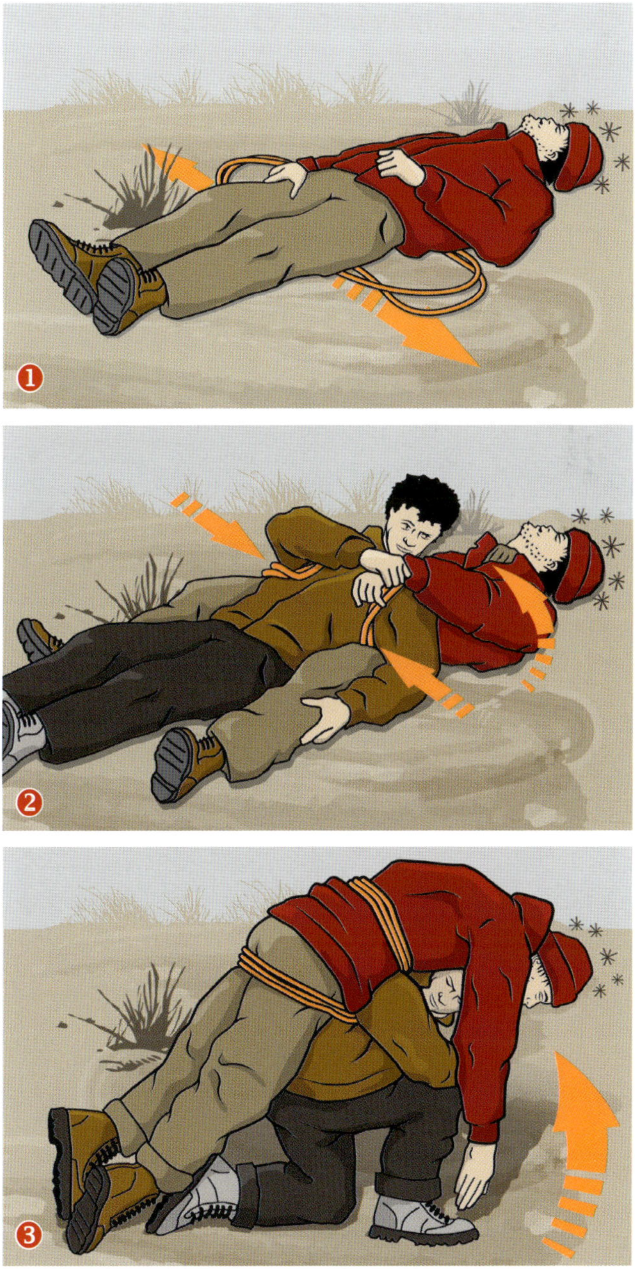
1
2
3

ÜBERALL ÜBERLEBEN

Ausrüstung und Klamotten für Bushcraft und Survival

Tipps, Tricks und Knowhow zum Selbermachen

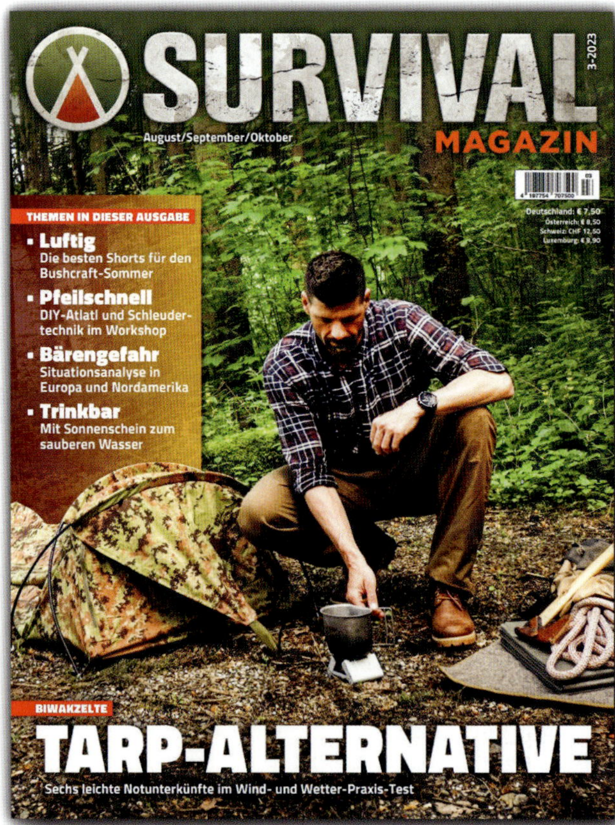

100 Seiten, alle drei Monate ne

Was man wissen mu um im Not klarzukommen

Survival-Profis berichten von ihren Erfahrunge

Auch im Handel erhältlich!

Direktbestellung
Aktuelle und ältere Einzelhefte, Abonnements mit attraktiven Prämien:
www.wieland-verlag.com

Wieland Verlag GmbH
Rosenheimer Str. 22
83043 Bad Aibling

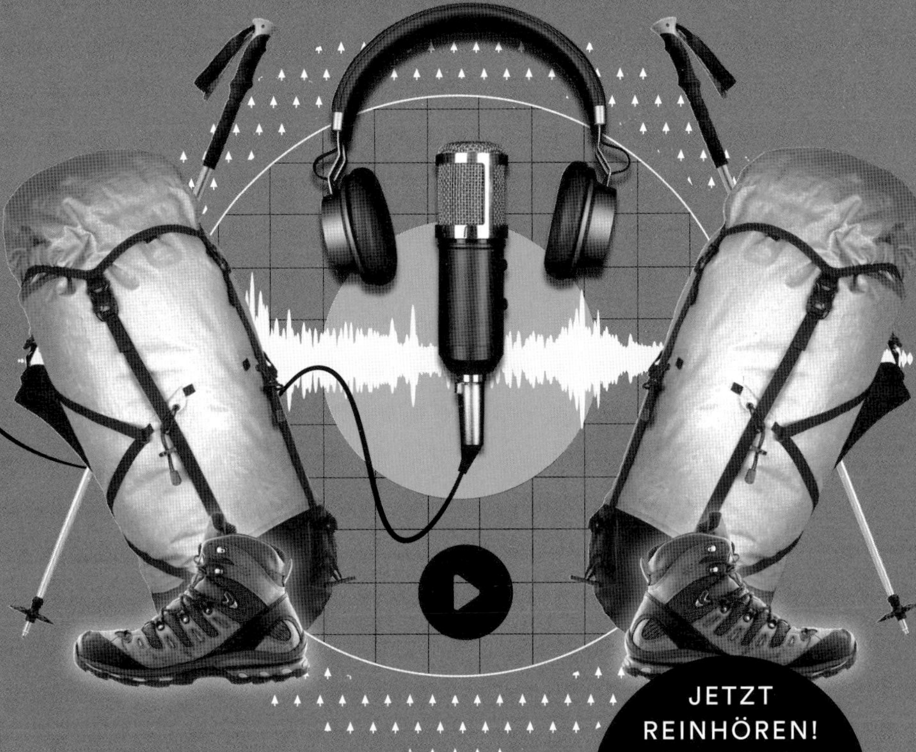

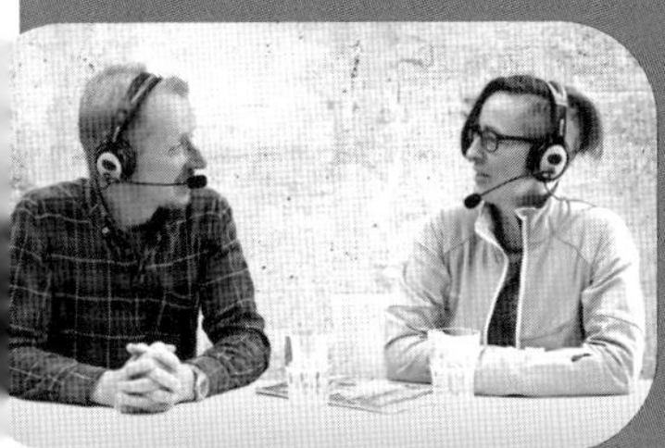